これで安心!!
中小企業のための
"経営法務"
リスクマネジメント

弁護士 小林裕彦 [著]

ぎょうせい

はじめに

○経営法務リスクマネジメントが重視される背景

　2017年版中小企業白書によると、中小企業は全国で約380万者、企業数全体の約99％（小規模事業者は約85％）を占め、従業員数は、約3,361万人で従業員全体の約70％（小規模事業者は約24％）を占めており、地域経済・地域社会を支える存在として、また雇用の受け皿として極めて重要な役割を担っています。

　しかし、中小企業は、大企業に比べ、生産性が低く、設備も老朽化しているといわれています。中小企業については、技術革新等のイノベーション、経営者の高齢化に伴う事業承継、地域を支える小規模事業者の持続的発展等さまざまな課題が挙げられますが、今後は、人手不足やAI、IoTへの対応なども重要になってきます。

　私は、長年、弁護士として、中小企業の経営法務に関わってきました。経営法務とは、少し馴染みがない言葉かもしれませんが、中小企業診断士の一次試験の受験科目にあります。また、一橋大学大学院国際企業戦略研究科の中にも経営法務コースがあります。経営法務とは、簡単に言えば、企業の経営活動に当たって必要となる法務と言って良いと考えます。

　ところで、私がこれまで中小企業の経営法務に関わってきた中で、例えば契約書や社内諸規程の整備など、トラブルや紛争に巻き込まれないための工夫を行っている中小企業と、そのような工夫をあまり行っていない中小企業があることに気付きました。また、トラブルや紛争の最終段階は訴訟ですが、有効な証拠が揃っていて訴訟に強い中小企業がある一方、そのような証拠が十分に揃っておらず、訴訟に弱い企業があることにも気付きました。

　私の経験に基づいて言えば、中小企業の紛争や訴訟は、経営法務リスクマネジメントの不十分さが原因となっていることが多いと思います。

中小企業白書（2016年版）の第2部第4章の「稼ぐ力を支えるリスクマネジメント」においては、「グローバル化や情報化の進展、取引構造の変容等を背景に企業の経営環境は大きく変化している。これまで以上に世界規模で不確実性が増大しており、企業は様々なリスクに直面している。（中略）しかしながら、中小企業はリスクに対する認識が不足していることが多く、対策が十分に進んでいるとはいえない。」と指摘されています。私も中小企業は全般的にリスクマネジメントが不十分ではないかと考えています。

　例えば、従業員が3,000人の大企業と、従業員が30人の中小企業では、単にその中小企業の規模が100分の1ということにとどまらず、大企業が総務、財務、法務等のスペシャリストが確保されている一方、中小企業にはそれらのスペシャリストが十分に確保されておらず、それ故、中小企業においては、経営法務リスクマネジメントが不十分になるということです。

○企業の不正や不祥事はなぜ起こるのか？

　中小企業の不正や不祥事はいちいちマスコミを賑わせませんが、実際は数多く発生しています。

　一般的には、不正は、動機、機会、正当化のトライアングルが原因として起こると言われています。

　動機とは、例えば、借金の返済に困っているとか、過度な業績目標が設定されているとか、判断ミスによる損失の回復を図りたいなどといったことです。

　機会とは、例えば、職務分離と相互牽制の欠如、従業員任せの脆弱な監視体制などといったことです。

　正当化とは、例えば、他の人もやっているのだから私もこれくらいのことをやっても許されるとか、会社の期待に応えるためには仕方がないとか、会社が儲かっているから問題ないなどといったことです。

　私がこれまで中小企業の不正、不祥事の対応に関わってきた経験からすると、不正のトライアングルは大体当を得ているし、このトライアン

グルは不祥事にも当てはまるのではないかと考えています。

　しかし、私は、中小企業の不正、不祥事の原因については、次の点も重視すべきと考えます。

　まず、第一は、役職員のコンプライアンス軽視の経営姿勢です。

　これは、役職員がコンプライアンスを軽視したり、不祥事に関する情報が入っても、その重大性を的確に判断して、きちんとした対応をとることができないなどといったことです。「魚は頭から腐る」は、少しどぎつい言葉ですが、中小企業にはしばしば当てはまります。

　第二は、企業組織内の風通しの悪さです。

　これは、部下が上司に対して間違っていることを間違っていると言えない社内の雰囲気や、社内のチェック体制が形としては存在していてもそれが十分に機能していないことです。

　第三は、役職員によって醸成されるべき社内のピリッとした規律の弱さです。

　例えば、中小企業においては、売掛金の未収を放置したり、いわゆるサービス残業が恒常的に発生しているなどといったルーズな運用をしている会社が存在します。

　このような中小企業は、会社組織全体が何となくだらしのない感じになって、不正や不祥事が起こりやすいと言えます。

　私は、しばしば、中小企業の実態を見るため、会社を訪問することがあります。そのときに、会社に入って、何となく規律が緩んでいるなと感覚的に肌で感じられる会社では、不正や不祥事が起こりやすいと言えます。

　第四は、過度な売上至上主義です。

　もともと企業は収益を上げることが目標ですが、売上げや収益アップに対する過度のプレッシャーから役職員が不祥事に手を染めてしまったり、会社内に「儲かれば何をしてもよい」といった倫理観の欠如が蔓延してしまうと、企業の不正や不祥事につながることは言うまでもありません。売り手よし、買い手よし、世間よしのいわゆる「三方よし」は現在の企業にも十分当てはまります。

中小企業においては、役職員のコンプライアンス軽視の経営姿勢、企業組織内の風通しの悪さ、社内の規律の弱さ、過度な売上至上主義の4つの要因（不正・不祥事のカルテット）が、企業の不正、不祥事につながるリスクが高いということは否めません。

中小企業の不正や不祥事は、上場企業の上場廃止などのような致命的なペナルティには結びつきませんが、地域のマスコミによる報道等によるレピュテーション（社会的評価、信用）の低下や人材の流出のリスクにつながることは十分に考えられます。

それ故、中小企業も経営法務リスクマネジメントが重要になるということです。

不正のトライアングルと不正と不祥事のカルテットを図示すると、次のとおりとなります。

そして、これらの要因は相互に影響を及ぼし合うことに注意する必要があります。

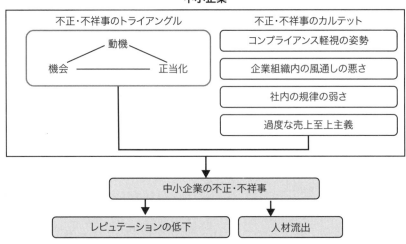

○経営法務リスクマネジメントの実践が中小企業を救う！

中小企業においては、代表取締役がオーナーである会社が多いこと、代表取締役が独断的にコンプライアンスを無視した経営を行うリスクが

あること、監視機関たるべき取締役会が存在しない会社が多いこと、取締役会が存在しても監視機能が形骸化しているリスクがあること、監査役の監視機能も形骸化しているリスクがあること、法務部門がないに等しいこと、目先の利益についつい目を奪われてしまいがちであることなどから大企業ほど経営法務リスクマネジメントが十分ではありません。

各地域の商工会議所や商工会連合会等の中小企業支援機関は、各士業や専門家と連携して中小企業の経営法務リスクマネジメントを意識しながら中小企業の経営支援を行っているものと考えられます。

しかし、中小企業の経営法務を正しい方向に導くための法制度は、必ずしも十分とは言えません。このため、私は、中小企業の経営法務リスクマネジメントをいわばライフワークにしてきました。

中小企業の経営者に一番認識していただきたいことは「経営法務リスクマネジメントの実践が中小企業を救う!」の点に尽きると言っても過言ではないと考えています。

そして、経営法務リスクマネジメントの実践においては、中小企業を取り巻く経営法務リスクはいわばウイルスのように常に身近に潜んでいて、社会の変化に対応してどんどん形を変えていることを意識して、その対応に日々継続的に取り組んでいくことが必要となります。

私は、中小企業は、役職員が一丸となって、会社が社会の「公器」であることの意識を持って、地域社会に貢献していくという目的を持って、経営法務リスクマネジメントの実践に取り組んでいっていただきたいと考えています。

○**本書の特徴**

本書の対象は、中小企業の経営者やその法務、財務、労務の担当者のほか、中小企業支援の専門家等を想定しています。そこで、法律の解釈論や判例がどうこうといったことや条文の引用は必要最小限にして、その分、紛争、トラブルの具体例を豊富に引用して、経営法務リスクマネジメントの実態をわかりやすく説明したいと考えています。

ところで、中小企業と言っても、規模も経営法務能力もさまざまです。

例えば、製造業で約200人の従業員を抱えるような規模の中小企業は、大抵地域の中核企業であって、資産のみならず、人材やノウハウなど相当の知的資産を有しています。そして、そのような中小企業においては、法務部門を設けたり、法律事務所と顧問契約を結んでいて、さまざまな経営法務リスクに対応していると考えられます。

　一方、中小企業の中には、いわゆる家族経営や、数人の従業員で経営を行い、社長自ら現場仕事や営業に駆けずり回っているところも多いと思われます。そのような小規模な企業では、経営者は、契約書のリーガルチェックといった基本的な経営法務さえ十分行えていなかったり、いわば自己流の不十分な経営法務を行っているということも珍しくありません。

　本書では、規模、業種等において多種多様な中小企業において、共通してよく見られる経営法務リスクを取り上げたいと考えています。

　なお、引用した法令等は、本書発行日のものであることをお断りしておきます。

平成30年2月

弁護士　小 林　裕 彦
（岡山弁護士会所属）

目　次

はじめに

第1　経営法務リスクマネジメント総論

1　経営法務リスクマネジメントの法的根拠 ･････････････････ 2
2　リスクの分類 ･･ 2
3　ハインリッヒの法則 ･･････････････････････････････････ 5
4　内部通報 ･･ 6
5　経営法務リスクマネジメントの実践 ････････････････････ 7

第2　社内要因的リスク

1　採用及び退職リスク ･････････････････････････････････ 14
　ケース1-1　有期契約職員との契約更新における注意事項 ･･････ 14
　ケース1-2　採用内定の取消しのリスク ･････････････････････ 16
　　◆法ーっ！なるほど1　採用面接時の質問の注意事項／18
　ケース1-3　試用期間後の本採用拒否と試用期間延長のリスク ･･ 18
　　◆法ーっ！なるほど2　有期雇用契約が試用期間と認定されたケース／20
　　◆法ーっ！なるほど3　人材不足のリスク／21
　ケース1-4　従業員の求めに応じて事業主都合退職にすることによるリスク ･･････････････････････････････････ 22
　ケース1-5　従業員の失踪に対する対応 ･････････････････････ 23

| ケース1-6 | 就業規則では1か月前に退職届を出すことになっている会社における2週間前の退職届の有効性 ……… 25 |
| ケース1-7 | 退職金規程の不利益変更についての同意書の有効性 ……………………………………………………… 27 |

2　労働時間・賃金・休日等リスク ……………… 29

| ケース2-1 | 従業員が実際に業務に従事していなかった時間の残業代の支払義務 ……………………………… 29 |
| ケース2-2 | 効率の悪い長時間残業の是正方法 ……………… 31 |

◆法ーっ！なるほど4　長時間労働による脳・心臓疾患による死亡リスク／32

| ケース2-3 | 営業職に一定額の営業手当を支払っている場合のリスク ……………………………………………… 33 |

◆法ーっ！なるほど5　時間外割増のない定額賃金の有効性／35
◆法ーっ！なるほど6　労働時間になるかどうかの具体例／35

ケース2-4	営業所長に残業代を支払わなければならない基準 … 37
ケース2-5	懲戒解雇をした従業員に対する退職金支払義務 …… 38
ケース2-6	定年後再雇用の賃金カットのリスク …………… 40

◆法ーっ！なるほど7　手当の差異のリスク／42
◆法ーっ！なるほど8　今後高まる同一労働同一賃金のリスク／42

| ケース2-7 | 給料と損害賠償の相殺のリスク ………………… 43 |
| ケース2-8 | 年俸制導入による残業代の支払義務 …………… 44 |

◆法ーっ！なるほど9　裁量労働制の導入／46

| ケース2-9 | 13日間の連続勤務のリスク ……………………… 46 |

◆法ーっ！なるほど10　変形労働時間制とは／48

| ケース2-10 | 雨の日を休日にすることの可否 ………………… 49 |

◆法ーっ！なるほど11　休日の振替と代休の相違点／50
◆法ーっ！なるほど12　退職日までの有給休暇の請求への対応／51

| ケース2-11 | 休業命令と賃金支払義務 ………………………… 52 |

目　次

- ケース2-12　未払残業代請求の労働審判のリスク ……………… 53
- ケース2-13　業績悪化を理由とする賞与の引下げや不支給の可否
　　　　　　　……………………………………………………… 55
　　◆法ーっ！なるほど13　請負、業務委託の労働者性／57

3　役職員の犯罪・違法行為リスク …………………………… 58
- ケース3-1　横領に対する会社の対応 …………………………… 58
　　◆法ーっ！なるほど14　社内不正の手口／59
　　◆法ーっ！なるほど15　社内不正に対する予防策／60
- ケース3-2　従業員の逮捕に対する会社の初動対応 …………… 60
- ケース3-3　代表取締役の会社資産の売却 ……………………… 62
　　◆法ーっ！なるほど16　経営判断の原則とは／63
- ケース3-4　取締役の第三者責任リスク ………………………… 64
- ケース3-5　取締役の監視義務違反リスク ……………………… 65
　　◆法ーっ！なるほど17　従業員の内部告発リスク／67
- ケース3-6　競業制限リスク ……………………………………… 67
- ケース3-7　元取締役の従業員引抜き行為への対応 …………… 70
- ケース3-8　株主優待のリスク …………………………………… 72
- ケース3-9　粉飾決算のリスク …………………………………… 73
　　◆法ーっ！なるほど18　株主代表訴訟と不提訴理由の通知／75
- ケース3-10　社用パソコンの私的利用の調査方法 ……………… 76
　　◆法ーっ！なるほど19　パソコン使用に当たっての禁止事項／78
　　◆法ーっ！なるほど20　インターネット・電子メール等の適正利用／79
- ケース3-11　所持品検査と監視カメラの設置要件 ……………… 80
　　◆法ーっ！なるほど21　身元保証人の必要性／81
　　◆法ーっ！なるほど22　取締役の破産手続開始決定／82

4　懲戒処分の合理性・相当性リスク ………………………… 83

| ケース4-1 | 懲戒処分と懲戒事由 ・・・・・・・・・・・・・・・・・・・・・・・・・83
| ケース4-2 | 懲戒処分を行うための手続 ・・・・・・・・・・・・・・・・・・・85
　◆法ーっ！なるほど23　諭旨解雇とは／86
| ケース4-3 | 業務命令違反の場合の懲戒処分のリスク ・・・・・・・・・87
| ケース4-4 | 従業員が休日に逮捕された場合の懲戒解雇の可否・・89
　◆法ーっ！なるほど24　従業員の自宅待機命令／90
| ケース4-5 | 作業効率が極めて悪い従業員の解雇の際の注意事項
　・・・・・・・・・・・・・・・・・・・・・・・・・・・・・・・・・・・・・・91
| ケース4-6 | 7年前の非違行為を理由とする懲戒処分の可否 ・・・・92
　◆法ーっ！なるほど25　不倫による懲戒処分の可否／94
| ケース4-7 | 免許取消処分の従業員の解雇の可否 ・・・・・・・・・・・・・95
| ケース4-8 | 従業員から解雇無効確認訴訟を提起されることに
　　　　　　　よるリスク ・・・・・・・・・・・・・・・・・・・・・・・・・・・・96
　◆法ーっ！なるほど26　副業を行った従業員に対する懲戒処分の可否／97
| ケース4-9 | 懲戒処分の公表の可否 ・・・・・・・・・・・・・・・・・・・・・・98

5　ハラスメントリスク ・・・・・・・・・・・・・・・・・・・・・・・・100

| ケース5-1 | セクハラの申告に対する初動対応 ・・・・・・・・・・・・・100
　◆法ーっ！なるほど27　セクハラのリスク／102
| ケース5-2 | パワハラの法的責任 ・・・・・・・・・・・・・・・・・・・・・・・・102
　◆法ーっ！なるほど28　パワハラのリスク／104
| ケース5-3 | アルハラ等のリスク ・・・・・・・・・・・・・・・・・・・・・・・104
　◆法ーっ！なるほど29　マタハラのリスク／106

6　メンタルヘルスリスク ・・・・・・・・・・・・・・・・・・・・・107

| ケース6-1 | 休職期間満了により退職とすることのリスク ・・・・107
　◆法ーっ！なるほど30　うつ病等を理由とする休職制度の運用／108
| ケース6-2 | メンタルヘルス不調の休職者の復職に対する対応・・109

7　健康・安全配慮リスク …………………………………… 111

- **ケース7-1**　健康診断拒否に対する受診命令 ………………… 111
- **ケース7-2**　従業員同士のけんかによる傷害 ………………… 112
- **ケース7-3**　安全配慮義務違反に基づく損害賠償の内容 …… 114
  - ◆法ーっ！なるほど31　打切補償の支払による解雇／116
- **ケース7-4**　社員旅行での事故による会社の責任 …………… 116
- **ケース7-5**　外国人技能実習生の労働災害による会社の責任 ‥ 118
- **ケース7-6**　下請け従業員の労働災害による会社の責任 …… 120

8　株主総会運営リスク ……………………………………… 122

- **ケース8-1**　株主総会不開催のリスク ………………………… 122
- **ケース8-2**　株式の相続による会社のリスク ………………… 123
  - ◆法ーっ！なるほど32　株主総会直前の社長の死亡／125
- **ケース8-3**　株主総会における取締役の突然解任の有効性 … 125
- **ケース8-4**　株主総会の招集通知漏れのリスク ……………… 127
  - ◆法ーっ！なるほど33　代理人による議決権行使の際のリスク／128
- **ケース8-5**　株主の質問に対する議長の対応 ………………… 129
  - ◆法ーっ！なるほど34　株主総会での質疑打ち切りの方法／130
  - ◆法ーっ！なるほど35　取締役会設置会社において、取締役選任決議が取り消された場合／131
- **ケース8-6**　架空の株主総会議事録作成のリスク …………… 131
  - ◆法ーっ！なるほど36　計算書類等の備置き等義務違反のリスク／133
- **ケース8-7**　特殊株主対応 ……………………………………… 133
  - ◆法ーっ！なるほど37　株主提案書への対応／135

9　取締役会運営リスク ……………………………………… 136

- **ケース9-1**　取締役会不開催のリスク ………………………… 136
- **ケース9-2**　取締役会決議への特別な利害関係のリスク …… 138

| ケース9-3 | 一部の取締役の書面決議による取締役会決議の可否 ………………………………………… 139 |

◆法ーっ！なるほど38　取締役会の招集通知の省略／140

| ケース9-4 | 取締役会決議の瑕疵の是正 …………… 141 |
| ケース9-5 | 競業取引・利益相反取引のリスク ………… 142 |

◆法ーっ！なるほど39　取締役会議事録不作成等のリスク／144

| ケース9-6 | 1人取締役の死亡の場合の会社の意思決定の方法 ………………………………………… 144 |

10 就業規則等社内ルールリスク ……………………… 146

ケース10-1	就業規則不作成のリスク …………… 146
ケース10-2	就業規則の不利益変更のリスク ………… 147
ケース10-3	就業規則の見直しに当たっての注意事項 ……… 149

◆法ーっ！なるほど40　社内ルールの不備のリスク／152

| ケース10-4 | 定款の内容と実際の運用の食い違いへの対応 …… 153 |

11 社内管理体制リスク ……………………………… 155

| ケース11-1 | 印鑑の管理リスク …………………… 155 |
| ケース11-2 | ソフトウェア管理リスク …………… 157 |

◆法ーっ！なるほど41　社内管理体制の重要性／158

12 株式管理リスク …………………………………… 159

| ケース12-1 | 株主が所在不明の場合の対応 ………… 159 |
| ケース12-2 | 持株比率の低下に対する会社支配の維持のための方策 ……………………………………… 160 |

◆法ーっ！なるほど42　新株等の不公正発行のリスク／161
◆法ーっ！なるほど43　属人的株式とは／161

| ケース12-3 | 名義株のリスク ……………………… 162 |
| ケース12-4 | 株式の譲渡請求への対応 …………… 163 |

| ケース12-5 | 相続人等に対する株式の売渡請求のリスク …… 165 |
| ケース12-6 | 少数株主からの株式買取の方法 …………… 167 |

13 事業承継・M&Aリスク………………………… 169

- ケース13-1　親族内の事業承継の進め方 ………………… 169
  - ◆法ーっ！なるほど44　事業承継における生前贈与のリスク／172
  - ◆法ーっ！なるほど45　経営の承継と株式の承継／172
- ケース13-2　役員への事業承継に当たっての検討事項 ……… 173
  - ◆法ーっ！なるほど46　会社内における親子の葛藤／174
- ケース13-3　業績不振会社のスポンサーに対する事業承継の方法
  ……………………………………………………… 175
- ケース13-4　社長の判断能力低下への対策としての民事信託 … 177
  - ◆法ーっ！なるほど47　後継ぎ遺贈型受益者連続信託とは／178
- ケース13-5　簡易新設分割とは ……………………………… 179
  - ◆法ーっ！なるほど48　会社分割における労働者の異議申立権／180
  - ◆法ーっ！なるほど49　会社分割における労働者との協議の重要性／181
- ケース13-6　M&Aを行うに当たっての注意事項 ……………… 181
- ケース13-7　M&Aにおける法務デューデリジェンスの重要性 … 183
  - ◆法ーっ！なるほど50　事業再生としてのM&Aの重要性／185
  - ◆法ーっ！なるほど51　適格合併とは／186

第3　社外要因的リスク

1　欠陥製品リスク ………………………………………… 188

- ケース1　製品による健康被害における初動対応 ………… 188
  - ◆法ーっ！なるほど52　食品への異物混入が発覚した場合の対応／190
  - ◆法ーっ！なるほど53　製造物責任法に基づく損害賠償責任／190

2 債権回収リスク …………………………………… 191

- ケース2-1　債権回収の方法 ……………………………… 191
  - ◆法ーっ！なるほど54　支払督促とは／193
  - ◆法ーっ！なるほど55　少額訴訟とは／194
  - ◆法ーっ！なるほど56　海外企業からの債権回収／195
  - ◆法ーっ！なるほど57　動産売買の先取特権と物上代位／195
- ケース2-2　資金提供の依頼等への対応 ………………… 196
- ケース2-3　賃料不払を理由とする賃貸借契約の解除 …… 197
- ケース2-4　工事代金不払のリスクを考慮しての工事の中止 … 199
- ケース2-5　取引先からの同時履行の抗弁権の主張への対応 … 201
- ケース2-6　連帯債務と連帯保証の差異 ………………… 202
- ケース2-7　取引先の破産手続開始決定への対応 ……… 204

3 クレームリスク …………………………………… 207

- ケース3-1　商品が腐っていたことを理由とするクレームへの対応 ……………………………………………… 207
- ケース3-2　悪質なクレームへの対応方法 ……………… 209
  - ◆法ーっ！なるほど58　悪質クレームへの対応の具体例／210
  - ◆法ーっ！なるほど59　土下座での謝罪請求への対応／211

4 情報・営業秘密リスク …………………………… 212

- ケース4-1　パソコンのウイルス感染による情報漏洩 …… 212
  - ◆法ーっ！なるほど60　SNSの利用方法／213
- ケース4-2　個人情報保護法への対応 …………………… 214
- ケース4-3　営業秘密の漏洩リスク ……………………… 216
  - ◆法ーっ！なるほど61　営業秘密とは／217
- ケース4-4　他社の営業秘密侵害リスク ………………… 218

5　知的財産権リスク ･････････････････････････････ 221

- **ケース5-1**　特許権の侵害を主張する際のリスク ･･････････ 221
  - ◆法ーっ！なるほど62　知的財産権とは／222
  - ◆法ーっ！なるほど63　著作権侵害のリスク／224
- **ケース5-2**　外注して制作したビデオの映像のホームページへの
アップ ･･････････････････････････････････････ 224
- **ケース5-3**　商標登録を行わないことによるリスク ･････････ 227
- **ケース5-4**　物品のデザインの権利の保全 ･･････････････ 229

6　契約リスク ････････････････････････････････････ 231

- **ケース6-1**　契約のリーガルチェックにおける注意事項 ･････ 231
  - ◆法ーっ！なるほど64　上手なリーガルチェックの依頼／233
  - ◆法ーっ！なるほど65　中小企業の契約書に対する基本姿勢／234
- **ケース6-2**　リーガルチェックの具体例 ･････････････････ 235
- **ケース6-3**　不可抗力条項 ･･････････････････････････ 237
- **ケース6-4**　チェンジオブコントロール条項 ･･････････････ 238
- **ケース6-5**　賃貸人の倒産によるリスク ･････････････････ 240

7　労働組合リスク ･････････････････････････････････ 242

- **ケース7-1**　元従業員の加盟した労働組合からの団交要求 ･･･ 242
- **ケース7-2**　合同労組への対応 ･･････････････････････ 244
  - ◆法ーっ！なるほど66　労働組合のビラ貼りに対する対応／245
  - ◆法ーっ！なるほど67　労働組合の街宣活動／246
  - ◆法ーっ！なるほど68　ピケッティングへの会社の対応／246
- **ケース7-3**　団体交渉における注意事項 ････････････････ 246
  - ◆法ーっ！なるほど69　組合活動による会社の信用・名誉毀損／248

8　損害賠償リスク ･････････････････････････････････ 250

- ケース8-1　建物完成の遅れによる損害賠償の範囲 ････････ 250
  - ◆法ーっ！なるほど70　売買契約における瑕疵担保責任／251
  - ◆法ーっ！なるほど71　引渡後6年経過後の瑕疵担保責任追及への対応／252
- ケース8-2　店舗内での事故リスク ･･････････････････････ 253
- ケース8-3　通勤途中のマイカー事故による会社の損害賠償責任 ･･ 254
- ケース8-4　建物請負業者の地盤沈下に対する責任 ･････････ 256
  - ◆法ーっ！なるほど72　訴訟のリスクヘッジ／258
- ケース8-5　顧客に対する説明不足のリスク ･･････････････ 259

9　名誉・信用毀損リスク ････････････････････････ 261

- ケース9-1　万引き犯人の写真公開 ･･････････････････････ 261
- ケース9-2　インターネット記事の削除等の方法 ･･････････ 263
  - ◆法ーっ！なるほど73　バイトテロのリスク／265

10　不公正・不当取引リスク ･･････････････････････ 266

- ケース10-1　商品の瑕疵を理由とする代金の減額請求への対応 ･･ 266
- ケース10-2　入札談合のリスク ･･････････････････････････ 268
- ケース10-3　他社の名称の使用リスク ････････････････････ 270
- ケース10-4　形態模倣リスク ････････････････････････････ 271
- ケース10-5　商品の性能や品質の過大説明による契約締結のリスク
  ･･ 273
  - ◆法ーっ！なるほど74　クーリング・オフの行使期間の具体例／275
- ケース10-6　商品等の表示の規制のリスク ････････････････ 276
  - ◆法ーっ！なるほど75　実際は全品半額ではないのに「在庫処分半額セール」というチラシを配布すると／277
- ケース10-7　景品の規制のリスク ････････････････････････ 278

11 近隣対応・環境リスク ································· 280

- ケース11-1 住民の反対運動に対する会社の対応 ············ 280
- ケース11-2 受忍限度の判断基準 ························· 282

12 反社会的勢力リスク ··································· 284

- ケース12-1 反社会的勢力との契約解除 ··················· 284
- ケース12-2 反社会的勢力から不当要求がなされた場合の法的措置
  ··· 286

第4 複合リスクへの対応

1 ケース1
契約リスクと役職員の犯罪リスク等の複合 ················· 290

2 ケース2
ハラスメントリスクと健康・安全配慮リスク等の複合 ······· 292

3 ケース3
労働時間リスクと社内管理体制リスク等の複合 ············· 294

4 ケース4
知的財産リスクと情報・営業秘密リスク等の複合 ··········· 296

5 ケース5
役職員の違法行為リスクと情報・営業秘密侵害リスク等の複合
·· 298

経営法務
リスクマネジメント
総論

第1　経営法務リスクマネジメント総論

1　経営法務リスクマネジメントの法的根拠

　会社法では、大会社（資本金5億円以上又は負債が200億円以上の会社）は、取締役会で、「取締役の職務の執行が法令及び定款に適合することを確保するための体制その他株式会社の業務の適正を確保するために必要なものとして法務省令で定める体制の整備」に関する事項を決定しなければならないと規定されています（会社法第362条第4項第6号、第5項）。

　以上のとおり、会社法は、中小企業に対しては、直接、法令及び定款に適合するための体制や業務の適正を確保するための体制の整備を義務づけるものではありません。

　しかし、大企業、中小企業を問わず、取締役は善管注意義務を負っているので（会社法第330条、民法第644条）、中小企業の取締役は、善管注意義務の一内容として企業におけるリスク管理体制の構築義務を負うことになります。

　大和銀行事件判決（大阪地方裁判所平成12年9月20日判決判時1721号）においても、「健全な会社経営を行うためには、目的とする事業の種類、性質等に応じて生じる各種のリスク、例えば、信用リスク、市場リスク、流動性リスク、事務リスク、システムリスク等の状況を正確に把握し、適切に制御すること、すなわちリスク管理が欠かせず、会社が営む事業の規模、特性等に応じたリスク管理体制（いわゆる内部統制システム）を整備することを要する。」とされているところです。

　中小企業においても、その事業の規模、特性に応じたリスク管理体制の整備が必要となり、経営法務リスクマネジメントの実践もこのリスク管理体制として要求されることになります。

2　リスクの分類

(1)　さまざまなリスクの分類方法

　リスクの分類については、「純粋リスク（損失のみをもたらすリスク）」と「投機的リスク（損失のみならず利益もあるリスク）」に分類する方

法があります。

　このほか、企業の財産、従業員、事業運営、法務、財務・税務、海外進出等の各カテゴリーごとにリスクを分類する方法もあります。

　中小企業白書（2016年版）では、「事業機会に関連するリスクとは、経営上の戦略的意思決定に係るリスクであり、新たな事業分野への進出の成否や設備投資規模の適否等を指す。事業活動の遂行に係るリスクとは、適正かつ効率的な業務の遂行に係るリスクであり、地震による財物の損壊やネットワークセキュリティの不具合による情報漏えい等を指す。」とされています。

　そして、その具体例は、次のとおりです。

区　分	具体例
事業機会に関連するリスク	・新事業分野への進出に係るリスク 　（新たな事業分野への進出の成否等） ・設備投資に係るリスク 　（投資規模の適否等） ・商品開発戦略に係るリスク 　（新機種開発の成否等） ・資金調達戦略に係るリスク 　（増資又は社債、借入等の成否や調達コスト等）
事業活動の遂行に関連するリスク	・モノ、環境等に関する災害リスク 　（地震、不適切な工場廃液処理等） ・情報システムに関するリスク 　（セキュリティの不具合による情報漏洩等） ・商品の品質に関するリスク 　（不良品の発生・流通等） ・コンプライアンスに関するリスク 　（法令違反等） ・財務報告に関するリスク

⑵　**経営法務リスク**

　経営法務とは、企業活動を行うに当たって必要な法務（法令に関する事務）のことで、以下では、この経営法務リスクを検討したいと考えています。

第1 経営法務リスクマネジメント総論

　企業を取り巻くリスクと言えば、宇宙からの隕石の落下から某国のミサイル攻撃まで数限りないリスクがあり得ますが、それらのさまざまなリスクから純粋な自然災害等のリスク、すなわち、風水災リスク、地震リスク、落雷リスクなどといった、発生原因が会社の経営法務、コンプライアンス、法的対応とは無関係に生じるリスクは、いわゆる危機管理やBCM（ビジネスコンティニュイティマネジメント）の問題であるので、企業の持続的発展の観点からは重要ではあるものの、以下では取り上げません。

(3) 社内要因的リスクと社外要因的リスク

　私は、中小企業における経営法務リスクをどのように分類していくかについては、リスクを社内要因的リスクと社外要因的リスクに分けて、その評価と対応をそれぞれ検討することが有益ではないかと考えています。

　リスクの中には、社内要因的なものと社外要因的なものの区別がつきにくいものもあり、社外要因的リスクのために社内要因的リスクが誘発されるものやその逆もあり得ます。

　しかし、①一般的に、中小企業経営者にとっては、社内要因と社外要因のカテゴリーは馴染みがあって、比較的わかりやすいと考えられること、②社内要因的リスクは社内規程の整備や従業員のコンプライアンス意識の向上等の社内での対応によりある程度リスクヘッジできる一方、社外要因的リスクは社外の第三者の行動自体がリスクで、社内での対応はそれに対する防禦的意味が強くなること、③社外要因的リスクについては、取引先など社外の第三者との関係で、リスクの発生予防の視点のみならず、リスクを取った上でのリスクが発生した場合の被害の最小化の視点がより重要になることなどから、リスクを社内要因と社外要因を分けることは一応の意義があるのではないかと考えています。

　社内要因的リスクと社外要因的リスクの項目は、次のとおりです。

社内要因的リスク	社外要因的リスク
1 採用及び退職リスク	1 欠陥製品リスク
2 労働時間・賃金・休日等リスク	2 債権回収リスク
3 役職員の犯罪・違法行為リスク	3 クレームリスク
4 懲戒処分の合理性・相当性リスク	4 情報・営業秘密リスク
5 ハラスメントリスク	5 知的財産権リスク
6 メンタルヘルスリスク	6 契約リスク
7 健康・安全配慮リスク	7 労働組合リスク
8 株主総会運営リスク	8 損害賠償リスク
9 取締役会運営リスク	9 名誉・信用毀損リスク
10 就業規則等社内ルールリスク	10 不公正・不当取引リスク
11 社内管理体制リスク	11 近隣対応・環境リスク
12 株式管理リスク	12 反社会的勢力リスク
13 事業承継・M&Aリスク	

3 ハインリッヒの法則

　ハインリッヒの法則とは、簡単に言えば、1件の事故の発生の背後には29件の軽微な事故が存在し、さらにそれらの背後には300件の異常が存在するというものです。

　リスクの一つひとつはそれ程大きな事件・事故ではないものの、現にリスクが発生した以上は、いずれ大事件・大事故につながる可能性が高くなります。

　中小企業のさまざまな紛争、トラブルに対応してきた私の経験では、以前にも類似のケースがあったということが話題になることがしばしばあり、その紛争、トラブルは起こるべくして起こったなと感じることが実際多々あります。

　中小企業とすれば、小さなミスやトラブルをたまたま起こったことだからとか、被害が大きくなかったから良かったとして、記録にとどめないで忘れてしまうのではなく、より大きな経営法務リスクにつながら

ないように、ミスやトラブルの記録化と分析、予防のための検討を行う必要があります。

4 内部通報

内部通報制度とは、不正や不祥事又はそれらにつながるおそれのある事象が公になる前に、社内の内部で対処するための制度です。

私は、数社の中小企業で内部通報の外部窓口になっています。これまでに、セクハラの通報がありましたが、早い段階で通報がなされたので、私の調査も順調に進み、加害者を異動させるという処理で無事終結しました。

何か窓口で問題があった場合に、内部通報制度が存在しないと、問題がいつまでも発覚しないで、深刻化するリスクがあるので、私は内部通報は大変有益な制度であると考えています。

ただし、内部通報の運用、整備に当たっては、次の点に留意する必要があります。

(1) 内部通報者に対する不利益な扱いをしない旨の明確化

通報者が内部通報により不利益を受けない旨を明示しておくことが必要不可欠です。

記名式とするか無記名式とするかは検討の余地があります。

私は、社内でのコンプライアンス違反の事実、上司からのコンプライアンス違反の業務指示などが少しでも多く通報される方が企業にはプラスになるので、無記名式の方が良いのではないかと考えています。

(2) 通報先

原則は、会社における総務部門等の特定の担当者ですが、顧問弁護士を利用することも考えられます。

顧問弁護士が経営執行部門と緊密な関係にあることでマイナスだと考えるのであれば、顧問弁護士とは別の法律事務所の弁護士を利用することも考えられます。

(3) 通報を受けた場合の対応のルール化

内部通報を受けた担当者が通報を受けた後の組織的な対応ルール等を

あらかじめ決定しておくことが必要です。

5　経営法務リスクマネジメントの実践

経営法務リスクマネジメントを実践するに当たっては、①リスク管理体制の整備、②リスクの洗い出し、分析、対応、③リスク発生後の事後対策に区別して検討することが有益です。

(1) **経営法務リスク管理体制の整備**

　ア　経営法務リスク管理部門の特定

通常は、法務、財務、労務の統括部門が当たります。

顧問弁護士がいる場合は、顧問弁護士と緊密な連絡をとることが必要になってきます。

上場会社のようなリスク管理部とかコンプライアンス統括部といった名称はあえて必要ありません。

とは言うものの、中小企業においては、現実にはこのような部門を設けることは困難なので、顧問弁護士など社外の弁護士にその役割を担ってもらうことが多いと考えられます。

中小企業では、法務部を設ける余裕がないので、顧問弁護士がいわゆるホームドクターの役割を果たすことになります。

この点は、以下においても同様です。

　イ　経営法務リスク管理規程の作成

次の点を記載します。

①リスク管理の目的、必要性

②リスクマネジメント委員会の設置

③リスク管理の方法（洗い出し、分析、対応）

④リスク発生時の事後対応

⑤リスク発生時の指揮、命令及びそれらの組織化

⑥日常的なリスク管理業務

この点、企業においては、①リスクマネジメント規程（クライシスマネジメントを含むもの）を制定するパターン、②リスクマネジメント及びコンプライアンス規程（内部通報を含むもの）を制定するパターン、

③経営法務リスクマネジメントを意識したもの（例えば、コンプライアンス、財務報告、情報システム、技術・購買・製造、営業、サービス、事務、環境、災害・事故・風評、その他について業務の遂行を阻害する要因をリスクとして管理するもの）を制定するパターンなどさまざまなものがあります。

　ウ　社内規程の整備

　経営法務リスク管理マニュアルの作成と併せて、社内規程の整備も必要となります。

　企業内には、①管理規程として、定款、取締役会規程、株式取扱規程、組織規程、業務分掌規程、職務権限規程、就業規則、資産管理規程、経理関係規程、②情報関連規程として、情報管理規程、個人情報管理規程、文書管理規程、③業務関連規程として、業務決裁規程、稟議規程、在庫管理規程、業務マニュアル、手順書、作業チェックシートなどのさまざまな規程が存在します。

　中小企業においては、経営法務リスク管理マニュアルとこれらの社内規程との整合性を検討するとともに、経営法務リスク管理の観点から、これらの社内規程の見直しも必要となります。

　エ　経営法務リスクマネジメントの研修の実施

　研修の講師は、弁護士でもコンサルタントでも構いませんが、リスクマネジメントの教科書的なことが講義内容の中心となっている講師は避けるべきです。

　さまざまな業種の中小企業が実際に経験した経営法務リスクの事例を踏まえ、中小企業の経営的、ビジネス感覚的視点で、経営法務リスクマネジメントの実践的な研修を行える講師を探すべきです。

　弁護士について言えば、経営法務リスクマネジメントの失敗の結果が訴訟だという認識を持ちつつ、訴訟にならないための予防と訴訟リスクを踏まえての準備に業務のウエイトを置いている弁護士が適任であると考えます。

　オ　経営者の日頃からのコンプライアンス意識の浸透の重要性

　経営法務リスクマネジメントの実践に当たっては、組織づくり、ルー

ルづくり、研修だけでは限界があります。

　このことは、上場企業において、粉飾決算、各種偽装などの不祥事が繰り返されていることからも明らかです。

　さまざまな中小企業の不正、不祥事への対応に関与してきた私の経験では、中小企業の場合、上場企業に比べて経営者の意識、考え方が従業員に行き渡り易く、それ故、経営者の日頃からのコンプライアンス意識が社内に浸透している会社では不祥事が起こりにくいと言えます。

　中小企業では、経営者は、社訓、社是、行動憲章などを制定するだけにとどまらず、社会貢献、コンプライアンスの徹底等の精神面を日頃から従業員の意識に根付かせることが経営法務リスクマネジメントの第一歩といって良いと考えます。

(2) 経営法務リスクの把握

　経営法務リスクの把握は、「リスクの洗い出し（特定）」、「リスクの分析」、「リスクへの対策」の三段階に分類できます。

　すなわち、中小企業のさまざまな業務の中から「リスクの洗い出し（特定）」を行い、その「リスクの分析」を行うことで、リスクの生じる頻度やリスクが発生した場合の企業に与える影響を分析します。

　そして、その分析を元に「リスクへの対策」を行い、リスクに対して優先順位をつけて、リスクの発生を未然に防止するとともにその軽減を図る対策を講じることになります。

ア　経営法務リスクの洗い出し（特定）と分析

　私は、何度か、中小企業で経営法務リスクの洗い出し（特定）と分析を行ったことがあります。各部門のリーダーを集めてさまざまなディスカッションを行って、リスクを洗い出し、発生頻度とダメージの相関関係をリスクマップに整理していったことがあります。

　そのリスクマップは、次のとおりです。

　例えば、恒常的に未払残業が発生していて、従業員の退職が多かったり、ベースアップがなされていないなど、従業員が待遇に不満を持っている会社においては、未払残業代を請求されるリスクの発生頻度が高いので、ⓐかⓑに位置付けられることになります。そして、その未払残業

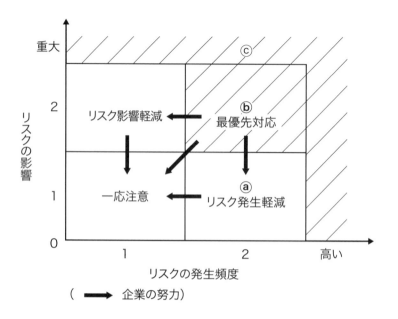

代の金額が企業の財政規模に比べて大きいなどの場合には、リスクの影響が重大であるため、ⓐではなくⓑかⓒに位置付けられることになります。

　しかし、このリスクのマッピングの過程においては、企業の規模や業績等に応じて、リスクの位置付けは当然変わってきます。

　実際のケースでは、例えば、情報漏洩のリスクの重大性の認識など私の認識と中小企業担当者の認識に不一致が見られることがありました。

　また、ある食品製造会社においては、異物混入や品質管理には相当のリスク感覚があったのですが、その後に、ある製造工程で特定の薬品が上手く働かないといったリスクがリスクの洗い出しのときに問題にならなかったことがありました。

　さらに、運輸関係の会社においては、アルコールチェックや安全面、拘束時間などの労務管理の適正や顧客対応などの分野では相当のリスク感覚があったものの、運転手の運行中の異常事態への対応のリスク認識が不十分だったことがありました。

　このように、リスクの洗い出しと分析には、認識の相違と「漏れ」の

可能性があることに注意すべきです。「想定外」を限りなくゼロにするためのリスクの洗い出しと分析が必要になるので、リスクの洗い出しと分析には、外部の専門家を交えた方がベターであると考えます。

　イ　経営法務リスクへの対応

　リスクの対応としては、リスクを①取らない、②減らす、③分担する、④受け入れるの４つがあると言われています。

　私は、経営法務リスクの対応は、リスクの発生頻度と重大性を考慮して、実効的な予防策を検討していくことがまず重要であると思います。

　次に、予防の観点のみならず、リスクを乗り越えていく積極的な姿勢も必要となってきます。具体的には、企業の売上げと収益を拡大するために、どこまでリスクを負うことができるか、その場合、どうすればリスクを低減させることができるかをぎりぎりまで詰めていくことが重要と考えます。

(3)　事後対応

　ア　初動調査の重要性

　一般的に、初動調査は、会社内の違法、不正の調査等において、大変重要な意味を持ってきます。

　経営法務リスクの発生後の中小企業の対応も同様で、できるだけ早急にリスク発生の事実関係とその原因を調査することが必要不可欠です。

　この点を疎かにすると、被害が拡大してしまうなどの目に見えるリスクだけでなく、会社の危機管理能力自体が問われるといった致命的なリスクも生じてしまい、後々そのツケが回ってきます。

　イ　初動調査の内容

　初動調査の内容は、次のとおりです。

①リスク発生の事実関係は実際に存在しているか。
②リスク発生の原因は何か。
③リスク発生の会社に対する影響はどの程度か。
④リスクの社会への影響の範囲と程度はどれくらいか。
⑤警察、行政との対応は必要ないか。
⑥マスコミ、顧客への対応は必要ないか。

ウ 役割分担の設定

中小企業において、経営法務リスクが現に発生した場合は、ケースによっては、限られた人員で機動的に対応する必要があります。

また、人命に関わるリスクが生じた場合等は、マスコミ対応も重要になってきます。ケースによっては、弁護士等の専門家も体制に組み入れた方が良いのかもしれません。

役割分担のイメージは、次のとおりです。

エ 公表（記者会見等）

中小企業といえども、リスク発生の影響が重大であれば、迅速に社会が求める正確な情報を提供しなくてはなりません。

わからない点はわからないとして、現段階で把握している事実を正確に発表することが必要です。

準備が間に合わず十分な発表ができない場合は、その具体的な理由を述べるべきです。

オ モニタリング（事後的検証）

具体的には、次のとおりです。
①経営法務リスクの把握が適切であったか。
②初動対応が適切であったか。
③担当者がそれぞれの役割を果たしていたか。
④リスクの把握がリスクの軽減等にどの程度役立っていたか。

社内要因的リスク

第2 社内要因的リスク

1 採用及び退職リスク

ケース1-1 有期契約職員との契約更新における注意事項

> 当社では契約期間の定めがなく、フルタイムで働く正規職員のほかに、一定の契約期間の定めがある契約職員やパートタイマーも雇用しています。
> 契約職員等との契約の更新については、どのようなことに注意すれば良いでしょうか。

(1) **多様な雇用形態**

中小企業でも、1年とか2年といった契約期間の定めがある従業員を数多く雇用しています。ご存じのとおり、このような有期契約従業員は、雇止め（契約更新拒絶）が認められる限り、契約期間の満了によって労働契約が終了しますので、中小企業にとっては必要に応じて労働力を調整することができる大変好都合な制度と言えます。

(2) **無期雇用転換のリスク**

平成25年4月1日から施行された改正労働契約法第18条第1項では、このような有期契約従業員との契約を更新するに当たって、注意すべきルールが設けられました。

それは、平成25年4月1日以降、有期労働契約が繰り返し更新されて通算5年を超えた場合、労働者の申込みにより、有期労働契約から無期労働契約に転換することができるというものです。

企業にとっては、この5年ルールは重大なリスクと言わざるを得ず、それ故、慎重な準備と対応が必要になります。

というのは、有期契約従業員が無期契約従業員となってしまうと、中小企業が事業の縮小等により当該従業員を辞めさせたいと考えた場合、正規従業員に対すると同様に厳格な解雇規制が適用されることになりますので、辞めさせることは大変困難になります。

ただし、貴社がいったん雇止めをするなどして、契約が継続していな

い期間(空白期間)が6か月(直前の契約期間が1年未満ならその2分の1の期間)以上ある場合には、通算5年のカウントは一度リセットされ、それ以前の契約期間は通算されません(同法第18条第2項)。

　もっとも、一度有期契約従業員を雇止めした上で、6か月後に再雇用するということは、あまり現実的な方法ではないように思われます。

(3) **5年ルールの言葉に惑わされてはいけない。**

　もし、貴社が平成25年4月1日以降、契約期間を2年としてそれを更新していれば、3回目の更新中に通算5年を超えてしまうことになります。この場合は、2年の契約期間の更新を2回行った後、3回目の更新をすれば、無期労働契約に転換されてしまうリスクが生じます。

(4) **無期雇用転換後の労働条件**

　有期労働契約が無期労働契約に転換された後の労働時間、賃金やその他の労働条件については、別に合意がされていない限り、従前の有期労働契約における労働条件と同じになります。つまり、無期労働契約に転換されても、自動的に他の正規従業員と同じ労働条件になるわけではありません。

　しかし、貴社の就業規則において、有期労働契約から無期労働契約に転換になった従業員と無期雇用の正規従業員との間の賃金等の労働条件を就業規則で区別していないと、有期労働契約が無期労働契約に転換になった場合には、正規従業員と同一の労働条件になるというリスクが生じます。したがって、かかるリスクを踏まえた就業規則の整備は重要です。具体的には、有期雇用契約から無期雇用契約に転換になった従業員については、正規従業員と異なった就業規則を準備しておくことが必要です。

　このように、法律改正による経営法務のリスクがある場合に、それに対応する規程の整備を行うことが経営法務リスクマネジメントの基本となります。

回答

　貴社が、有期契約従業員との契約更新で注意すべき点は、有期雇用が更新されて5年以上になった場合に、当該従業員に無期労働契約転換請

求権が認められるということです。

かかる有期雇用の従業員が貴社の今後の経営にとって必要な人材であればともかく、必ずしもそうでない場合には、5年ルールを踏まえて更新拒否をすることを検討すべきです。

また、有期労働契約が期間の定めのない労働契約と社会通念上同視できる場合や、当該従業員に有期労働契約が更新されるものと期待することについて合理的な理由があるものと認められる場合は、雇止めにいわゆる解雇権濫用法理が適用されることにも注意すべきです（同法第19条）。

とは言え、昨今のいわゆる人手不足の状況にかんがみると、有期契約従業員を無期の正規従業員にして、当該職員のスキルアップにより生産性の向上を図ることも経営的には必要なのかもしれません。

ケース1-2 採用内定の取消しのリスク

> 当社は、Yに採用内定を出しました。
> しかし、その後、Yの研修態度を見ていると、協調性がなく、態度も悪いので、内定を取り消したいと考えていますが、可能でしょうか。

(1) **採用内定の法的性格**

中小企業においても、新卒者を採用する場合、在学中に採用内定を出しておいて、卒業後に採用するという方法を取ることが一般的です。

ただ、企業からすれば、採用内定から実際の採用時まで時間が空くので、その間にさまざまな事情が生じ、採用内定を取り消したいと考えるようになることもあり得ます。

採用内定の法的性質について、判例は、始期付解約権留保付の労働契約であるとしています（最高裁判所昭和54年7月20日判決）。この場合の始期とは、学校卒業後の就労開始時期のことです。また、解約権留保権付とは、会社と新卒者に解約権が留保されているということです。

(2) 採用内定の取消リスク

　ここで重要なのは、採用内定によって、労働契約が既に成立しているという点です。そして、貴社の解約権の行使が適法と認められるのは、判例によれば、「解約権留保の趣旨、目的に照らして客観的に合理的で社会通念上相当と是認できる」場合です。

　中小企業によっては、解雇とは異なり、内定取消を比較的安易に行ってしまうリスクがあるので、この点の注意が必要です。

(3) 採用内定を取り消せる場合

　貴社は、Yが協調性がなく、態度が悪いので採用内定を取り消したいとのことですが、この理由はやや主観的、抽象的な理由であるように思われます。業務に支障が出る程度の具体性を持った理由でなければ、客観的に合理的で社会通念上相当な理由とはいい難いと考えます。

　例えば、履歴書に虚偽記載をしており、その内容や程度が重大であることから、従業員としての適性に問題があることが判明した場合や、学校を卒業できなかったり、病気になったりして働くことができなくなった場合などはこれに当たるでしょう。

　中小企業とすれば、大企業にも増して、会社の将来を担う人材を早期に、そして確実に確保したいと考えるのは当然です。しかし、一方で、焦って採用内定を出してしまうと、それを後で取り消せないというリスクに陥ってしまいます。

　そのリスクを防ぐためには、景気予測や退職者数の予測と、次年度の貴社の事業計画の見通しを十分に行いつつ、的確な採用計画を立てて、過不足のない合理的な採用内定を出す必要があります。

回答

　貴社としては、Yについて、抽象的に協調性がないとか、態度が悪いという理由だけでは、内定取消しが認められないと言わざるを得ないので、Yと十分協議の上、内定辞退か内定取消しの合意に持っていくべきです。

第2　社内要因的リスク

法ーっ！なるほど1　採用面接時の質問の注意事項

　企業は、採用内定を出すとなかなか取り消せないので、応募者の協調性や適性をじっくり判断したいと考えます。

　しかし、採用面接時の質問内容については、ハラスメントのリスク以前に、質問内容のリスクがあります。

　まず、業務における労働者の能力と無関係な質問を行うべきではありません。具体的には、出身地、親の職業、座右の銘等です。

　また、個人情報保護法における要配慮個人情報、すなわち、病歴、犯罪歴等については、利用目的を伝えて、事前に本人の同意を得て入手することが必要です。

　会社は、採用面接に来た人から後日クレームが来たり、慰謝料を請求されないような質問事項と採用基準を作ることが必要となってきます。

ケース1-3　試用期間後の本採用拒否と試用期間延長のリスク

　当社は、3か月の試用期間中のYに対して、試用期間終了の1週間前に「期待していたより仕事ができない」ことを理由として本採用拒否を告げました。
　このような本採用拒否は、違法にはならないでしょうか。
　また、もう少しYの適性をみようとして、試用期間の延長はできるのでしょうか。

(1)　試用期間の法的性質

　多くの企業では、従業員の入社後に、数か月の試用期間を置き、従業員としての適性を評価して、本採用とするか否かを判断する制度を設けています。

　試用期間の法的性質について、判例は、通常の試用期間は解約権留保付労働契約であるとしています（最高裁判所昭和48年12月12日判決）。

このように、試用期間は、企業からすると、単に試しに使用しているという意味ではないことに注意する必要があります。

(2) **本採用拒否が認められる場合**

上記判例によれば、試用期間中も期間の定めのない労働契約が成立しているため、本採用拒否は、留保された解約権行使の適法性の問題となります。

そして、判例は、留保解約権の行使が適法とされるためには、通常の解雇よりも広い範囲において解雇の自由が認められてしかるべきとはしてはいますが、基本的に、解雇権行使は、客観的に合理的な理由が存し、社会通念上相当であると認められない場合は、解雇権を濫用したものとして無効とするとされています（労働契約法第16条）。

この社会通念上相当として是認され得る場合と客観的に合理的な理由の判断においては、労務の提供が行われていない内定取消の場合より厳格に判断される傾向にあります。実際には、本採用前の暴力事件への関与の発覚や、欠勤・遅刻などの勤務不良の程度が平均的な労働者を上回り改善の可能性がないなどの理由が必要とされています。

したがって、企業からすると、本採用拒否を行うのは、解雇と同様、その結果が予測しにくいというリスクがあります。

(3) **試用期間を延長するには就業規則の規定が必要**

従業員の立場から見れば、試用期間は働きぶり等によっては本採用を拒否されかねないという不安定な期間です。したがって、試用期間の延長は、就業規則等において、延長があり得る旨、延長の理由及び延長期間等が定められていて、はじめて行うことができます。

試用期間の延長を行うためには、例えば、「従業員としての適格性を判断するため必要と認めるときは、会社は、3か月を限度として試用期間を延長することができる。」などというような規定を就業規則に盛り込むことが必要です。

このように就業規則は、仕方がないから作成するといった類のものではなく、企業が自らを守るための大変重要なツールです。

回答

　貴社は、Yが、「期待していたより仕事ができない」とのことですが、勤務成績不良・労働能力不足については、平均より低いだけでなく、著しく不良であることを客観的に明らかにできない限り、会社内での教育・研修の不備の問題とされかねない点に注意が必要です。

　したがって、貴社のYに対する本採用拒否は、認められないリスクが高いと言わざるを得ません。

　貴社は、Yと十分協議の上、自主退職に持っていくか、Yを本採用にした上で、OJT等により職業能力を向上させていくという選択になります。

法ーっ！なるほど2　有期雇用契約が試用期間と認定されたケース

　試用期間を設けてもなかなか本採用拒否ができないため、ある中小企業が試用期間の代わりに、3か月の有期雇用にして、その間に、従業員の適格性を判断しようとしていたケースがありました。

　しかし、判例では、労働契約の期間が従業員の適格性を評価、判断する目的で設けられた場合には、特段の事情がない限り、その期間は試用期間の性質を持つとしています（最高裁判所平成2年6月5日判決）。

　この中小企業は、うまく判例を乗り越えたつもりだったのかもしれませんが、やはり事前に弁護士に相談すべきだったのかもしれません。

法ーっ！なるほど3　人材不足のリスク

　アベノミクスの効果か、平成29年12月の全国の有効求人倍率は1.87倍で44年ぶりの高水準とのことで、また、完全失業率も2.8％と低水準になっているとのことです。

　私は、よく中小企業のセミナー等で、中小企業の担当者に対して、何を経営法務リスクとして考えているのですかと尋ねることがあるのですが、最近は事故（労災）や欠陥商品のリスクなどよりも人材のリスクを指摘される方が数多くおられます。これらの話を聞くと、技能を持った人材の不足だけではなく、退職した人材の穴埋めができないとか、新規事業に人材が集まらないとか、担当者が病気や怪我でリタイアしたときの補填ができないといったリスクがかなり深刻であることが分かります。中小企業は、一人二役とか多能工化により何とか人材不足のリスクに対応しているのが現実です。

　大企業が人材を上手く使いこなせていないのに対し、中小企業は人材を使いこなそうにも人材そのものが枯渇している感じがします。

　中小企業もワークライフバランスなどに真剣に取り組んで、働きやすく、働きがいのある職場環境を本気で考える時期に来ているように思われます。また、いったん入社した従業員を退職させないような工夫も必要となります。社長の経営理念を従業員が理解して、力を合わせて会社を盛り立てて行こうという雰囲気づくりが必要となります。加えて、人材を集めやすくするための企業のブランディングも重要です。

ケース1-4　従業員の求めに応じて事業主都合退職にすることによるリスク

> 当社の従業員が自己都合退職を申し出てきましたが、雇用保険の資格喪失条項として「事業主都合による退職」にしてほしいと言ってきました。
> この従業員の言うとおりに、事業主都合退職とすることに何か問題はありませんか。

(1) 従業員が事業主都合退職を望む理由

中小企業においては、上場企業とは異なり、退職に関するルールがやや曖昧なところもあるので、このように、従業員が事業主都合による退職という形式での退職を求めてくることがあります。

これは、従業員からすると、退職理由が自己都合退職よりも事業主都合である方が雇用保険の3か月の待機期間がないなど有利な扱いがなされるためです。

(2) 安易に応じるのはリスクが大きい

この場合、中小企業としては、従業員が退職すること自体に変わりはないので、あまり退職理由には注意を払わず、安易にこのような申し出を受け入れてしまうことも多いかもしれません。

しかし、自己都合退職を事業主都合退職としてしまうと、後日退職した従業員から、事業主都合による退職だから解雇と実質的に同じだとして「会社から解雇されたが、解雇は無効だ」と主張されるリスクがあります。

(3) 会社と従業員の「くい違い」のリスク

中小企業経営者の中には、退職した従業員がそのような不義理なことをするはずはないと思われる方がいらっしゃるかもしれませんが、経営法務においては、往々にしてそういうことがあります。というのは、従業員が必ずしも嘘つきという意味ではありませんが、会社が考えていることと従業員が考えていることは、双方の言葉のニュアンスや事実認識の相違から来る「くい違い」が生じ得るからです。

回答

　貴社においては、後で解雇の有効性が争われるリスクを考えて、安易に自己都合退職を事業主都合退職とすることは慎むという対応が考えられます。

　しかし、そのようにすると、例えば、会社としては、退職してもらいたいと考えている従業員が退職の決意を翻すなどのリスクが生じます。

　そこで、貴社は、事業主都合退職という形式には応じるものの、退職する従業員から、「事業主都合により退職することにつき、その効力を争わない」旨の合意書を取って、後日の紛争のリスクをなくすという対応が望ましいと考えます。

ケース1-5　従業員の失踪に対する対応

> 当社では、ある従業員が失踪してしまいました。どのように対応すれば良いでしょうか。

(1) **懲戒解雇か、普通解雇か。**

　中小企業では、従業員の失踪といったこともときどき起こります。失踪は無断欠勤なので、企業としては、就業規則に基づき、失踪した従業員の解雇を検討することになります。

　ところで、貴社が失踪者を懲戒解雇にするには、懲戒対象者本人に弁明の機会を与える必要があります。貴社が採り得る手段を尽くしても本人と連絡がとれない場合には、実際に本人から言い分を聞かなくても弁明の機会を与えたと評価される可能性がありますが、具体的なケースによっては、懲戒解雇が無効となるリスクがあります。このため、懲戒解雇ではなく普通解雇とした方が無難な場合もあります。

(2) **解雇の意思表示の送達**

　貴社の就業規則上、「会社の意思表示は、従業員が届け出た居所に送達されれば、従業員本人に送達されたものとみなす」等といった定めがあれば、この定めに基づいて、本人の届け出た住所に解雇通知書を送付

することになります。

　従業員の失踪もリスクの一つなので、かかるリスクへの対応を就業規則に設けることが必要になります。

(3) 解雇予告手当を支給する必要があるか。

　懲戒解雇・普通解雇ともに、解雇する際には、30日前にその予告をするか、30日分の平均賃金（解雇予告手当）を支払う必要があります。

　この場合、解雇予告除外認定を利用できないかが問題となります。

　行政通達では、「原則として2週間以上正当な理由なく無断欠勤」する場合には、労働者の責に帰すべき事由に該当するとしていますので、無断欠勤が2週間以上となる場合には、労働基準監督署に解雇予告除外認定を申請することが考えられます。

(4) 就業規則における当然退職の定め

　以上は、失踪者に対する解雇の手続でしたが、実は従業員の失踪というリスクに対して、より簡易で効果的な対応方法があります。それは、就業規則において、無断欠勤が継続することを当然退職事由（定年到達や死亡のように、特段の意思表示なく退職となる事由）として定めることです。

　そうすれば、失踪という事実により当然退職という効果が生じるので、中小企業としては解雇という煩雑な法務から解放されるメリットがあります。

回答

　貴社の初動対応としては、まず、失踪した従業員の住所地への訪問と近所の人への事情聴取を含めた調査、身元保証人への問い合わせ、借家の場合は大家への問い合わせ、親兄弟等の親族への問い合わせ、警察への捜索願い等を行うことになります。その上で、失踪の事実が確定すれば、次の段階へと進みます。

　まず、就業規則に失踪が当然退職事由になるという規定があれば、当該従業員を退職扱いとします。

　次に、かかる就業規則の規定がなければ、解雇を検討することになります。

ケース1-6　就業規則では1か月前に退職届を出すことになっている会社における2週間前の退職届の有効性

　当社では、就業規則において、従業員が退職する場合には、遅くとも1か月前までに退職届を提出するように規定しています。
　しかしながら、先日、従業員Yから、退職する場合は2週間前までに申告すれば良いと法律で規定されているから2週間後に退職すると言われました。
　当社はどう対応すれば良いのでしょうか。

(1) 退職に関する民法のルール

　期間の定めのない雇用契約の場合、労働者はいつでも雇用契約の解約の申入れをすることができ、申入れから2週間で雇用契約が終了するものとされています（民法第627条第1項）。

　しかし、一定の期間によって賃金を定めた場合には、雇用契約の解約は次期以後にすることができ、解約の申入れは当期の前半にしなければならないとされています（同条第2項）。例えば、月給制で、給与の締日が月末の場合には、当月の15日までに退職の申し出があれば当月末に契約が終了し、16日以降の申出であれば翌月末に契約が終了することになります。

(2) 退職の予告期間についての特約の有効性

　就業規則には、必要的記載事項として、退職に関する事項を定めなければなりません。

　では、就業規則によって上記のような民法の規定を修正することはできるでしょうか。

　この点、民法第627条第1項は使用者にとっては強行法規であり、退職の猶予期間の延長はできないとの見解が有力です。下級審の裁判例ですが、退職の予告期間を1か月前とする就業規則の変更は無効であると判示した事例もあります。

　一方で、就業規則で民法と異なる定めをした場合には就業規則が原則

として優先され、予告期間の延長が極端に長いときは公序良俗違反で無効となるとの考え方もあり、見解がわかれているところです。

(3) **合意退職に関する定め**

　貴社は、退職とは別の合意退職の手続として、退職希望日の1か月以上前に退職届を提出し、会社がこれを承諾した場合に退職が認められることなどを就業規則に定め、これを原則的な取扱いとすることも考えられます。

　しかし、この場合も、従業員は2週間前の予告をもって退職を強行してくるリスクがあります。

(4) **有期雇用契約の場合**

　以上とは異なり、有期雇用契約については、期間途中の労働者からの雇用契約の解除は原則として認められないことになります。

回答

　ご質問のケースのように、退職の予告期間を1か月としている就業規則の例はよく見られるのですが、法的には無効と判断されるリスクがあります。

　貴社は、1か月の退職の予告期間に対して、貴社の説得にもかかわらず、あえて異を唱えるようなYには、あまり円滑な業務引継の期待を抱かない方が良いかもしれません。

　Yには、せめて2週間の間にできるだけ業務引継を行ってもらい、会社としての被害を最小限に食い止める方法を検討すべきです。

ケース1-7 退職金規程の不利益変更についての同意書の有効性

> 当社は、経営状況が悪化しているため、退職金規程を変更することにしました。
> この変更の結果、従業員の退職金が現在の2分の1程度になってしまうことから、当社は、全従業員から、退職金規程の変更に対する同意書を取得しました。もっとも、当社は、従業員に対して、退職金規程の変更の具体的な理由や内容などに関する説明を必ずしも十分に行っていません。
> この場合、同意書があるから問題がないと考えて良いでしょうか。

(1) **書面による明示の同意が基本**

　賃金、退職金などの重要な労働条件を変更する場合、従業員の同意を得るべきであるのは言うまでもありません。もっとも、その同意について、同意書のような客観的な証拠がないと、後になって同意の有無が争われた際、従業員の同意がなかったと判断されるリスクがあります。

　このため、賃金、退職金などの重要な労働条件の変更に対する同意を得る際には、特に同意書を取得することが基本です。

(2) **自由な意思とは**

　もっとも、同意書があれば全く問題がないと言い切ることはできません。

　賃金や退職金に関する労働条件の変更に対する従業員の同意の有無については、当該変更を受け入れる旨の従業員の行為の有無だけではなく、当該変更によって従業員にもたらされる不利益の内容及び程度、従業員によって当該行為がされるに至った経緯及びその態様、当該行為に先立つ従業員への情報提供又は説明の内容などに照らして、当該行為が従業員の自由な意思に基づいてされたと認めるに足りる合理的な理由が客観的に存在するか否かという観点から判断されるべきとされています（最高裁判所平成28年2月19日判決）。

　つまり、企業とすれば、単に同意書を取得しただけでは、労働条件の変更に対する従業員の自由な意思に基づく同意があったと認められない

リスクがあります。

(3) 労働条件の不利益変更のリスクヘッジ

このため、賃金や退職金のような労働条件の変更の際には、従業員に対して、変更の必要性、変更の具体的内容、変更によって生じる不利益についてしっかりと情報提供をする必要があります。

具体的な方法として、説明会を複数回開催するとか、労働条件の変更の理由や内容を説明した書面を配付して、従業員の理解を深めることなどが考えられます。

回答

貴社は、従業員から労働条件の変更に対する同意書を取得されているようです。

しかし、当該労働条件の変更が退職金に関するものであること、従業員の不利益の内容が退職金の2分の1程度になるという重大なものであること、その具体的内容について十分な説明を行っていないこと等を考慮すると、同意書を取得しているとしても、今回の変更に対する従業員の同意は自由な意見に基づいてなされたと認められないと判断されるリスクがあります。

賃金や退職金に限らず、労働条件の不利益変更は、弁護士などの専門家に相談の上、慎重に対応する必要があります。

また、労働条件の不利益変更は、従業員の同意がなくても、一定の場合には行い得るという労働契約法第10条が適用されるかどうかも含めて、貴社の方針を慎重に検討する必要があります。

2 労働時間・賃金・休日等リスク

ケース2-1 従業員が実際に業務に従事していなかった時間の残業代の支払義務

> 当社の従業員Yは、始業時間よりも早く出勤して、終業時間を超えて残業をしています。早朝は特に仕事をするわけでなく、知り合いの女性と携帯電話で話しているようで、終業時間後の残業も業務に従事することなく、漫画を読んでいるようです。
> このような場合も当社は残業代を支払わないといけないのでしょうか。

(1) 時間外労働とは

時間外労働とは、法定労働時間（1日8時間、1週40時間）を超える労働を言います。

所定労働時間とは、労働契約又は就業規則において定められる始業時から終業時までの時間から休憩時間を差し引いたものを言います。所定労働時間が法定労働時間を超えることは許されませんが、労働時間が所定労働時間を超えて法定労働時間以内の場合に時間外労働手当を会社が支払わなければならないかどうかは労働契約又は就業規則の規定によります。

労働基準法上の労働時間とは、「労働者が使用者の指揮命令下に置かれている時間をいう」とされています（最高裁判所平成12年3月9日判決）。労働時間かどうかのポイントは、「指揮命令下にあるかどうか」ということになります。

したがって、始業前の準備や手待時間や休憩時間であっても、指揮命令下と評価されれば労働時間になります。

したがって、いわゆるダラダラ残業は、企業にとっては、作業の実績に見合わない賃金を支払わされるリスクがあることになります。

(2) 残業代のリスク

残業時間の計算については、企業の指揮命令にあったかどうかが訴訟

で争点になることがありますが、この点については、従業員の日記やパソコンのログ履歴等により、容易に認められるリスクがあります。

特に、タイムカードにより労働時間管理がなされている場合は、特段の事情がない限り、タイムカードの打刻時間を基準に労働時間を推定するという裁判所の傾向があることに注意する必要があります。

未払残業代の消滅時効は2年間ですが、ケースによっては付加金も加えた金額が1,000万円近くになることもあります。仮に、数人が残業代を請求してきたら、キャッシュに余裕のない中小企業にとっては大打撃になってしまいます。

以上の次第で、未払残業代のリスクは中小企業にとっては、比較的よくあり得るリスクであり、かつ、ダメージも大きいリスクと言わざるを得ません。

(3) **ダラダラ残業への対策**

かかるリスクを回避して、本来不要な未払残業代を請求されないためには、①労働者の労働時間を正確に管理すること、②悪質なダラダラ残業や不要な残業をさせないことが必要です。

回答

貴社は、Yが女性と携帯電話で話しをしていたり、漫画を読んでいた時間については、残業代の支払義務はありません。しかし、Yがそれに不服で訴訟を提起してくるリスクがあります。その場合、Yが会社内にいる以上は、貴社が、指揮命令下にないことを反証しないと、実質的に貴社の指揮命令下にあったとか、貴社がYの業務を黙認していたと認定されるリスクがあります。

以上を踏まえると、貴社は、従業員を業務時間外にむやみに会社に居残りをさせないこと、そして従業員が会社にいる時間は会社が指示した業務に完全に服するよう、確実な労務管理を行うことが必要となります。

2 労働時間・賃金・休日等リスク

ケース2-2　効率の悪い長時間残業の是正方法

> 当社は、3交代で製造ラインをフル稼働させていますが、製品の納期に追われることが多く、従業員は恒常的に残業していました。ただし、残業をするのが当然という感じで、生産管理や製造工程の効率化の工夫はあまりなされておらず、効率的に業務を行っている様子はありませんでした。
>
> そのような中、労働基準監督署の立入り調査が入り、多額の未払残業代の支払と業務改善の勧告を受けました。
>
> 当社は、今後どのような方法を採れば良いでしょうか。

(1) 時間外労働増加の要因

中小企業は、いわゆる納期に追われることが多々あります。また、中小企業の中には、例えば、製品の生産システムが効率的でなかったり、上司が帰るまでは帰りにくいといった雰囲気があるなどさまざまな原因で、恒常的に長時間の時間外労働が存在することがあると考えられます。

(2) 割増賃金と附加金のリスク

時間外労働等の割増賃金は、次のとおりです。

　ア　時間外労働は125％以上
　イ　深夜労働は125％以上
　ウ　休日労働は135％以上

上記の重複の場合、例えば、時間外労働＋深夜労働は150％、休日労働＋深夜労働は160％になります。

また、1か月60時間を超える時間外労働については50％以上の割増が必要で、1か月60時間を超える時間外労働＋深夜労働は175％以上の割増になります。

以上のとおり、時間外労働は多額の賃金支払義務につながり、中小企業にとっては経営圧迫要因となります。

加えて、企業が労働者から訴訟において残業代を請求されると、裁判

所から附加金を命じる判決により、企業が支払わなければならない額が2倍になるリスクもあります。

(3) **長時間残業のリスク**

長時間の残業には、メンタルヘルスのリスクが生じること、疲労による労災発生のリスクが高まること、未払残業代請求のリスクが高まること、労働組合の加入のリスクが高まることなどさまざまなリスクがあります。

(4) **不要な残業をなくすための対策**

このため、会社としては、不要な残業をさせないための体制の整備とルール作りを行うとともに、恒常的なダラダラ残業を発生させないような労務管理を構築する必要があります。

また、部署によって残業の多い少ないの差異が生じているのであれば、それを是正するための組織改革、業務処理方法の改善も併せて検討すべきです。

回答

貴社は、今後、ラインの各責任者が生産管理をきちんと行って、ラインごとの生産性を数値で把握するとともに、材料の機械への搬入距離の短縮等製造工程の全面的な見直し、夕礼の実施と残業を許可制にかからせること等を通じ、不要な残業を極力減らすべきです。

法ーっ！なるほど4　長時間労働による脳・心臓疾患による死亡リスク

厚生労働省の脳・心臓疾患に関する労災基準等によると、1か月の時間外労働時間が60時間を超えた場合は疾病が業務上とされ、2か月連続で月120時間を超えた場合又は3か月連続して月100時間を超えた場合は、他に業務起因性を妨げる有力な原因がなければ業務上とされ、1か月80時間を超えた場合は、他の要因と総合して業務上とされるとされています。

このように、時間外労働時間は、労災認定に当たって、重要な目安とされています。

また、会社は、労災認定がなされた場合は、安全配慮義務違反による損害賠償責任を、会社代表者も会社法第429条第1項の損害賠償責任を負うリスクが生じるので、注意が必要です。
　なお、一般論として、労災認定は、使用者側が関与できず、労働者側の主張に沿った事実認定がなされるリスクがあることにも注意すべきです。

ケース2-3　営業職に一定額の営業手当を支払っている場合のリスク

　当社では、取引先回りを行う営業職に、毎月7万円の営業手当を時間外手当として支払っています。
　しかし、ある営業職のYから、会社の業務命令で遠くまで営業に行き、移動時間中も会社からいろいろ携帯電話やメールで指示を受けたり、取引先に電話をすることがある上、会社に帰ってからも日報を作成して、毎日帰宅が午後10時になるので、実際の時間外労働時間に基づく時間外手当を支払ってほしいと言われました。
　当社とすれば、Yはあまり営業の実績を出していないし、会社の外で何をしているのかわからないので、毎月7万円以上の営業手当は支払いたくないのですが、どうすれば良いのでしょうか。

(1)　**営業職の移動時間は労働時間か。**
　一般的には、出張の移動時間は、通勤時間と同じで、労働時間にならないと考えられています。
　しかし、貴社のように、従業員の移動中も会社がいろいろ業務の指示を出していたり、従業員が取引先に電話をするという状態であれば、移動時間といえども貴社の指揮命令下にあることになるので、労働時間になるものと考えられます。

(2)　**営業手当と時間外手当の関係**
　貴社では、営業手当を時間外手当として取り扱っているようですが、

Yの基本給をベースにして、7万円の営業手当が何時間分の時間外手当に相当するのかをきちんと計算する必要があります。

その上で、Yの実際の時間外労働時間が7万円に相当する時間外労働時間を超える場合は、残業代を追加して支払う義務があります。

(3) 事業場外のみなし労働時間制

外勤の営業職など事業場外で業務に従事した場合で、労働時間を算定し難いときは、所定労働時間、労働したものとみなされます。ただし、その業務を遂行するためには所定労働時間を超えて労働することが通常必要な場合には、その業務の遂行に通常必要とされる時間、労働したものとみなされるという制度です（労働基準法第38条の2第1項）。

そして、業務の遂行に通常必要とされる時間は、事業場の過半数労働組合、労働組合がない場合は労働者の過半数代表者との労使協定により定めることとされています（同条第2項）。例えば、事業場外での業務を遂行するために通常は10時間かかるとすれば、事業場外の労働時間は10時間とみなされるという制度なので、実際に10時間を超えると貴社は残業代の支払義務を負うことになります。

ただし、この制度が適用になるのは、会社の具体的な指揮監督が及ばず、労働時間の算定が困難なときとされているので、携帯電話やメールなどによって会社の指示を受けながら事業場外で勤務している場合や、事業場で訪問先、帰社時刻等の業務の具体的指示を受けた後、指示どおりに業務に従事して、その後、事業場に戻る場合には適用されないことに注意する必要があります。

回 答

貴社とすれば、一定額の営業手当を時間外手当として支払うことは、追加の残業代を請求されるリスクがあります。

また、事業場外のみなし労働時間制度を適用するためには、Yに対し、貴社の具体的な指揮監督が及ばないように注意する必要があります。

会社は、携帯電話やメールなどで、事業場外にいる従業員に対して、容易に業務命令を出せることになったので、出張のための移動時間など

事業場外の業務が労働時間とされるリスクに注意する必要があります。

法ーっ！なるほど5　時間外割増のない定額賃金の有効性

　例えば、月180時間までの労働時間ならば月額40万円の固定給を支払い、月180時間を超える場合には割増賃金を支払うとすることは有効かという問題です。

　この点については、通常の労働時間の賃金部分と割増賃金に当たる部分とを判別できない場合は、時間外・深夜労働の割増賃金が支払われたものとすることはできないとされているので（最高裁判所平成24年3月8日判決）、このような時間外割増のない定額賃金は認められないことになります。

　一方で、労働時間の管理を受けず、高額の報酬を得て自己裁量で働く専門的労働者について、時間外労働手当は基本給の中に含まれているので別個の請求はできないとした裁判例もあります（東京地方裁判所平成17年10月19日判決）。

　とはいえ、中小企業においては、多額の固定賃金を支払っていたとしても、通常部分と割増部分が明確に区分されていない限り、自由な意思に基づく割増賃金の放棄が認められないリスクがあることを踏まえて、かかる賃金体系を採ることは極力避けるべきと考えます。

法ーっ！なるほど6　労働時間になるかどうかの具体例

　労働時間になるかどうかについて、よく中小企業から相談を受ける点は、次のとおりです。
　①手待ち時間
　警備業の仮眠時間や運送業の貨物の積載前の待機時間などは、何かあればすぐに稼働できる状態で待機しているので、会社の指揮命令下に置かれていると評価でき、労働時間ということになります。
　②電話番も兼ねた昼休み休憩

これも労働からの解放が保障されていないので労働時間です。

③自宅への持ち帰り仕事

行政通達では、客観的に正規の勤務時間に処理できないと決められる場合など、超過勤務の黙示の指示によって仕事をした場合は時間外労働になるとしたものがあります。

④eラーニングの研修

通常の研修への参加の場合と同様に、受講が義務付けられていれば労働時間に該当します。

また、明示的な指示や命令がなくても、事実上、研修を受けないと不利益を課されることになる場合は、実質的には使用者の指揮命令下に置かれていると判断される可能性が高いと言えます。

以上のように、労働時間性の有無は、使用者の指揮命令下にあるか否か、従業員が労働から解放されているといえるか、黙示の業務命令があるかどうかなどといった観点から、それぞれの具体的ケースごとに労働時間になるかどうかを判断していくことになります。

ただし、休憩時間などにおける突発的な事象への対応は、可能性として全くゼロではないので、中小企業とすれば、完全な労働に服していない休憩時間などについても労働時間が認定されるリスクがあることを認識する必要があります。

2 労働時間・賃金・休日等リスク

ケース2-4　営業所長に残業代を支払わなければならない基準

> 当社には何人か営業所長がいますが、その中の営業所長Yは、「自分の役職は営業所長だが、残業代が支払われていないのは納得できない。過去の分も含めて適正な残業代や深夜労働手当を支払ってもらいたい」と訴えてきました。
> この請求は正当ですか。

(1) 管理監督者とは

労働基準法では、原則として1日8時間、週40時間以上は労働させてはならないことが規定されています（同法第32条）。そして、これを超える部分については、使用者は残業代を支払う必要があります。

この例外が「管理監督者」に該当する場合です（同法第41条第2号）。管理監督者については、「名ばかり管理監督者」と言われるように、企業にとって有利な制度をついつい濫用してしまうリスクがあることを認識すべきです。

特に、中小企業においては、営業を広範囲に展開するため、営業拠点を設け、営業所長といった肩書を付けることがよく行われ、その営業所長に使命感と責任を持たせるため、一定額の営業所長手当だけ支払うという運用がなされることがあります。

ご質問のケースでは、営業所長Yが管理監督者に該当するかが問題となります。

(2) 管理監督者の判断基準

この「管理監督者」に該当するか否かの判断基準は、①事業主の経営に関する決定に参画し労務管理に関する指揮監督権限を認められているか、②自己の出退勤をはじめとする労働時間について裁量権を有しているか、③一般の従業員に比しその地位と権限にふさわしい賃金（基本給、手当、賞与）の処遇を与えられているかという点です。

裁判例では、銀行の支店長代理について、通常の就業時間に拘束され出退勤の自由がなく、銀行の機密事項に関わることもなく、経営者と一

体となって銀行経営を左右する仕事に携わってもいないとして、管理監督者に該当しないと判断されたものがあります。

この裁判例を例にとってもおわかりのように、実務において「管理監督者」の判断基準は非常に厳しいものになっています。なお、出退勤の自由の点については特に重視されるポイントですのでご留意ください。

(3) **年次有給休暇と深夜労働手当は**

管理監督者に該当することにより適用除外になるのは、労働時間、休憩、休日の規定だけであり、年次有給休暇（同法第39条）、深夜業（同法第37条第4項）などは適用除外になりません。

したがって、会社は、Yが管理監督者に該当したとしても、深夜労働手当を支払わなければなりません。

回 答

貴社の場合、Yが経営に関する決定に参画して、出退勤が自由であり、営業所長手当がある程度高額であるなどといった条件が満たされていない限り、名ばかり営業所長ということになってしまい、Yの請求が認められるリスクは高いと言えます。

貴社が訴訟で敗訴するリスクと、そのことが他の営業所長に飛び火するリスクを避けるため、Yとの間で他には口外しないことを条件に一定額を支払って和解すべきです。

また、今後、貴社は、管理監督者とは認められない営業所長に対しては、時間外手当等を支払うように制度と運用を改めるべきです。

ケース2-5　懲戒解雇をした従業員に対する退職金支払義務

当社には、従業員が懲戒解雇になった場合には、退職金を支払わないという退職金規程があります。

従業員Yは業務上横領を行ったことが判明したので、当社は懲戒解雇を行いましたが、退職金支払はないと考えてよろしいですか。

2 労働時間・賃金・休日等リスク

(1) 懲戒解雇イコール退職金不支給で良いか。

　中小企業の経営者からすると、従業員が業務上横領といった大それた犯罪を犯した以上、退職金など支払えるはずはないと言いたいところです。

　しかし、退職金には、功労報償的性格と賃金の後払い的性格があるとされており、懲戒解雇の事由があったとしても、退職金の全額を不支給とすることができるのは、Ｙがそれまでの長年にわたる勤続の功を抹消してしまう程の著しく信義に反する行為があった場合に限られると考えられています。

　したがって、仮に懲戒解雇が有効であってもなお、退職金不支給の適法性が問題となります。

(2) 退職金不支給の適法性

　長年にわたる勤労の功を抹消してしまう程の不信行為に当たるかどうかは、懲戒事由の内容、背信性の程度、会社が被った損害の内容、程度、在職中の勤務状況、退職金の賃金の後払い的性質の強さ等を総合的に考慮して判断されることになります。

(3) 退職金に関するリスク管理

　企業は、ご質問のように従業員が横領等の非違行為を行うリスクに備えて、退職金の全額又は一部を不支給とする退職金規程を整備すべきです。

　また、ご質問に関連して言えば、従業員の退職後に横領の事実が発覚するようなリスクに備えて、退職金支払い期限を不正行為などの発見のための調査期間を置いて退職後数か月に設定しておくことや、退職金支払い後に懲戒解雇理由などが発覚した場合に支払い済みの退職金を返還する規定を置くことが必要になってきます。

　このように、就業規則には、中小企業がさまざまなリスクに備えてそれをヘッジするために必要なことを規定していないと、中小企業の希望や目的がかなえられないことがあることに留意すべきです。

回　答

　貴社は、就業規則に懲戒解雇事由があった場合に退職金を支給しないという規定を設けていれば、Ｙに対し退職金の全額又は一部を不支給と

することができると考えられます。

　しかし、実際に退職金を不支給にできる範囲はケースバイケースと言わざるを得ません。

ケース2-6　定年後再雇用の賃金カットのリスク

> 　当社では、高年齢者雇用確保措置として、定年後再雇用を導入しています。
> 　当社の定年後再雇用では、1年ごとに更新する有期雇用契約にしており、勤務形態は嘱託社員です。
> 　業務内容、職務内容及び配置の変更の範囲は、定年前と変わりありませんが、賃金は正社員の場合に比べて概ね3割減っています。
> 　このような運用で何かリスクはないでしょうか。

(1)　**定年後再雇用の労働条件**

　高年齢者等の雇用の安定等に関する法律に基づいて、さまざまな高年齢者雇用確保措置が採られていると思われますが、中小企業においては、定年後再雇用の方法を導入している企業が多いものと考えられます。

　そして、定年後再雇用においては、一般的に定年前よりも賃金が低減するケースが多いのではないかと思います。

(2)　**労働契約法第20条のリスク**

　労働契約法第20条は、簡単に言うと、有期雇用労働者と無期雇用労働者との間で、労働者の業務の内容及び当該業務に伴う責任の程度（職務の内容）、当該職務の内容及び配置の変更の範囲、その他の事情を考慮して、不合理な労働条件の相違を禁止するルールです。しかし、この規定は、あくまでも不合理な労働条件の相違を禁止するルールであって、有期雇用労働者と無期雇用労働者の同一労働同一賃金を規定するものではありません。

　企業は、定年後再雇用の従業員の給料低減が労働契約法第20条違反

となるリスクがあることは認識する必要があります。

(3) **裁判例**

この点に関して、定年後に有期雇用契約の嘱託社員として再雇用する場合において、業務内容及び配置の変更範囲が定年前と定年後で変わらない場合には、特段の事情がない限り、賃金を正社員と異なる条件にすることは不合理であり、変更後の賃金の定めは、労働契約法第20条に違反すると判断した裁判例があります（東京地方裁判所平成28年5月13日判決）。

これに対し、この地裁判決の控訴審判決は、①労働者の業務の内容及び当該業務に伴う責任の程度、当該職務の内容及び配置の変更の範囲が変わらないまま相当程度賃金を引き下げることは社会一般に広く行われていること、②年収ベースで賃金の差は2割程度であること、③企業の収支が大幅な赤字であったこと、④各種手当について工夫をしていたこと、⑤労働組合との団体交渉を行って、一定の労働条件の改善を行っていたことから、不合理な差異とは言えないと判示しています（東京高等裁判所平成28年11月2日判決）。

簡単に言えば、地裁判決は、定年前と定年後の職務の内容等が同じであれば、特段の事情がない限り差異は違法とするのに対し、高裁判決は、職務の内容等とその他の事情を総合的に考慮して違法かどうかを判断しており、判断の手法に相違点があると思われます。

回答

貴社において、定年後再雇用の職員が定年前のときと、職務の内容、当該職務の内容及び配置の変更の範囲が全く同じであれば、その他の事情にもよりますが、労働契約法第20条に違反すると判断されて、定年前の賃金との差額を請求されるリスクがあります。

貴社がかかるリスクを避けるためには、定年後に再雇用する従業員の職務内容等が定年前のものと異なるようにすることを工夫することなどが考えられます。

貴社の採るべき方法としては、定年後の人材確保や従業員のモチベー

ションアップも考慮して、定年後再雇用ではなく、65歳定年制を採用するとか、定年後も含めた賃金制度を再設計することも考えられます。

法ーっ！なるほど7　手当の差異のリスク

　労働契約法第20条は、手当の差異についても問題となります。
　ある運送会社のケースでは、正規従業員と有期従業員との間で、通勤手当の格差を違法とした裁判例があります。
　また、その控訴審では、通勤手当に加え、無事故手当、作業手当、休職手当の格差は違法としながらも、住宅手当、皆勤手当、家族手当等の格差は適法と判断しています（大阪高等裁判所平成28年7月26日判決）。
　この点に関しては、現在のところ、さまざまな裁判例が出されつつあるので、中小企業としては、この点も経営法務リスクとして捉え、適切に対応していく必要があります。

法ーっ！なるほど8　今後高まる同一労働同一賃金のリスク

　平成29年3月に策定された政府の「働き方改革実行計画」では、日本の労働制度と働き方にある課題として、①正規、非正規の不合理な処遇の差、②長時間労働、③単線型の日本のキャリアパスなどが挙げられています。
　この内、正規と非正規の問題については、世の中から「非正規」という言葉を一掃していくといった強い決意が示されています。
　中小企業においては、今後、パート労働者、有期雇用労働者、派遣労働者について、均衡待遇のみならず、均等待遇を要求する法改正がなされて、その法律に基づき、不合理な差異が訴訟等において争われるリスクが増えていくことに注意していく必要があります。
　上記計画が理想としているような非正規との差異が克服されて、非正規労働者のモチベーションが上がって労働生産性が向上していけば良いのですが、賃上げと相俟って、中小企業の活力が削がれてしまわないよ

2 労働時間・賃金・休日等リスク

うな工夫も同時に必要になると私は考えています。

必ずしも働き方改革と抱き合わせに実施する必然性はありませんが、解雇規制の弾力化と解雇の金銭解決制度の導入は、必要であると考えます。

ケース2-7　給料と損害賠償の相殺のリスク

> 当社の従業員が過失によって、会社の商品を壊してしまいました。その弁償として、当該従業員の給料から商品の損害相当額を天引きしたいと考えていますが、法的に問題はありませんか。

(1) 損害の全額を請求できるか。

中小企業の経営者の中には、会社の従業員が過失によって、会社の商品を損壊した以上、会社は不法行為に基づき、商品の時価相当額の全額を損害賠償請求することができると考えていらっしゃる方がおられます。

しかし、裁判例では、会社は従業員の労務の提供により利益を上げているということもあり、従業員の行為が故意、重過失でなければ、損害の全額は請求できず、大体2～3割しか請求できないとされています。

(2) 賃金の全額払いの原則と相殺合意

労働基準法第24条第1項は、法令に特別の定めがある場合（所得税の源泉徴収など）などを除き、賃金はその全額を支払わなければならないと規定し、賃金の全額払いの原則を定めています。

これは、会社が一方的に天引き等をすると、労働者の手取り給料が減ってしまい、労働者の生活を不安定にしてしまうので、これを防止するためです。

したがって、ご質問のケースでも、貴社が一方的に給料から商品相当額を相殺することはできないのが原則です。これに違反すると、30万円以下の罰金に処されるリスクがありますので（同法第120条第1号）、注意が必要です。

もっとも、判例上は、給料からの一定額の相殺について、従業員の合意があり、それが労働者の自由意思に基づいてなされたものであると認められる合理的な理由が客観的に存在する場合には、賃金全額払いの原則に反しないとされています。

回 答

貴社は、従業員の給料から損害賠償額を相殺することについて、労働者に十分説明を行って、そのことを労働者に納得してもらった上で、書面による合意書をとっておけば、商品相当額の損害額の天引きが許されることになります。

そして、損害額が例えば20万円といった多額に上る場合は、例えば2万円を10か月に分けて相殺するといった方法が必要になります。

ケース2-8 年俸制導入による残業代の支払義務

> 当社では、人材確保と割増賃金の抑制、労働時間管理の事務軽減のため、年俸制の導入を検討しています。
> どのような点に注意して、年俸制を導入すればよろしいでしょうか。

(1) **年俸制の誤解**

中小企業の経営者から年俸制の導入について相談を受けることがあります。ベンチャー企業などで、従業員に労働時間をあまり気にしないで頑張ってもらいたいといったことで導入を検討されるようです。

ところで、中小企業の経営者の中には、年俸制だから残業代等の割増賃金の支払は不要と考えている方がいらっしゃいますが、それは全くの誤解です。

また、中小企業経営者の中には、1年に1回年俸を支払えば良いと考えている方がいらっしゃいますが、これも誤解で、1か月に1回は年俸を12で割った賃金を支払う義務があります。

年俸制を導入したからといって、人件費を抑制できるのではなく、むしろ、人件費が硬直化したり、運用によっては、割増賃金が上昇するリスクがあるので、個人的には、中小企業に対しては、年俸制はあまりお勧めしていません。

(2) **年俸制の導入**

どうしても年俸制を導入したいという場合は、年俸制といえども労働時間をきちんと管理しなければならず、法定労働時間を超えた時間については、残業手当の支払義務があります。

そこで、企業とすれば、面倒な労働時間の管理を省くため、固定残業代制度を採り入れた年俸制を導入することが考えられます。

(3) **固定残業代制度**

これは1か月に想定される残業代を基本給にプラスして支払う制度で、例えば、1か月当たり30時間分の残業をしたものとして定額残業代7万円を支払うというものです。

会社は、従業員の労働時間が月30時間未満の場合は固定残業代7万円を支払わなければならず、また、月30時間を超えると固定残業代以外に別途割増賃金を支払わなければなりません。

しかし、この固定残業代制度は基本給と残業代の部分が明確に区分されていること、その固定残業代部分には何時間の残業代が含まれているかが明確にされていること、実際の残業時間がその時間を超えている場合は、別途割増賃金を支払うことが就業規則で明確に規定されて実行されることが必要です。

回答

貴社は、固定残業代制度を導入して、基本給と固定残業代を合わせた月額を12倍して年俸制とすれば良いと考えますが、固定残業を超えた残業が発生していれば別途残業代の支払義務があることに注意すべきです。

第2 社内要因的リスク

法ーっ！なるほど9　裁量労働制の導入

　例えば、研究開発業務に従事する職員について、裁量労働制を導入したいといった相談を受けることがしばしばあります。

　裁量労働制の概要は、次のとおりです。

○専門業務型裁量労働制

　研究開発業務のほか、情報処理システムの設計、分析、デザイナー、弁護士、公認会計士等の一定の専門業務においては、勤務時間帯は決めず、出退勤が自由で、例えば月160時間働いたものとする専門業務型裁量労働制という制度があります。これは、労使協定を締結する必要があります。

○企画業務型裁量労働制

　また、企画立案などを自律的に行うホワイトカラー労働者に対し、みなし時間を定める企画業務型裁量労働制という制度もあり、これは、労使委員会を設置して5分の4以上の多数決が必要など、専門業務型裁量労働制よりも厳しい要件が定められています。

　以上のとおり、研究開発職などの従業員については、勤務時間帯を定めず、みなし時間を設定して、労使協定を結んで、専門業務型裁量労働制を導入することができます。

　ただし、従業員と労働時間をめぐってトラブルになることを予防するため、実労働時間とみなし時間がかけ離れないようにすること、長時間労働にならないようにすること、出退勤時間が強制されないようにするなどといったことに留意する必要があります。

ケース2-9　13日間の連続勤務のリスク

　当社では繁忙期に人手が足りず、ある従業員が13日の連続勤務になってしまいました。
　これは違法でしょうか。

(1) 繁忙期のリスク

一般的に、企業には、繁忙期があり、特定の時期に従業員に集中的に勤務してもらう必要が生ずる場合があります。その場合に、休日や時間外労働に関する法令に違反したり、従業員が疲労による集中力の低下に伴う労働災害を起こすなどのリスクが生じてしまいます。

中小企業としては、繁忙期には、有期雇用のパートタイマーや派遣労働者を雇用して人材面での対応を考えるほか、変形週休制や変形労働時間を利用することを検討することになります。

(2) 法定休日とは

労働基準法第35条第1項は、「使用者は、労働者に対して、毎週少くとも一回の休日を与えなければならない」と規定しています。

ここにいう、「毎週」とは「7日の期間毎に」の意味です。

したがって、例えば、ある月の1日が日曜日で休日として、次の週の14日の土曜日を休日とすれば違法ではなく、12日間の連続勤務は可能になります。

(3) 変形週休制とは

では、13日間の連続勤務を可能にする制度はないのでしょうか。

同法第35条第2項では、「前項の規定は、4週間を通じ4日以上の休日を与える使用者については適用しない」と規定されています。これは、特定の4週間において4日の休日が与えられていれば良いとの趣旨であり、これを「変形週休制」といいます。この変形週休制を利用するには、就業規則において単位となる4週間（又はそれより短い期間）の起算日を定める必要があります（同法施行規則第12条の2第2項）。

(4) 変形労働時間とは

ご質問は、変形週休制についてですが、中小企業の繁忙期対応のための制度として、ここで変形労働時間にも言及しておきます。

変形労働時間制という制度を採ることにより、週40時間を超える労働時間を定めることも可能となります。

これは一定の単位期間について、労働基準法上の労働時間の規制を、1週及び1日単位ではなく、単位期間における週当たりの平均労働時間

によって考える制度です。

　具体的には、1か月単位の変形労働時間制の場合、1日〜24日が1日6時間30分労働（土・日休日）、25日以降が1日9時間労働（日休日）といった方法です。

回答

　貴社においては、就業規則で特定の4週間について4日の休日を取るという変形週休制を採っていれば、13日の連続勤務も違法ではありません。
　逆に、就業規則に変形週休制の規定がないと、13日連続勤務は違法になります。

法ーっ！なるほど10　変形労働時間制とは

　1か月単位の変形労働時間制とは、1か月以内の一定期間を平均し1週間当たりの労働時間が週の法定労働時間（40時間）を超えない定めをすることにより、特定された週において1週の法定労働時間（40時間）を、又は特定された日において1日の法定労働時間（8時間）を超えて、労働させることができる制度です（労働基準法第32条の2）。
　この制度を適用するためには、労使協定又は就業規則その他これに準ずるものにより、次の事項を定めることが必要です。
　①変形期間
　②変形期間の起算日
　③変形期間を平均し1週間当たりの労働時間が週法定労働時間を超えない定め
　④変形期間における各日・各週の労働時間、始業・終業時刻
　ところで、業務の大幅な変動等の例外的事由がある場合、変形労働時間制開始後に、就業規則の規定に基づいて労働時間を変更することは認められます。
　なお、1年単位の変形労働時間制もありますが、この場合の労働時間の変更は、使用者が労働時間を任意に変更すると、労働者の生活設計に

2 労働時間・賃金・休日等リスク

与える影響が大きいため、認められないという取扱いが一般的です。

ケース2-10 雨の日を休日にすることの可否

> 当社の業務は、屋外での作業が多く、雨の日には仕事ができません。そこで、雨の日を休日とする扱いをしたいのですが、どのような点に注意すべきでしょうか。

(1) 休日と休業の違いは

屋外の業務で雨天時に仕事ができない場合には、仕事を休みにしたいという中小企業もあると思います。この場合、休業手当の支払は必要なのか、休日を雨の日に振り替えることができないか、できるとして必要な手続は何かという点が問題となります。

ここではまず、休日と休業の違いを押さえておく必要があります。

休日とは、労働者が労働契約において労働義務を負わない日のことをいいます。一方、休業とは、労働者が労働契約において労働義務を負う時間につき、労働することができなくなることをいいます。つまり、休みの日が、もともと労働者が労働義務を負う日であるか否かで異なります。

(2) 休業手当の支払義務があるか。

休業については、それが使用者の責に帰すべき事由による場合には労働者に対し、休業手当（平均賃金の6割以上）を支払わなければなりません（労働基準法第26条）。

この使用者の責に帰すべき事由とは、使用者の故意、過失による休業はもとより、使用者側に起因する経営・管理上の障害による休業を含むとされています（最高裁判所昭和62年7月17日判決）。

したがって、雨天を休業にするというのは、従業員が行うべき仕事がないというのと同様に使用者側の経営上の障害と考えられるので、企業は休業手当を支払わなければならないリスクがあります。

(3) 休日を振り替えるには

　そこで、中小企業とすれば、休業手当の支払いを回避するため、雨の日に休日を振り替えるという方法が考えられます。休日にしてしまえばその日はもともと労働義務を負わない日になり、休業とはなりませんので、休業手当の支払いの必要がなくなります。

　ただ、注意しなければならないのは、原則として休日は、午前0時から午後12時までの24時間与えなければならない点です。したがって、前日中に休日の振替をしなければなりません。

　また、労働契約上の休日を変更するわけですから、労働協約や就業規則で、雨の日には休日を振り替えることができる旨を規定しておくことが必要となります。

回　答

　貴社が、雨の日を休日にしたいというのであれば、就業規則に休日の振替の規定を設けた上で、休日の振替を行うこととなります。

　しかし、従業員からすれば、例えば、度々前日に休日の振替を行われると家族との休日の予定に支障が出ることもあるので、休日の振替は必要でやむを得ない場合に行うのが望ましいと考えます。

法ーっ！なるほど11　休日の振替と代休の相違点

　休日の振替とは、会社の業務上の必要により、休日を労働日に変更し、代わりに前後の労働日を休日に変更することをいい、就業規則上の根拠規定が必要です。休日の振替が適法とされるためには、①振替の必要性があること、②事前に振替が予告・通知されていること、③振替休日が事前に特定されていることが必要です。

　これに対して、代休とは、休日の振替を行わないまま休日に労働させ、事後にこれに代わる休日を与えることをいい、これも就業規則上の根拠規定が必要です。

　なお、代休は休日の振替と異なり、休日労働が行われたことになるの

で、休日割増賃金の支払いが必要です。また、付与された代休日については、当然に無給にはならないので、就業規則で代休日は無給とする旨を定めておくことが必要です。

法ーっ！なるほど12　退職日までの有給休暇の請求への対応

　従業員が突然、2週間後の退職を申し出てきて、退職日まで有給休暇を請求して、業務の引継ぎができず、困っているという相談を中小企業から受けたことがあります。

　労働者が有給休暇を請求してきた場合には、使用者としてこれを適法に拒否できる根拠としては、時季変更権の行使（労働基準法第39条第5項）が考えられます。

　しかし、この時季変更権は、別の日に有給休暇を取得させることができることを前提としているので、この場合は時季変更権は行使できません。

　また、会社からの有給休暇の買取り請求は認められません。

　結局、会社としては、従業員に対して、引継ぎの謝礼を支払って、引継ぎを行ってもらうことをお願いするしか有効な方法はありません。

　会社としては、そもそもこのような事態を避けるために、日ごろから従業員に有給休暇を取得させておくことや会社に対する忠誠心を醸成しておくことが大切です。

ケース2-11　休業命令と賃金支払義務

> 当社は従業員から、発熱、咳、関節痛の症状があるとの連絡を受けました。もしかするとインフルエンザかもしれません。
> 社内でインフルエンザが流行しては困るので、就業規則上の規定はありませんが、休業命令を出したいと思っています。その場合、従業員に賃金を支払う必要はあるのでしょうか。

(1) インフルエンザの恐れのある従業員への休業命令

労働者が伝播の可能性のある疾病等にかかった場合などの場合は、当該労働者及び他の労働者の健康・安全を確保するため、使用者の判断によって就業を禁止しなければならないとされています（労働安全衛生法第68条、労働安全衛生規則第61条）。

(2) 業務命令権の濫用

しかし、必要性・合理性を欠いた業務命令、不当な動機・目的をもってなされた業務命令、業務上の必要性と比較して労働者の職業上・生活上の不利益が著しく大きい業務命令は、権利の濫用として無効になるとされています。

インフルエンザの強い感染力、流行性、症状等からすると、職場における安全配慮義務を負う使用者としては、インフルエンザの可能性がある労働者の職場への立入りを制限し、自宅で静養させる必要性は高いと言えます。

したがって、休業又は自宅待機の業務命令が無効となる可能性は低いと考えられます。

(3) 休業手当支払の要否

使用者の責に帰すべき事由による休業の場合、使用者は、休業手当として賃金の6割以上を支払わなければなりません。

労働者がインフルエンザに感染したことによる休業は、使用者の責に帰すべき事由による休業には当たらないため、休業手当を支払う必要はないと考えられます。

ただし、医師の診断よりも長期にわたる休業や、インフルエンザかど

うかわからないのに、一定の症状があることだけを理由に休業させるという場合は、使用者の自主的判断に基づく休業なので、休業手当の支払は必要であると考えられます。

回答

ご質問の状況では、未だインフルエンザの診断書は提出されていないと考えられますが、貴社は業務命令権に基づき、休業命令を出すことができます。

その上で、貴社はなるべく早期に従業員からインフルエンザの診断書を提出してもらうべきです。

インフルエンザの診断書の提出後は、貴社は休業手当を支払う必要はなくなると考えられます。

ケース2-12　未払残業代請求の労働審判のリスク

> 当社は、ある元従業員から未払残業代について労働審判が申し立てられました。どのように対応すべきでしょうか。

(1) **労働審判とは**

中小企業も当然のことながら労働審判を申し立てられるリスクはあります。

労働審判では、裁判所に設置された労働審判委員会が、期日における非公開の審理を経て（労働審判法第16条）、心証を形成します。

委員会を構成する労働審判官（裁判官）1名と、労働関係に関する専門的な知識経験を有する市民から選ばれた労働審判員2名は、平等の議決権を有し、決議は過半数でなされます（同法第12条）。

労働審判は、申立てから原則として40日以内に第1回期日が指定されます（同法規則第13条）。労働審判委員会が心証を形成するのは、大体この第1回期日です。そして、原則として3回以内の期日で審理は終

了し、長引く例外はほとんどありません。

　大体のイメージですが、第1回目で事実審理、第2回目で調停の協議、第3回目で調停成立か審判というのが一般的です。

(2)　**労働審判への対応**

　中小企業とすれば、もしも十分が準備ができないまま第1回期日を迎えてしまうと、労働審判委員会の心証は事実上第1回で決まってしまうことが多いため、いわば後はないのです。ここが、労働審判を申し立てられた場合の、中小企業にとって一番のリスクなのです。

　というのは、中小企業においては、上場企業のように必ずしも顧問弁護士がいない、知り合いの弁護士がいてもその弁護士が労働審判の経験があるとは限らないし、迅速に対応してくれるかわからないからです。

　このように労働審判は、中小企業にとっては早期決着という点ではメリットが大きいものの、複雑な案件では、短い期間に準備に追われ、場合によっては十分な防衛活動ができないといったリスクがあることに注意する必要があります。

　労働審判期日には、申立書、答弁書、証拠書類等を踏まえ、労働審判委員会から会社側関係者に質問がなされ、さらには申立人やその代理人から直接質問がなされることもあります。この質問は、会社側にとって不利な点を突くようなものも多くあります。このため、どのような質問が来るか想定し、リハーサルをしておく必要があります。

　なお、本ケースのような未払残業代が問題となっているケースにおいては、いわゆる生の証拠をそのまま提出するだけではなく、一覧表を作成するなど労働審判員にもわかりやすい説明を行うなどのテクニックも必要となります。

(3)　**和解の可能性**

　労働審判では、第1回期日から調停が行われ、労働審判委員会から金銭解決の和解の可能性について意見を求められることもよくあります。

　和解をする心づもりがあるかについては、事前に十分に検討の上、その場で答えられた方が良いですし、弁護士とよく相談の上、解決金の上

(4) 異議申立

なお、労働審判告知から2週間以内に異議が申し立てられれば、労働審判はその効力を失い、自動的に訴訟手続に移行します（同法第21条第1項・第3項、第22条第1項）。

回答

貴社は、労働審判が申し立てられた以上、早急に顧問弁護士と打合せを行って、労働審判申立書に対する認否と反論の準備を行うとともに、第1回期日に誰を同行して何を供述するかを、綿密かつ戦略的に決定する必要があります。

また、それと同時に、全く労働者の言い分に理由がない場合を除いていわゆる「落としどころ」も併せて検討するのが望ましいと考えます。

ケース2-13　業績悪化を理由とする賞与の引下げや不支給の可否

> 当社は、就業規則において賞与制度を定め、従業員に対して毎年2回賞与を支給してきました。しかし、近ごろは業績が悪化しており、今般、次回の賞与の支給額を引き下げるか、不支給とすることを検討していますが、可能でしょうか。

(1) 賞与支給の根拠

賞与支払いの根拠は、個別の労働契約に求められ、労働契約、就業規則又は労働協約で賞与についてどのように定められているかによって、賞与がいつ、いくら支払われるかが決まることになります。

(2) 賞与請求権の有無

賞与について、労働協約、就業規則又は労働契約の規定により、支給時期及び支給額等が決まっている場合は、労働者は使用者に対し、賞与請求権を有することになります。

また、長年、一定の支給時期及び支給額に基づいて賞与が支払われてきて、賞与支給の労使慣行が確立していると考えられる場合も労働者が賞与請求権を有すると考えられます。

(3) 賞与の引下げ・不支給の可否

　例えば、貴社の就業規則で、「賞与は毎年6月1日及び12月1日に月額基本給の2か月分を支給する。」と規定されていれば、労働者は支給時期が到来すれば就業規則の定めに基づき賞与請求権を取得することになります。

　したがって、貴社が支給額を引き下げるか又は支給しないと考えた場合、労働者の同意を得るか、就業規則の不利益変更をする必要があることになります。

　また、就業規則で、「賞与は、会社の業績等を考慮して毎年2回支給する。」と規定されていれば、労働者には賞与請求権が発生せず、貴社は、従前の支給額から減額して支給しても差し支えないことになります。

　さらに、就業規則で、「賞与は、会社の業績等を考慮して支給することがある。」と規定されていれば、貴社は不支給とすることも可能となります。

回答

　貴社が、業績悪化を理由に、賞与の支給額を減額したり、不支給としたりすることができるかどうかは、賞与支給の根拠となっている労働契約、就業規則又は労働協約で賞与に関してどのように定められているかによって結論が変わることになります。

　したがって、貴社としては、この点を意識して、賞与制度を定める必要があります。

法ーっ！なるほど13　請負、業務委託の労働者性

　企業は、契約上は請負、業務委託になってはいるものの、実質的に労働基準法上の労働者として認定されるリスクに注意する必要があります。

　労働基準法第9条は、その適用対象である「労働者」を「使用される者で、賃金を支払われる者をいう」と規定しています。ここで、「使用される」とは、指揮監督下の労働（使用従属性）を、「賃金支払」とは、報酬が提供された労務に対するものであるということです。しかし、具体的な事案についてこの「労働者」に該当するかどうかの判断は必ずしも容易ではありません。

　使用従属性の認定に関しては、業務依頼に対する諾否の自由、業務内容及び遂行方法に対する指揮命令の程度、時間的・場所的拘束性、業務の代替性の有無などの指揮命令関係の判断要素のほか、時間外手当の有無、源泉徴収の有無などの報酬の対価性、収入の依存度、報酬額の一方的決定といった経済的従属性、さらには、機械、器具の調達関係、他の業務に従事することの困難性といったさまざまな事情が考慮されることになります。

　このように、中小企業は、税務署の課税と同様、契約の形式がストレートに認定されず、実質論的な認定がなされて不利益を被るリスクを考慮しなければならない場面があります。

3 役職員の犯罪・違法行為リスク

ケース3-1　横領に対する会社の対応

> 当社の従業員Yが数年間にわたり合計約3,000万円の横領を行ったことが判明しました。Yは領収書の金額を改ざんするなどして横領を繰り返していたようです。
> 当社としてはどのように対応すれば良いでしょうか。

(1) **社内犯罪の会社に与えるリスク**

中小企業から経営法務の相談を受けていると、横領等の社内犯罪によく出くわします。新聞等にはいちいち出ませんが、横領等の社内犯罪は数的にはそこそこ多い中小企業の経営法務リスクと言えます。

従業員の横領等により、会社資産と収益の減少、通常業務への支障、社会的信用の低下等のさまざまなリスクが考えられますが、やはり最も大きなリスクは、会社内で犯罪者を出してしまったことによる従業員の動揺、士気の低下、上司等の監督責任が問題になることであると考えられます。

(2) **社内犯罪の調査方法等**

貴社は、Yが横領行為をしたという相応の情報を得た場合には、Yによる証拠隠滅行為を阻止する必要があるので、社内における設備、備品等（書類、パソコン、携帯電話等）をYが使用することをいったん禁止し、その上で、Yの業務に関連する書類やパソコン等を収集し、Yやその上司、部下その他の関係する社員に対して事情聴取を行います。

また、初期の段階でYが横領を自認するのであれば、後日供述を覆さないよう、始末書といった形でY自ら不正行為の内容を記述させ、署名をさせておくことが有効です。

(3) **告訴の要否**

横領等は犯罪行為であることから、発覚後のYの対応（事実を否認している、調査に協力しない、被害弁償を行わない等の場合）や被害の実

態、規模によっては、刑事告訴を検討する必要があります。

　この場合、業務上横領罪を裏付ける証拠の入手と分析が必要となります。その上で、関係者やＹから事情を聴くことになります。

　Ｙが被害弁償をしてきた場合に、告訴するかどうかは難しい問題があります。告訴しないことを条件に、Ｙの親族が被害弁償の提案を行ってくることもあるので、ケースバイケースですが、会社とすれば、他の従業員に対して示しをつける意味でも、できるだけ告訴に踏み切った方が良いかもしれません。

　最後に、貴社は、Ｙの横領の原因を分析して、今後、かかる横領等の犯罪が起こらないように犯罪の「機会」を断ち切るための体制を整えていく必要があります。

回答

　貴社は、Ｙの業務上横領罪を裏付ける証拠の収集等を行うことになります。

　そして、Ｙの横領が証拠上明らかになれば、Ｙとの被害弁償の交渉を行い、場合によっては、Ｙの刑事告訴を検討することになります。

法ーっ！なるほど14　社内不正の手口

　中小企業においては、一人の経理担当者に経理、財務の大きな権限が与えられていたり、業務のチェックが不十分であることなどから、経理担当者による売掛金の回収代金等の着服のリスクがあります。

　また、中小企業においては、ある営業担当者が特定のエリアを長年担当していることなどから、売掛金を現金で回収して着服して、それを他の得意先からの回収代金により穴埋めするなどのリスクがあります。

　このほか、例えば、経理部長が当座口座から会社資金を引き出したり、営業部長が循環取引を行ったり、営業担当者が架空の飲食費を経費として申告して着服するなど、不正の手口は枚挙に暇がありません。

第2　社内要因的リスク

法ーっ！なるほど15　社内不正に対する予防策

従業員の不正リスクに対する予防策は、次のとおりです。
①経理や現金管理は分担させ、相互にチェックをさせる。
②コストや売掛金の増加等の異常に目を光らせる。
③支払の督促は営業担当者ではなく、経理部が行う。
④領収書は連番をつくって管理する。
⑤債務残高確認書を送付して経理部長がチェックする。
⑥棚卸しを定期的に実施して在庫の入出庫記録を作成する。
⑦従業員に対して、適宜コンプライアンス研修を行う。
⑧内部通報の窓口をつくる。
など。

中小企業は、それぞれの取引状況や財産管理体制に対応して、不正リスクに的確に対応した予防策を検討していく必要があります。

ケース3-2　従業員の逮捕に対する会社の初動対応

> 当社の従業員Yが通勤中に痴漢で逮捕されました。
> 当社の初動対応はどうすれば良いでしょうか。

(1) **事実関係の把握**

　従業員が逮捕された場合、会社から見ると、突然の無断欠勤という形をとることがほとんどです。この段階で、従業員の家族から逮捕されたということで会社に相談があることもありますし、逮捕の事実は伏せて、家族から病欠の連絡があることもあります。

　会社が逮捕の事実を把握したら、まず、家族や弁護人から事情を聞いて状況を把握することが先決です。また、接見禁止命令が出されていなければ、逮捕されている警察署の留置係に電話して、可能であれば面会に行っても差し支えありません。

(2) **弁護人との対応**

　従業員の弁護人から、身柄拘束を解くための資料として、会社関係者

の上申書等の提出を依頼されることがあります。会社として早期解決が望ましいと考えているのであれば協力しても良いところですが、重い懲戒処分を想定している場合には、ここで出した書面が懲戒処分の効力に影響を与える可能性にも配慮して検討する必要があります。

(3) 欠勤の処理

従業員の逮捕による欠勤は、労働者の責に帰すべき事由による労働義務の履行不能と評価されます。この場合、会社に賃金支払義務は発生しません。

また、実務上、逮捕に伴う欠勤について、事後的に有給休暇を振り替える取扱いをすることがありますが、会社として重い懲戒処分を想定しているような場合には、懲戒処分の根拠として欠勤の事実を援用することになりますから、このような取扱いはしない方が良いと考えます。

(4) 懲戒処分

刑事手続においては、有罪判決が確定するまでは犯人として取り扱わないことが原則となっていますから（無罪推定の原則、刑事訴訟法第336条参照）、犯罪行為を行ったことを理由に懲戒処分を行う以上、有罪判決が確定するまでは処分を控えるのが原則です。

(5) 会社の予防策

会社は、従業員に対して、勤務時間外といえども犯罪行為を犯した場合に被るペナルティ等に関する研修を実施することが考えられます。

また、会社としては、従業員の勤務時間外の犯罪行為に対し、曖昧な対応ではなく、再度の過ちを防ぐため、認定した事実関係と処分に係る量定を記録に残すことも必要となります。

回答

貴社は、Yの弁護人を通じるか、担当者が自ら面会に行くかして、Yから逮捕事実に係る事実関係を確認することになります。

その上で、Yの欠勤の処理を行い、ケースによってはYに退職を促すか、有罪判決が確定すれば懲戒処分を行うことになります。

第2　社内要因的リスク

ケース3-3　代表取締役の会社資産の売却

> 代表取締役Yは、ギャンブルで負けた借金の穴埋めをするため、必要がないのに会社の資産を売却して、その売却金を私的に流用しようとしていることが判明しました。
> しかし、当社は、会社資産が売却されてしまうと、事業に重大な支障が出てしまうので、Yのかかる行為を防止したいと考えています。
> Yの弟で、当社の専務である私は、どのような措置が採れるのでしょうか。

(1) 専務の採り得る法的手段

まず、専務はYの職務の執行に関し、Yが会社の目的の範囲外の行為その他法令又は定款に違反する行為をするおそれがあり、当該行為により会社に回復することができない損害が発生することを理由に、Yの会社資産の売却の差止請求の仮処分を検討することになります。

しかし、Yは相当金策に苦慮していて、将来的には、どうしても会社資産を売却してしまいそうなので、当該資産の売却を差止めただけでは目的を達成できない可能性があります。

そこで、専務としては、取締役会で、Yを代表取締役から解任するよう取締役会に提案することになりますが、これは他の取締役が反対すると難しいと考えられます。

(2) 会社訴訟とは

企業法務においては、会社訴訟は重要です。会社訴訟には株主総会決議取消しの訴え、株主代表訴訟、取締役に対する責任追及、新株発行差止請求のほか、本件のような取締役解任の訴え等のさまざまな類型が存在します。

会社訴訟においては、本件のように会社の重要資産が売却されてしまうと、後でそのダメージが回復できないことが多いので、紛争の天王山は時間のかかる訴訟ではなく、仮処分の審尋と決定になることが多いです。

(3) 取締役としての使命感

専務としては、Yの違法行為を傍観して、会社をみすみす倒産させて

しまったのでは従業員やステークホルダーに申し訳が立ちません。また、Yの違法行為を放置していると、自らが会社に対して損害賠償責任を負ったり、他の株主から株主代表訴訟を提起されるリスクも生じます。

　親族間においては、話し合いは最優先にすべきですが、中小企業といえども、ケースによっては毅然とした法的対応も必要となります。

回答

　ご質問のケースでは、専務は、法的手段として、Yが職務の執行に関し不正行為又は法令・定款に違反する重大な事実があるとして、Yの職務執行停止の仮処分、職務代行者選任の仮処分とYの取締役解任の訴訟の申立てをすることが考えられます。

法一っ！なるほど16　経営判断の原則とは

　取締役は、不確実な状況で迅速な決断を迫られる場合が多いので、その判断を事後的・結果論的に評価して善管注意義務の責任を問うのでは、取締役の業務執行を萎縮させてしまいます。

　取締役には広い裁量が認められ、その裁量の範囲内での判断であれば、たとえ結果が失敗に終わり会社に損害が発生しても、取締役は善管注意義務違反を問われることはありません（経営判断の原則）。

　経営判断の原則の要件としては、意思決定が行われた当時の状況下において、原告と同程度の規模を有する大銀行の取締役に一般的に期待される水準に照らして、①当該判断をするためになされた情報収集・分析、検討が合理性を欠くものであったか否か、②これらを前提とする判断の推論過程及び内容が明らかに不合理なものであったか否かが問われなければならないとされている裁判例（東京地方裁判所平成17年3月25日判決）があります。

　経営判断の原則が認められるためには、取締役は、経営に当たって、合理的な情報収集・分析、検討とこれらを前提とした判断の合理性が要求されることになります。

ケース3-4　取締役の第三者責任リスク

　当社は、製造業を行っていますが、業績が低迷し、債務超過となってしまいました。
　ただ、先月から展開している新製品が好調ですので、取引先に材料を発注し、事業を継続して挽回したいのですが、債務超過のまま事業を継続した場合、社長個人の責任が取引先から追及されることはないのでしょうか。

(1)　**取締役の第三者責任**

　会社法では、取締役や監査役などの役員が、会社に対する義務に違反することをわかっていながら、もしくは、多少注意を払えば義務に違反することが容易にわかったにもかかわらず、義務に違反し、それにより第三者に損害を被らせたときは、その役員等は、連帯して、第三者に対し、損害の賠償をしなければならないとされています（会社法第429条第1項、第430条）。

　ご質問のケースの場合、債務超過の会社について、事業を継続することが、会社に対する義務違反となり、それにより取引先に損害を被らせた場合には、取締役等は、取引先が被った損害の賠償をする責任が生じるリスクがあります。

(2)　**債務超過状態での事業継続**

　債務超過会社の取締役が事業を継続した場合に、善管注意義務となるか判断した裁判例として、高知地方裁判所平成26年9月10日判決があります。同裁判例によると、①当該企業の業種業態、②損益や資金繰りの状況、③赤字解消や債務の弁済の見込みなどを総合的に考慮判断し、事業の継続又は整理によるメリットとデメリットを慎重に比較検討し、企業経営者としての専門的、予測的、政策的な総合判断を行うことが要求され、このような判断が善管注意義務に違反するかは、その判断の過程（情報の収集、その分析・検討）と内容に著しく不合理な点があるかどうかという観点から、審査されるべきであるとされています。

　ご質問のケースでは、社長の善管注意義務違反が認められるかどうかは、

新商品等からの利益がどの程度見込めるか、それらにより赤字を解消し、仕入れ先への代金支払いが可能となるかどうか、事業を継続することにより、かえって赤字幅を拡大させ、ひいては株主や会社債権者等が不利益を被る可能性の方が高いかなどを比較衡量して判断されることになります。

回答

貴社の事業を継続するとの社長の判断が著しく不合理でなければ、仮に、経営環境の急変などにより、取引先へ代金の支払いができなくなろうとも、社長個人の責任が追及されるリスクは少ないと言えます。

ケース3-5 取締役の監視義務違反リスク

> 当社では、社長がワンマン経営をしていて、会社資産を社長個人の利益のために費消しています。
> この先、社長が取引先から責任を追及されることになれば、社長に一切口出しできない平取締役でも何らかの責任を負うことになるのでしょうか。

(1) 取締役の監視義務

取締役会は、業務執行を決定すること、代表取締役の選任・解職の職務を行うこと、個々の取締役の執行を監督することという3つの機能を果たすことが求められています。

こうした取締役会の機能を果たすため取締役会の構成員である個々の取締役は、他の取締役の業務執行を監視する義務を負うものとされています。

(2) 平取締役の監視義務の範囲

この点に関しては、株式会社の取締役会は会社の業務執行につき監査する地位にあるから、取締役会を構成する取締役は、会社に対し、取締役会に上程された事柄についてだけ監視するにとどまらず、代表取締役の業務執行一般につき、これを監視し、必要があれば、取締役会を自ら

招集し、あるいは招集することを求め、取締役会を通じて代表取締役の業務執行一般について監視する職責を有するとされています（最高裁判所昭和48年5月22日判決）。

しかし、昭和48年最高裁判所判決以降の裁判例をみると、必ずしも取締役が監視義務を怠ったとして、第三者に対する責任（会社法第429条第1項）をストレートに認めているわけではありません。取締役会に上程されていない事項について、現実に不正行為が発見された場合や、不当な業務執行の内容を知り又は容易に知り得べきであるのにこれを看過したなどの事情がある場合に、取締役の監視義務違反による責任を認めている裁判例もあります。

(3) **取締役の職務執行のリスク**

取締役としての監視義務を果たすためには、事実を調査すること、及び不正があれば是正措置を講ずることが必要です。

取締役として会社の経営に関与していながら、他の取締役の違法又は不当な業務執行を知り、あるいは知り得べきであったにもかかわらず、何ら適切な対応をとることなく見過ごしたことにより、会社や第三者に損害を生じた場合には、平取締役といえども監視義務違反による損害賠償責任を追及されるリスクがあること自体は認識しておく必要があります。

回答 ………………………………………………………………………
判例は、取締役の一般的監視義務を認めていますが、取締役会に上程されていない事項についての監視義務の範囲を限定する裁判例も見られます。

しかし、取締役会の不開催や会社業務に関与していないことが免責の理由となるのであれば、取締役会が機能しない会社であったり、職務に怠慢な取締役であればあるほど責任を問われることがないという結果になってしまい、取締役に監視義務を負わせた法の趣旨が骨抜きになってしまいます。

このため、会社経営に何らかの形であっても関与している取締役であれば、監視義務を怠ったことにより会社又は第三者に生じた損害について、任務懈怠の責任を問われるリスクがあること自体には注意すべきです。
………………………………………………………………………

3 役職員の犯罪・違法行為リスク

法ーっ！なるほど17　従業員の内部告発リスク

　内部通報制度とは、会社において、「コンプライアンス違反」の事実が発生していることを知った従業員が、会社の設置した窓口に直接通報することができる制度を言います。通報窓口は担当部署（総務部、コンプライアンス部など）、監査役、外部機関（弁護士など）などがあり、一般的に「ヘルプライン」、「ホットライン」といった名称が用いられています。

　ところで、従業員が内部通報ではなく、例えば、従業員の不正等についていきなりマスコミへ内部告発をしてしまうと、会社は相当なダメージを被ります。

　公益通報者保護法では、マスコミに対して内部告発を行う場合の保護要件として、「内部通報を行うと不利益取扱いを受けると信ずるに足りる相当の理由があること」等を挙げています。

　そこで、会社としては、内部通報制度を設ける以上は、社内規程に内部通報を理由とする不利益取扱いを禁止する規定を設け、かつ、いきなりマスコミに対して内部告発を行っても公益通報者保護法による保護が受けられないことを周知しておくと、いきなりマスコミへの公益通報ではなく、内部通報を促しやすくなると考えられます。

ケース3-6　競業制限リスク

　当社は、退職した従業員が、当社のノウハウなどを使って競業を営んだり、ライバル会社に転職したりすると、当社の利益が侵害されるおそれがあると考えています。

　そこで、退職後、当社の事業と競業する会社への転職や事業を営むことを制限する合意書を締結したいと考えていますが、これはどのような場合に有効になるのでしょうか。

　また、この競業を制限する合意に違反した元従業員に対して、どのような措置が考えられるでしょうか。

第2　社内要因的リスク

(1) 競業を制限できる範囲

　従業員には職業選択の自由がありますから、貴社がその従業員の退職後、貴社と事業が競合する会社に就職したり、事業を営まないとの誓約書や合意書さえ作成すれば良いということにはなりません。仮に、同業他社への就職等を今後一切禁止するという内容の誓約書や合意書を作っても、無効となるリスクが高いと言えます。

　では、どの程度なら、退職従業員の競業会社への転職等を制限できるのでしょうか。

　この点が争われた裁判例では、一般的に、①競業避止義務を課す目的や必要性、②従業員の退職前の地位、③競業が禁止される期間、職種、地域の範囲、④代替措置の有無や程度等の諸事情を考慮して、競業避止の合意の有効性を判断しています。

　あるケースでは、当該従業員が、店舗での販売方法や人事管理の在り方を熟知する重要な地位にあること、競業禁止期間が1年間であること等から、競業避止を定めた誓約書は有効であると判断されています。

　逆に、競業禁止期間が1年間であっても、地域や業務に限定がないこと、当該従業員の地位・職務、代替措置がないこと等から、競業禁止規定を無効と判断されたものもあります。

(2) 競業行為の差止請求

　競業避止義務違反に対するもっとも直接的な対応としては、競業行為そのものをやめるよう請求することです。

　これについては、退職従業員が、競業関係にある新会社の取締役に就任した事案で、競業行為の差止めを認めた裁判例があります。

　もっとも、競業行為の差止請求は、退職者の職業選択の自由を直接制限するので、競業避止の合意がなされていることが前提で、かつ、その期間や範囲は相当程度限定されている必要があります。

　上記の裁判例も、競業避止期間が2年間という期間で、制限される業種も特殊な分野である事例であったことに留意する必要があります。

(3) 損害賠償請求

　競業行為をした元従業員や、競業会社に対して、損害賠償を請求する

ことはできるでしょうか。

　法的な根拠としては、競業避止合意違反による債務不履行責任のほか、不法行為による損害賠償請求も考えられるところです。

　ただし、損害賠償請求といっても、元従業員の競業行為によって、具体的にいくらの損害が生じたのかという点は大きな問題です。

　理論的には、元従業員が競業行為をしていなければ得られたはずの利益と、現実に得られた利益の差額が損害ということになりますが、これを裁判で立証するのは一般的に極めて難しいと言えます。

(4)　**退職金の減額又は没収**

　退職従業員に対する競業避止義務違反への対応としては、退職金の減額や不支給も考えられます。これについては、就業規則か退職金規定に事前に定めを設けておく必要があります。

　もっとも、実際に減額や不支給が認められるかについては、当該退職金の性質、従業員の契約違反の程度、使用者が被った不利益等の個別具体的事情により、無制限に認められるわけではないことに留意すべきです。

回答

　貴社は、就業規則等において、競業制限に係る一般的な規定を設けることで、競業に対する一般的な警告を行うことになります。

　次に、個別の誓約書において、当該従業員の地位、職務内容等を踏まえ、競業避止期間や地域が相当程度限定された合理的な競業制限の合意を定めておけば、それに違反した元従業員に対し、競業行為の差止め、損害賠償が可能になる場合があります。

　また、退職金の減額又は不支給を、あらかじめ就業規則や退職金規程で定めておけば、それも可能になる場合があります。

　なお、個別の誓約書の例は、次のとおりです。

> 誓　約　書
>
> （例）
> 　私は、次の行為を行わないことを誓約します。
> (1) 退職後1年間、私が在職中に担当した○○市内における貴社の顧客に対して、貴社の行う事業と同一若しくは類似のサービス又は商品の勧誘、受注等を行い、又は、第三者にかかるサービス又は商品の勧誘、受注等を行わせること。
> (2) 退職後1年間、○○市内において、貴社の事業と競合する事業につき、私が貴社で担当した事業と同一若しくは類似の事業を自ら直接又は間接に行い、又は貴社の事業と競業する事業を行う法人又は個人事業との間で労働契約、委任契約若しくはこれに準ずる契約を締結すること。

ケース3-7　元取締役の従業員引抜き行為への対応

> 当社の取締役が、この度、独立して新会社を設立することになりました。
> 　当該取締役が独立すること自体については問題ないのですが、その際に、当社の新製品開発プロジェクトチームで働く従業員5名中3名を引き抜いていきました。
> 　このような引抜きに対して、当社はどのような対応を採ることができるでしょうか。

(1) **引抜きはどの会社でも起こり得る。**

　組織の分裂や従業員の引抜きは、中小企業に限らず、上場会社でも起こり得ることです。

　特に、中小企業では、代表取締役がある部門の事業を特定の役員に丸投げに近いような形で任せていた場合などに、このような相談を受けることがあります。

　チーム単位での従業員の引抜きが行われると、会社にとって、場合に

よっては致命傷になりかねません。

(2) 従業員の引抜きは許されるのか。

従業員には、退職の自由及び職業選択の自由があるので、引抜きといっても、その態様が単なる転職の勧誘にとどまる場合には、直ちに違法になるわけではありません。

もっとも、取締役には、会社に対する善管注意義務及び忠実義務があるところ、当該引抜きが善管注意義務又は忠実義務に違反するような態様でなされれば、同義務違反として損害賠償責任を負うことになると考えられます。

かかる義務違反になるかは、引き抜かれる従業員の会社における役割、人数、引抜きが会社に及ぼす影響、転職の勧誘に用いた方法などを考慮して判断することになります。

ご質問のケースでは、会社は、幸い引き抜かれなかった2名の従業員から、元取締役の勧誘の有無、時期、内容等を聴取した上で、その違法性を検討することになります。

(3) 予防することが重要

もっとも、損害賠償請求をすることができるとしても、これはあくまで事後的な対応であり、これによって損害を完全に払拭できることにはなりません。

従業員の引抜きは、その従業員が重要な役割に就いている場合、会社の業績に直接影響するだけではなく、営業秘密の流出、職場の士気の低下など、さまざまなリスクを生じさせます。

そこで、普段から従業員の引抜きの予防策を講じることが重要になります。予防策の例としては、代表取締役がすべての事業部門を事実上統轄するとか、特定の役員に事業を丸投げ的に任せないとか、就業規則等で退職後に競業行為を行うことを禁止したり、競業行為を行った役職員の退職金を減額する旨の定めを設けるとか、退職後に従業員の引抜行為をしない旨の誓約書を作成させること等が考えられます。

ただし、これらの予防策の内容が従業員の職業選択の自由を不当に制限するようなものであってはならないことは、言うまでもありません。

回答

　従業員の大量引抜きに対する事後的対応としては損害賠償請求が考えられますが、時すでに遅しといった感があります。

　貴社において、従業員の大量引抜きを行わせないための事前の方策としては、代表取締役の事業部門の統括等の予防策のほか、代表取締役をはじめ役職員が日頃から従業員などと十分なコミュニケーションをとることや、従業員の処遇改善やそれを通じての会社への忠誠心の向上等が必要となります。

ケース3-8　株主優待のリスク

> 当社では、ある取締役が特定の株主を優待する商品の供与を行ってきたことが判明しました。
> どのようなリスクがあるのでしょうか。

(1) 株主優待リスク

　中小企業においても、オーナー一族以外の者が株式を保有することは多く見られます。この場合に、取締役が日頃の感謝の気持ちや株主総会を有利に運びたいなどの理由のため、特定の株主に対して一定の優遇を行って、利益供与になってしまうリスクは十分生じます。

　また、中小企業が株主と取引を行うときも、不当に代金を値下げなどしてしまうと、利益供与のリスクは生じてしまいます。

(2) 株主の権利行使に関する利益供与の禁止

　会社法では、会社は誰に対してであっても、株主の権利の行使に際し、財産上の利益を供与してはならず、これに違反した場合は3年以下の懲役又は300万円以下の罰金に処すると規定されています（同法第120条第1項、第970条）。

　この点に関しては、会社が株主総会における有効な権利行使を条件として、株主1人に対してQUOカード1枚500円分を交付したケースに

ついて、裁判所は、①株主の権利行使に影響を及ぼすおそれのない正当な目的で供与される場合であること、②供与の額が社会通念上許容される範囲であること、③株主全体に供与される総額も会社の財産的基礎に影響を及ぼすものでないときは、例外として許されるとしています（東京地方裁判所平成19年12月6日判決）。

(3) **株主の権利行使に関してとは**

会社法が禁止しているのは、株主優待全般ではなく、株主の権利行使に関しての利益供与です。

しかし、同法第120条第2項で、特定の株主への利益供与は株主の権利行使に関してと推定されてしまうので、会社としては、株主の権利行使とは無関係という反証に成功しなければ違法になるリスクを負うことになります。

回答

取締役の利益供与が認められてしまうと、その取締役が利益供与罪や特別背任罪等により処罰されるおそれがあるほか、仮にこれらの行為が公になると、企業の社会的信用を低下させ、さらには株主代表訴訟を提起されるリスクもあります。

したがって、中小企業においても、役職員に対し、利益供与も含めたコンプライアンスに関する研修を行い、過去の事例を通じて、どのような行為が刑事罰の対象となる行為であるのか、あるいは社会的に許されないのかを周知徹底させることが必要となります。

ケース3-9　粉飾決算のリスク

最近、上場会社の粉飾決算が話題となっていますが、上場していない中小企業が粉飾決算を行った場合には、一体どのようなリスクがあるのでしょうか。

第2　社内要因的リスク

(1)　**粉飾決算は禁断の果実**

　中小企業が自己破産を申し立てる場合などに、粉飾決算を行っていることが発覚するケースはしばしばあります。

　企業が粉飾決算を行う理由は、さまざまですが、株価を上げるため、株主から業績が上がらない責任を追及されないようにするため、銀行から融資を受けられやすくするためなどが主な理由だと思われます。

　そして、中小企業においては、上場企業のように内部統制が整備されていなかったり、会計監査人による会計監査が行われていないため、売掛金や在庫商品の帳簿上の水増し等が比較的容易であることなどから粉飾決算が可能となります。

(2)　**粉飾決算の刑事責任リスク**

　会社が粉飾決算を行ったことで、銀行の融資をするかどうかの判断に錯誤が生じた結果、銀行から融資を受けた場合には、詐欺罪（刑法第246条第1項、10年以下の懲役）に該当する可能性があります。

　また、会社が粉飾決算を行ったことで、本来であればできなかったはずの剰余金配当を行ってしまうと、違法配当罪（会社法第963条第5項、5年以下の懲役又は500万円以下の罰金）に該当する可能性があります。

　他にも、会社の取締役が地位の保全などの自己の利益や第三者の利益を図るために粉飾決算を行うと、特別背任罪（同法第960条、10年以下の懲役又は1,000万円以下の罰金）に該当する可能性があります。

　このように、粉飾決算による刑事責任のリスクは、決して軽いものではありません。

(3)　**粉飾決算の民事責任リスク**

　会社が粉飾決算を行ったことで、銀行の判断に錯誤が生じて融資をした結果、融資額が回収不能になった場合には、会社だけでなく、粉飾決算に関わった取締役なども銀行に対して損害賠償責任を負う可能性があります。

　また、会社が粉飾決算を行った結果、違法な剰余金配当が行われた場合には、違法に配当した利益に相当する額を取締役などが会社に対して賠償することとなります。

これらの賠償額は、ときに多額になるリスクがあります。

回答

　このように、粉飾決算が行われると、それに関与した取締役は、刑事上だけではなく、民事上も重い責任が生じます。

　さらに、粉飾決算が行われた企業であるという風評が広まると、取引先などからの評価が著しく低下するだけではなく、銀行などからも信用されなくなり、融資等に支障が生じるリスクがあります。

　そうなると、経営において致命傷となりかねません。

　粉飾決算を防止するには、日頃から不正な会計処理が行われていないかをチェックする体制を構築するとともに、社内の会計担当者が適切な会計知識を有していることが必要となります。

法一っ！なるほど18　株主代表訴訟と不提訴理由の通知

　株主代表訴訟は、株主が会社に対し役員等の責任を追及する訴えを提起するよう請求するものです。

　そして、株主から取締役等の責任追及の訴えを提起するよう請求されたにもかかわらず、会社が提訴請求を受けた日から60日以内に責任追及の訴えを提起しない場合には、提訴請求した株主又は当事者である取締役等から請求があれば、その株主に対して、遅滞なく訴えを提起しない理由を書面又は電磁的方法により通知しなければならないとされています。

　この不提訴理由書には、①会社が行った調査の内容、②対象となる取締役等の責任の有無についての判断とその理由、③責任があると判断した場合において、訴えを提起しないときはその理由を記載することになります。

　中小企業においても、株式が分散していたり、「物言う株主」がいる場合は、株主代表訴訟のリスクを十分認識する必要があります。

ケース3-10　社用パソコンの私的利用の調査方法

> 当社は、従業員に会社のパソコンを貸与しています。
> しかし、最近、会社のパソコンを使って業務に関係のない電子メールを送受信している従業員がおり、業務に支障が出ています。
> こうした電子メールの私的利用を調査することはできますか。

(1) パソコンの私的利用と企業秩序

　従業員が企業のコンピュータ・ネットワークを私的に用いて電子メールの送受信を行ったり、業務に関係のないインターネット検索やSNSを利用することは、職務時間中であれば職務専念義務違反となりますし、企業施設の私的利用という観点では企業の施設管理権の侵害となります。

(2) パソコンの私的利用のリスクと私的利用等の制限

　また、パソコンの私的利用については、コンピューターウイルスの感染による機密情報の流出や、私用メールによる誹謗中傷がなされるなど、さまざまなリスクがあり、軽視できません。

　企業は、就業規則等において、インターネットの私的利用を禁止すること、会社がインターネットの私的利用の有無等につき、モニタリングができることなどを内容とする規程を整備することで、このような電子メールの私的利用等を事実上制限することができます。ここでもまた、就業規則等の規程の整備が重要となります。

(3) 電子メール等の私的利用の監視・調査

　次に、会社のパソコンからの私的メールの送受信等のパソコンの利用状況を、企業が監視・調査することはできるのでしょうか。

　この点、就業規則等において、私用メール等の監視・調査について明確に定め、そのことを従業員に周知しておけば、企業は原則として労働者の同意を得ることなく私用メールを監視・調査することができます。

　他方、就業規則等において、上記の点が定められていない場合は、プライバシー侵害の有無について個別的に判断することになります。

裁判例では、ネットワークの私的利用禁止規定が整備されていなかった事案において、監視・調査の必要性や目的の合理性、手段・態様の妥当性と、労働者が合理的に期待するプライバシー保護の程度と監視・調査により生ずる不利益を総合考慮し、社会通念を逸脱するような監視・調査は労働者のプライバシーを侵害する不法行為となる旨述べているものがあります（東京地方裁判所平成13年12月3日判決）。

(4) パソコンのパスワード等の解除

従業員がパソコンにパスワードをかけている場合は、どうすれば良いのかという相談を受けることがあります。

会社のパソコンは会社の所有物ですから、パスワードの解除に関して従業員の許可を取る必要はありませんが、貴社は従業員に対し、パソコンのパスワードを解除すると通告した上で監視・調査を行うことが必要です。

会社としては、従業員に対して、社用のパソコンのパスワードを事前に通知しておくように、ネットワーク利用規程などで定めておくべきです。

回答

ご質問のケースにおいて、就業規則においてパソコンの私的利用の禁止に関する規定があれば、貴社はパソコンの監視、調査を行うことができます。

仮に、かかる規定がないとすると、従業員のプライバシーに配慮した手段・態様であれば、監視・調査を行うことができるということになります。

法ーっ！なるほど19　パソコン使用に当たっての禁止事項

　中小企業は、コンピューターウイルスの感染による機密情報の流出等を防ぐべく、従業員のパソコン使用に当たっての禁止事項を定めるべきです。

　その文例は、次のとおりです。

（禁止事項）
1　従業員は、次に掲げる事項を行ってはならない。
　⑴　パソコンを会社の業務以外の目的で使用すること（インターネットの閲覧及び電子メールの送受信を含む。）
　⑵　会社の許可を得ることなく、パソコンを社外に持ち出し、又は、社外の者に使用させること
　⑶　パソコンに保存されたデータ（送受信した電子メールを含む。）を、会社の許可なく社外に持ち出し（電子メールによる転送を含む。）使用し若しくは消去し、又は、業務上の必要性がないのに第三者に閲覧させ若しくは提供すること
　⑷　会社の許可を得ることなく、パソコンのシステムを変更すること
　⑸　会社の許可を得ることなく、パソコンの本体につき、改造若しくは分解したり、接続環境の変更をすること
　⑹　会社が保有又は利用権を有しているソフトウェアを複製すること
　⑺　会社から貸与され又は利用権限を与えられたパソコン以外のパソコンを使用すること
　⑻　会社の許可を得ることなく、USBメモリー等の記憶媒体を使用すること
　⑼　パソコンの使用に必要なID及びパスワードを第三者に漏洩すること

（データの引継ぎ）
2　従業員は、会社が必要と認めたとき、又は、担当業務の変更、休暇、休職又は退職の際、パソコンに保存されたデータ及びそれらのパスワードについて、会社又は会社が指定する従業員に対し、適切に引継ぎをしなければならない。

法ーっ！なるほど20　インターネット・電子メール等の適正利用

　中小企業は、会社のモニタリングを含めて、従業員のインターネット、電子メール等の適正利用等についての規定を設けるべきです。
　その文例は、次のとおりです。

（遵守事項）
1　従業員は、インターネット（以下、「インターネット等」という。）の利用に関し、次の事項を遵守しなければならない。
　(1)　私物の端末を会社の許可なく業務目的で使用しないこと
　(2)　会社が指定したウィルス対策ソフトを適正に運用、使用すること
　(3)　会社の内外を問わず、業務に使用する端末において、ファイル交換ソフトその他の情報管理上問題が発生する可能性があるソフトウェア等又は業務に関係のないソフトウェア等をインストールしないこと
　(4)　業務に関係のないホームページサイトにアクセスしないこと

（会社のモニタリング等の措置）
2　会社は、秘密情報の管理を図るとともに、従業員の違法又は不正な行為の調査を行うため、従業員の同意がなくても、次の各号に定める事項その他必要と認める事項を行うことができる。
　(1)　必要に応じて、会社が従業員に貸与したパソコン若しくは会社のサーバーに保存されているデータを閲覧し、又は、情報を解析し、従業員ごとのインターネット等の利用履歴を確認すること
　(2)　必要に応じて、従業員が送受信した電子メールの内容を閲覧すること

ケース3-11　所持品検査と監視カメラの設置要件

> 当社では、従業員が倉庫内の商品を領得するという業務上横領事件を起こしたため、警察沙汰になってしまいました。今後、同様の犯罪を防ぐため、従業員の所持品を検査したり、職場に監視カメラを設置したりすることは可能でしょうか。

(1) 所持品検査

所持品検査は、金品の不正隠匿の摘発・防止などのために行う必要が生じます。

この金品の不正隠匿を摘発・防止のために行う所持品検査は、①これを必要とする合理的な理由に基づき、②一般的に妥当な方法と程度で、③制度として従業員に対して画一的に実施される場合に、④明示の根拠に基づくのであれば認められるとされています（最高裁判所昭和43年8月2日判決）。

所持品検査が適法であれば、貴社はそれを拒絶した従業員に対し、懲戒処分を行うことが可能になります。

(2) 監視カメラの設置

ビデオカメラやコンピューターによって職場内の従業員について、モニタリングすることについては、原則として、①その実施理由、実施時間帯、収集される情報内容等を事前に従業員に通知すること、②個人情報の保護に関する権利を侵害しないように配慮すること、③常時のモニタリングは労働者の健康および安全の確保又は業務上の財産の保全に必要な場合に限定して実施すること、④モニタリングの導入に際しては原則として労働組合等に対し事前に通知し、必要に応じ協議を行うことなどが要求されます。

ただし、犯罪その他の重要な不正行為があるとするに足りる相当の理由があると認められる場合には、従業員への事前の通知等を行わず、監視カメラを設置できると考えられます。

(3) 監視カメラと個人情報保護法

　監視カメラの映像により、特定の個人が識別できるのであれば、利用目的の通知、公表等（個人情報保護法第18条第1項）が必要となります。

　しかし、防犯目的のために監視カメラを設置する場合は、個人情報の利用目的は、取得の状況からみて明らかであるので、利用目的の公表は必要ではないと考えられます（同法第18条第4項第4号）。

回答

　貴社が所持品検査を行う場合は、所持品検査を行う旨が規定されている社内規程に基づき、目的の合理性、方法の妥当性、画一的な実施に基づき、行うことができます。

　また、監視カメラの設置については、同じく、社内規程に基づき、原則として、事前に従業員等に通知した上で行うことができます。

法ーっ！なるほど21　身元保証人の必要性

　身元保証人というと、何か古い制度のように思われる中小企業の経営者の方もいらっしゃるようですが、私は、単に従業員の行為によって会社に損害が発生した場合のリスクヘッジの意味としてだけではなく、従業員に会社の業務に対して責任と自覚を持ってもらうためにも、中小企業の経営者の方に勧める場合があります。

　身元保証ニ関スル法律は、期間の定めのない場合は原則として3年間の期間となり（同法第1条）、期間を定める場合は5年を超えることができない（同法第2条第1項）と規定しています。

　また、使用者は、従業員について業務上不適任又は不誠実である事実があり、このため身元保証人の責任が生じる可能性があることを知ったときなどは遅滞なく身元保証人に通知する義務があります（同法第3条）。

　このような場合、身元保証人は、将来に向かって身元保証契約を解除することができます（同法第4条）。

身元保証人が負う損害賠償責任について、従業員の監督について使用者の過失の有無、従業員の職務又は身上の変化等その他「一切の事情」を考慮して定めるとしており（同法第5条）、身元保証人の責任は、どの程度の責任を保証人に負わせることが公平かという観点から定まることになります。

　全体的な傾向として、裁判例は、身元保証人の責任を損害額の2割から3割に限定するものが多いようです。

法ーっ！なるほど22　取締役の破産手続開始決定

　会社法上は、自己破産開始決定後、免責決定が出される前であっても取締役になることができるようになりました。

　しかし、会社と取締役は委任関係であり、受託者の破産は委任の終了事由になっているので、取締役の破産手続開始決定により、いったんは委任終了により、取締役を退任することになります。

　そして、株主総会によりその元取締役が取締役に再任された場合は、再度、取締役に就任することになります。

4 懲戒処分の合理性・相当性リスク

ケース4-1 懲戒処分と懲戒事由

> 当社では、従業員が就業規則に反する行動を行ったため、懲戒処分を考えているのですが、具体的にどのような場合が懲戒事由に当たるのでしょうか。

(1) 適切な懲戒処分を行わないリスク

中小企業においても、従業員が就業規則に違反する非違行為を行うことは多々あります。

しかし、中小企業においては、従業員がかかる行為を行った場合に、人間関係の悪化を恐れて、なあなあで済ませていることもあるのではないかと思われます。

しかし、このやり方は、他の従業員にこれくらいのことをやっても許されると思わせてしまい、職場の規律がなくなってしまうことや、非違行為を行った当該従業員がまた同じか、より重大な非違行為を行った場合に、解雇といった重大な懲戒処分を行いにくくなるという重大なリスクにつながります。

(2) 懲戒処分の根拠

まず、懲戒処分を行うときは、就業規則の根拠の規定が必要となります。就業規則の懲戒事由の規定については、なるべく懲戒事由を具体的かつ網羅的に記載することが必要です。また、労働者がいくら非違行為を行っても、それが懲戒事由に該当しない限り、懲戒処分を行うことはできないため、就業規則の懲戒事由として「その他前各号に準じる行為をした場合」といった一般条項を定めておくことが重要です。

懲戒処分については、当該懲戒に係る労働者の行為の性質及び態様その他の事情に照らして、客観的に合理的な理由を欠き、社会通念上相当であると認められない場合は、懲戒権を濫用したものとして、当該懲戒を無効とする旨が労働契約法第15条に規定されています。

また、解雇についても同様の規定があります（同法第16条）。

(3) 懲戒処分の合理性

これは、従業員の非違行為が就業規則に規定された懲戒事由に該当することです。このとき、単に形式的に懲戒事由に該当するだけでは足りず、実質的に企業の規律、秩序に違反することが要求されます。

(4) 懲戒処分の相当性

実務上よく問題となるのが、懲戒処分の相当性です。

これは、当該非違行為等との関係で、懲戒処分が重過ぎないことと、本人に弁明の機会を与えるなど適正な手続を採っていることです。

中小企業の経営者の中には、「従業員がこんな問題行動をしたのだから、クビは当たり前だ」と考える方もいらっしゃいますが、懲戒処分の合理性・相当性については、裁判所は慎重に判断しています。

懲戒解雇においては、使用者側と労働者側の利害が著しく対立し、労働者側から解雇無効確認の訴訟や、労働契約上の地位確認の仮処分申立てなどを提起されるほか、行き場のなくなった労働者が労働組合に駆け込むといったリスクも考えられます。

(5) 懲戒解雇が認められる場合と裁判所の姿勢

従業員の一回限りの非違行為で懲戒解雇が認められるのは、相当重大な非違行為（多額の会社財産の着服など）に限られ、その程度に至らない行為については、始末書の提出、戒告、減給処分、出勤停止処分などの段階を踏んだ上で、ようやく懲戒解雇を検討できることになります。

あくまでも私見ですが、裁判所の懲戒解雇の相当性の認定は使用者側に少し厳しい感じがします。従業員がある程度の非違行為を行っても、使用者側が指導教育を怠ったことがまるで非であるかのような論理の判決もあります。

中小企業に限らず、企業は労働関係で訴訟等を提起されることは、判決の予測不可能性のリスクから、それ自体が失敗であることを認識すべきです。

回答

どのような事由が懲戒事由に当たるかということですが、実務上よく問題になるものとして、例えば、横領等の犯罪行為、重大な経歴詐称、業務命令違反、職場規律違反等多岐にわたります。

ケース4-2　懲戒処分を行うための手続

> 当社では、従業員が遅刻、早退を繰り返すので、減給か出勤停止の懲戒処分を行いたいと考えています。
> どのような手続で懲戒処分を行えば良いでしょうか。

(1) **懲戒処分の種類**

懲戒処分としては、戒告、譴責、減給、出勤停止、降職・降格、諭旨解雇、懲戒解雇があります。

減給については、労働基準法第91条において、就業規則の減給の制裁を定める場合は、1回の額が平均賃金の1日分の半額を超え、総額が1か月分の賃金の総額の10％を超えてはいけないとされています。

一方、出勤停止はその期間についての法律上の規制はありません。しかし、長期間にわたる出勤停止は、懲戒事由とのバランスにおいて客観的合理性・社会的相当性を欠くと判断されるリスクがある点に注意する必要があります。

(2) **非違行為発生時の対応**

従業員が非違行為を行った場合、企業は、次のような段階的対応を行っていくことになります。

　ア　事実関係の調査と証拠化

企業は、後で裁判等で懲戒処分の合理性・相当性を争われるリスクがあるので、当該従業員や関係者の当該従業員の非違行為に関する事実を記載した書面や、場合によっては会話の録音等が必要になります。

イ 本人の弁明

不利益な処分を課す以上、本人の弁明を聴くことは、誤った処分を防ぐためにも大変重要です。

ウ 段階的な処分

懲戒処分は段階的であることが要求されます。重大な非違行為でない限り、懲戒解雇を行うことはできず、イエローカードが必要ということです。

企業は、証拠により認定された非違事実を踏まえて、本人に弁明の機会を与えつつ、段階的にきちんと懲戒処分を行って、本人に反省の機会を与えるとともに、教育する必要があります。

回答

貴社は、従業員の非違行為の事実の確認、非違行為の就業規則の懲戒事由の該当性の確認、当該従業員の弁明、過去の懲戒処分の量定との比較等を踏まえて、必要に応じて懲戒委員会(ケースに応じて弁護士等の第三者も加えても良い。)で審議して、合理的かつ相当な懲戒処分を検討すべきです。

法一っ!なるほど23 諭旨解雇とは

諭旨解雇(ゆしかいこ)は、懲戒解雇よりは軽い懲戒処分です。

諭旨解雇は、退職願いの提出を勧告し、一定期間内に勧告に応じない場合は懲戒処分に処するという取扱いをするものです。

諭旨とは、理由を諭すということです。

ときどき、書籍において、「論旨解雇」と誤って記載されていることもあるので、注意が必要です。

ケース4-3 業務命令違反の場合の懲戒処分のリスク

> 当社の従業員は、社長や部長の業務命令に従わないどころか、何故そのような業務を行わなければいけないのかなどと喰ってかかることが度々あったため、懲戒解雇か退職勧奨を検討しています。
> どのようなことに注意すればよろしいでしょうか。

(1) 問題従業員の存在

中小企業においては、このような権利意識が強く、業務命令に対して反抗したり、パワハラなどと主張して従わない問題従業員のケースはしばしば見られます。このような従業員を放置しておくと、社内の規律が緩くなったり、他の真面目な従業員の士気の低下にもつながりかねません。

そこで、中小企業とすれば、注意、指導を指導書、警告書などといった書面を用いて行うとともに、従業員が注意、指導を録音しているリスクも踏まえて対応するとともに、懲戒解雇も視野に入れた懲戒処分を検討することになります。

(2) 解雇権行使の要件

解雇権の行使には、客観的に合理的な理由及び社会通念上の相当性が必要です（労働契約法第16条）。

「客観的に合理的な理由」とは、解雇基準が合理的か、非違行為がその解雇基準に合致するか、非違行為による業務上の支障はどの程度であるのかなどを総合的に考慮して判断されますが、裁判例をみると、「著しい成績不良」とか、「著しい就労能力の欠如」を要求する傾向があるように思われます。

また、「社会通念上の相当性」とは、解雇事由を改善すべく、企業側が合理的な対応をしたかどうかが重視されます。

(3) 解雇権行使のリスク

客観的に合理的な理由も社会通念上の相当性の要件も、使用者側がここまでやったら大丈夫という明確な線引きができるものではなく、

第2　社内要因的リスク

後で労働者側の言い分が認められて、ひっくり返されるリスクがあります。

このため、使用者としては、労働能力や労働意欲を欠いた従業員や、ご質問のような業務命令に従わない問題従業員に対して強く出られないというジレンマがあります。

(4)　退職勧奨のリスク

中小企業とすれば、解雇については、その有効性が不明確なため、問題のある従業員に対して、退職を勧奨することになります。

しかし、退職勧奨が不法行為とされるリスクがあります。

例えば、傷病休職者の復職の際に、上司5名が約4か月間に約8時間にわたったものを含め30数回の面談を行い、「能力がない」、「別の道があるだろう」、「寄生虫」などと発言したほか、大声を出し、机を叩くなどし、労働者の同意なく寮に赴いたなどの場合に、慰謝料として、80万円の支払いを命じたケースがあります（大阪高等裁判所平成13年3月14日判決）。

この裁判例の事案はいささか極端な感じがしますが、中小企業としては、行き過ぎた退職勧奨にはリスクがあることを十分に理解する必要があります。

回答

貴社は、業務命令違反の事実確認とその証拠化、当該従業員への注意とその改善への指導等を踏まえ、戒告、減給等の懲戒処分を段階的に行った上で、懲戒解雇を検討すべきです。

また、懲戒解雇は後で無効と判断されるなどのリスクがあるので、懲戒解雇を暗にちらつかせながら、退職勧奨も検討すべきです。

ケース4-4　従業員が休日に逮捕された場合の懲戒解雇の可否

> 当社の従業員Yは、休日にスマホでの女性のスカート内の撮影をした容疑で迷惑防止条例違反で逮捕されて、新聞に載ってしまいました。
> すると、当社の従業員が盗撮をしたといった書込みがSNSでなされるようになってしまいました。
> 当社は、Yを懲戒解雇できるのでしょうか。

(1) 従業員の犯罪が即懲戒解雇ではない。

企業は、就業規則の懲戒事由に「犯罪行為を犯したとき」というような規定を設けている場合でも、従業員が犯罪で逮捕されたからといって、必ずしも直ちにこれに該当するとして懲戒処分ができるわけではないということに注意する必要があります。

懲戒処分は、企業秩序を維持するために認められていますが、従業員の私生活上の言動は本来企業秩序とは無関係であるため、本来は懲戒処分の対象とはならないからです。

もっとも、現実には、従業員の私生活上の非行であっても、会社の社会的評価が低下するということはよくあることです。そのため、裁判例においては、私生活上の行為についても、会社の社会的評価を低下させるおそれがあると客観的に認められる場合には、懲戒処分ができるとされています。

(2) 従業員の勤務時間外の犯罪による会社のリスク

従業員の勤務時間外の犯罪は、会社の業務とは無関係な出来事ですが、会社は無関係という訳にはいきません。

というのは、ご質問にあるようにSNSを通じての会社の信用低下が考えられるからです。

また、会社にとっては、人員が欠けることによる業務の遅延、取引先に対するサービスの低下もリスクとなります。

なお、ご質問のような新聞記事等は、インターネット上に半永久的に

従業員の犯罪に関する情報が残存する可能性があり、影響が長期に及ぶ可能性もあります。例えば、大学生等が就職活動中に企業情報を得ようとした際に、意図せず過去のその会社の従業員の犯罪の事例も閲覧されるリスクがあります。

(3) 従業員とのコミュニケーションの重要性

　人材確保の観点からは、今後中小企業においても、上司が部下の悩みを聞いて、時には人生相談やさまざまな助言をすることが重要になってくるのかもしれません。これは、何も私生活上の犯罪を未然に防止するといった意味だけではなく、業務の円滑化や従業員のモチベーションアップにもつながると考えられるからです。

回答

　貴社は、Yの迷惑防止条例違反という犯罪が6月以下の懲役という比較的軽微な犯罪ではあるものの、極めて破廉恥な行為であること、社名がSNSでオープンになって会社の信用を著しく毀損されたことを理由に、Yに対する懲戒解雇の可否を検討することになります。

　ただし、懲戒解雇はリスクがあるので、普通解雇、さらには退職を促す方が無難かもしれません。

法ーっ！なるほど24　従業員の自宅待機命令

　非違行為の疑いがある場合に、当該従業員による証拠隠滅等を防止し、会社が調査等を円滑に行うために、当該従業員を自宅待機とする必要が生じる場合があります。

　この場合、従業員は自宅待機という業務命令に従うことが労務の提供に当たることから、会社は、原則として就業禁止期間中の賃金支払義務を免れることはできないと考えられます。

ケース4-5　作業効率が極めて悪い従業員の解雇の際の注意事項

> 当社には、作業効率が大変悪く、業務のネックになっている従業員Yがいます。
> 他の従業員もYと一緒に仕事をしたがらないどころか、Yがいることで、他の従業員のモチベーションも下がっているようです。
> そこで、当社としては、Yを解雇したいのですが、注意すべき点は何でしょうか。

(1) 退職勧奨が無難だが

最近、中小企業の担当者から、採用した従業員の中に業務遂行能力が著しく劣っていたり、指示されたことしかやれない者がいるなどといったぼやきを聞くことがあります。

中小企業とすれば、限られた人員で業務をやりくりしていかなくてはいけないので、業務遂行能力が著しく劣っている従業員については、辞めてもらいたいというのが偽わらざる本音でしょう。そのような場合に最も無難な手段は、退職勧奨を行って本人から退職してもらうことです。

しかし、一般的に、そのような従業員に限って、退職金の加算などを提案しても、なかなか退職勧奨に応じてもらえないことが多いようです。

(2) 無理な解雇は禁物

この種の相談を受けていると、中小企業経営者の中には、こういう時のために普通解雇事由で「作業能率が不良のとき」と掲げているのだと、就業規則を持ち出して来られるケースがあります。

しかし、就業規則で上記のように定められていても、すぐに解雇して良いわけではありません。解雇には客観的な合理的理由と社会通念上の相当性が必要ですから、作業能率が著しく悪いという抽象的な理由で解雇すると、解雇権を濫用したとして、解雇の無効を主張されてしまうリスクが高いことになります。

(3) 解雇回避努力が重要

会社が有効に解雇をするためには、まず、解雇回避努力を講ずること

が必要です。例えば、勤務成績不良を理由とした解雇が有効と判断された裁判例では、従業員を解雇するに当たり、事前に、作業内容がより単純な職場への配置転換や、作業指示、作業結果、作業態度の日誌への記録とそれを基にした指導監督、さらには、当該従業員のみ勤務時間をずらすなどの、さまざまな措置が講じられていました。

このように、会社が解雇を有効に行うためには、そのプロセスにおいて、解雇を回避するために会社としてできるだけのことを行わなければならないのです。

回 答

貴社は、Ｙの作業効率がどれくらい他の従業員と比較して悪いのかを数値的なデータで示せないかを検討すべきです。

また、作業内容がより単純な業務はないか、作業効率向上のための教育、指導等の解雇回避努力を行った上で、それでも是正されない場合に解雇を検討すべきです。

Ｙが解雇を無効だと主張し、解雇無効確認訴訟を提起したり、労働組合に駆け込んでしまうなどすると、争いは泥沼化していきます。

貴社は、問題のある従業員への対応は、とりわけリスクが高いものとして取り扱い、慎重を期す必要があります。

ケース4-6　7年前の非違行為を理由とする懲戒処分の可否

当社は、従業員Ｙの7年前の横領を理由として、Ｙに対して懲戒処分をすることはできますか。

また、もし、今回懲戒処分をした後に、Ｙが懲戒処分の不当性を訴えてきたような場合、処分後に判明したＹの非違行為を懲戒理由に追加することは可能でしょうか。

(1) 懲戒処分の時的限界

中小企業においては、横領などといった重大な非違行為があったにもかかわらず、そのときに、お目こぼしをして不問に付すといったことがあり得ます。

しかし、その後、当該従業員に反省の態度が見られないとか、業務命令に従わないといった理由で、過去の事実に基づき懲戒処分を行いたいと考えることはあり得る話です。

ご質問のケースでは、まず、懲戒処分の時的限界が問題となります。

使用者が労働者の懲戒事由を明白に認識していたにもかかわらず、長期間放置していたような場合には、後日になされる懲戒処分は客観的な合理的理由・社会通念上の相当性を欠くと判断されるリスクがあります。

(2) チャンスを逃すと駄目

このことに限らず、いったんは不問に付したことを後で蒸し返して問題にするのは、経営法務の観点からは、過去の出来事を他目的に利用するという理由で認められないリスクがあります。

経営法務も経営の一環である以上は、経営と同様、一瞬のチャンスを逃すと駄目という点で共通です。

(3) 処分理由の追加

次に、処分理由の追加については、業務命令拒否と無断欠勤を理由に懲戒解雇した労働者との間で争われた解雇無効確認訴訟で、処分後に判明した経歴詐称の追加は許されないとされたものがあります（東京高等裁判所平成13年9月12日判決）。

したがって、会社とすれば、処分後の処分理由の追加ができないことを前提に、非違行為を十分に調査、検討した上で、非違行為を全部まとめた上で懲戒処分を検討することが必要となります。

回答

貴社は、Yの7年前の非違行為について、その当時に処分内容を決定することが可能で、また、現時点で企業秩序維持の観点から7年前の非違行為につき、懲戒処分を行う必要性がないという状況であれば、7年

前の非違行為を理由に懲戒処分を行うことは客観的な合理的理由、社会通念上の相当性を欠くとされるリスクが高いことになります。

また、懲戒処分が仮に訴訟等で争われた場合に、懲戒処分後に判明した非違事由を追加して主張することもできないと考えられます。

....

法ーっ！なるほど25　不倫による懲戒処分の可否

政治家や芸能人の不倫がマスコミを賑わせていますが、中小企業でもいわゆる社内不倫は相当あるのかもしれません。

従業員の不倫については、それがプライベートの範疇の問題にとどまり、企業秩序や職場規律に影響しない限りは、懲戒処分の対象とすることは難しいと言えます。

しかし、例えば、自らの不倫が原因で、不倫相手の配偶者が職場に現れて会社のオフィスが修羅場になったような場合には、企業秩序や職場規律を乱したとして、懲戒処分を行うことができます。

私は、よく中小企業に呼ばれて、コンプライアンスの講演を行うことがあり、その中で、社内犯罪、情報漏洩、取引先からのリベート等の話をすることがあります。そして、そこから、プライベートでの犯罪も懲戒処分になり得るという話になり、さらに脱線して、不倫の代償についてもお話しをしたりすることがあります。後で、会社が講演のアンケートを取ると、不倫の代償が意外に重大で驚いたと従業員から回答が寄せられることがあります。

テレビのドラマなどでは不倫はしばしば登場しますが、不倫はそれ自体は犯罪ではないものの、立派な不法行為で、数百万円の損害賠償義務を負い、家庭が崩壊すればさらなる経済的・精神的代償を負うことになります。

中小企業とすれば、不倫の代償などといった直接会社の業務と関係のない事柄についても、従業員教育の一環として考慮すべき時期に来ているのかもしれません。

ケース4-7　免許取消処分の従業員の解雇の可否

> 当社の従業員は、勤務時間外に飲酒運転をして、第一種運転免許の取消処分を受けました。この従業員は営業職で、自動車を運転できなければ営業の業務ができません。
> 当社は、この従業員を解雇することはできるでしょうか。

(1) 飲酒運転の厳罰化

中小企業では、大企業と同様、営業に力を入れている会社が多いように思われます。卸売・販売業では、従業員の大半が営業職員である会社も珍しくありません。そこで、従業員が免許取消処分により、自動車での営業ができなくなると、会社にとってはその従業員は不要ということになります。

(2) ポイントは「格別高度の専門性」

職種を営業職に限定して採用した従業員が、免許取消処分によってもはや業務ができなくなった場合は、この従業員は、契約上の業務の履行ができないと言わざるを得ません。

しかし、タクシー運転手の職務に必要な普通自動車二種運転免許を喪失したとしてなされた普通解雇が争われた訴訟において、採用した職種が一定の資格を求めるようなものであっても、格別高度の専門性を有しないものであれば、解雇できないと判断した裁判所があります（東京地方裁判所平成20年9月30日判決）。そして、「格別高度の専門性」がある資格としてこの裁判例で例示されているのは、税理士、弁護士、医師等です。すると、普通自動車第一種免許は「格別高度の専門性」がある資格とまでは言えないでしょうから、ご質問のケースでは、貴社は免許取消処分を受けた従業員を解雇できないことになります。

(3) 就業規則に記載があった場合はどうか。

会社において、たとえ、就業規則の懲戒解雇の事由として、「酒酔い運転又は酒気帯び運転をしたとき」と記載されていたとしても、プライベートでの飲酒運転で、会社の信用低下等の実害が生じていない場合に

は、やはり懲戒解雇は認められないと考えられます。

回 答

　貴社の営業職従業員が自動車の運転を必要不可欠とするとしても、自動車の運転免許は格別高度の資格とはいえないので、解雇することは相当のリスクがあります。

　貴社としては、当該従業員に対し、自動車に乗らなくても営業ができる他の会社への転職を勧めることを検討すべきです。

ケース4-8　従業員から解雇無効確認訴訟を提起されることによるリスク

> 　当社は、他の従業員と全く協調性がなく、取引先としばしばトラブルを起こし、何度注意しても改まらない従業員を懲戒解雇しようと考えていますが、その従業員は反省するどころか、解雇は不当だから争うとか、解雇無効確認訴訟を提起すると言っています。
> 　当社はどのように対応すれば良いでしょうか。

(1) **懲戒解雇をめぐる状況**

　中小企業の従業員の中には、非違行為について何度注意しても改めようとしないタイプとか、自らの非を決して認めようとせず、自己の権利主張ばかりを繰り返すタイプの人が見られます。

　中小企業にとっては、そのようないわゆる問題従業員を養う経済的余裕はないどころか、このような従業員の存在は、社内の士気低下といったより深刻なリスクも招きかねません。

(2) **解雇無効確認訴訟のリスク**

　解雇無効確認訴訟においては、従業員は、会社側に有利な客観的証拠がなければ、自己の勤務懈怠や非違行為の改善のための会社の指導の事実を全面的に否認するリスクがあります。

　また、会社側の解雇理由が不明確であったり、解雇に至る手続が曖昧

であったりすると、訴訟等において解雇無効の判断が下されるリスクがあります。

そして、訴訟等において、当該解雇が無効であると判断されてしまうと、判決確定までの給料の支払等の財産的損害のみならず、当該従業員の職場復帰といった最悪のリスクも生じかねません。

このため、従業員の業務命令違反等の非違行為、それに対する改善のための指導の状況等は書面に残し、後日の紛争に備えた証拠化を是非行っていただきたいと考えます。

(3) 解雇に対する中小企業経営者のスタンス

中小企業の経営者の中には、「社長の言うことを聞けないのならクビだ」といった強硬派から、解雇をしてもどうせ訴訟では敗訴し、働いてもいない従業員に多額の給料相当額を取られてしまうから解雇はしないという消極派までいますが、どちらも駄目です。

中小企業経営者とすれば、従業員の非違行為に対して、感情的又は悲観的にならずに、冷静に客観的な証拠に基づき、判例の分析を踏まえながら、解雇の合理性と相当性とを検討することを心がけるべきです。

回答

貴社にとっては、解雇をめぐる訴訟の結果は、予想がつきにくく、敗訴すればその後の不利益も大きいと言わざるを得ません。

しかし、弁護士の意見と見通しも踏まえて、いったん解雇の方針を決定した以上は、仮に、訴訟等になった場合も、当該従業員の非違行為を証拠に基づき、主張、立証していくことになると考えられます。

法ーっ！なるほど26　副業を行った従業員に対する懲戒処分の可否

一時期に比べて景気が回復しつつあるとはいうものの、中小企業においては、なかなか従業員の賃上げまでには至っていないような感じがします。

そのような状況の中、生活などのために副業を行う従業員が増えているようです。

第2　社内要因的リスク

インターネットを利用した副業が比較的簡単に行えるようになったことも、副業を行うサラリーマン増加の一要因でしょう。

従業員が副業を行うことを禁止する旨の就業規則の規定が存在しても、実際に副業を禁止できるのは、会社の信用や社内秩序を乱したり、会社の秘密漏洩のおそれがあったり、従業員の労務提供上支障が生じたりする場合に限定されます。

したがって、処分を行う場合は、これらの点について具体的に検討する必要があります。

なお、平成29年3月の政府の「働き方改革実行計画」では、柔軟な働き方がしやすい環境整備として、副業の推進ということが挙げられており、本業に支障が生ずる場合等以外は、合理的な理由がなく副業を制限できないことをルールとして明確化することが盛り込まれています。

ケース4-9　懲戒処分の公表の可否

> 当社では、先日、遅刻や無断欠勤を繰り返したことを理由として、従業員Yを戒告の懲戒処分にしました。そして、今回の処分については、今後の同様行為の再発防止のため、社内に公表しようと考えています。
> 処分内容等の公表は問題がないでしょうか。

(1) **再発防止のための公表**

従業員に対して懲戒処分を行う際、当該従業員に処分を告知するだけでなく、処分したことや処分内容を社内に公表したいという相談を中小企業から受けることがあります。

中小企業としては、問題行為の再発防止のために、懲戒処分に関して会社全体に公表し、周知したいと考えていることが多いようで、確かに、そのような効果も期待できるところだと思います。

(2) 従業員の名誉にも配慮が必要

しかし、企業が懲戒処分を公表するに当たっては、処分された従業員の名誉等にも配慮する必要があります。

裁判例には、処分の公表が名誉棄損に当たるとして慰謝料の支払いが命じられたものもあります。

(3) 懲戒処分の公表の仕方

それでは、懲戒処分を公表する場合、どのように行えば良いでしょうか。

この点については、人事院作成の公務員の懲戒処分の公表指針が参考になります。

当該指針では、公表する懲戒処分として、①職務遂行上の行為又はこれに関連する行為に係る懲戒処分、②職務に関連しない行為に係る懲戒処分のうち、免職又は停職である懲戒処分とする旨定めています。

また、公表内容を、事案の概要、処分量定、処分年月日、所属等の属性としています。

公表方法については、口頭での公表や掲示板への掲示、電子メールの配信など、さまざまな方法が考えられます。

ただ、上記指針では、個人が識別されないように公表することを基本とする旨定めています。

回答

貴社の懲戒処分の公表の目的が再発防止にあるのであれば、処分された従業員の氏名まで公表する必要まではないと言えます。事案の概要、処分結果、処分年月日等個人が特定されない情報を掲示板へ掲示するぐらいで良いのではないかと考えます。

5 ハラスメントリスク

ケース5-1　セクハラの申告に対する初動対応

当社では、女性従業員Yが上司の課長から何度もしつこく食事に誘われて困っている、ときどき肩を触れられたりして不快感を抱いているというセクハラの相談を受けました。

当社は、どのように初動対応すれば良いでしょうか。

(1) さまざまなハラスメント

ハラスメントとは、嫌がらせや相手を不快にさせる言動のことをいい、さまざまな種類があります。

セクシュアルハラスメント（セクハラ）、パワーハラスメント（パワハラ）、アルコールハラスメント（アルハラ）、モラルハラスメント（モラハラ）、マタニティハラスメント（マタハラ）といった比較的よく聞くハラスメントのほか、アカハラ、ドクハラ、スモハラ、スメハラ、オワハラなど数多くのハラスメントがあります。

(2) セクハラの件数

都道府県労働局雇用均等室に寄せられたセクハラの相談件数は、平成25年度は9,230件、平成26年度は11,289件、平成27年度は9,580件とのことです。

しかし、これは、実際のセクハラ事案の氷山の一角と考えられます。

実際、私は、中小企業からさまざまなセクハラの相談を受けたことがあります。

(3) 事業主が講じなければならない措置

男女雇用機会均等法第11条では、「事業主は、職場において行われる性的な言動に対するその雇用する労働者の対応により当該労働者がその労働条件につき不利益を受け、又は当該性的な言動により当該労働者の就業環境が害されることのないよう、当該労働者からの相談に応じ、適切に対応するために必要な体制の整備その他の雇用管理上必要な措置を

講じなければならない」と規定されています。

また、厚生労働大臣の「事業主が職場における性的な言動に起因する問題に関して雇用管理上講ずべき措置についての指針」（平成18年厚生労働省告示第615号、最終改正は平成28年8月2日厚生労働省告示第314号）では、事業主が講じなければならない措置として、次の事項が定められています。

①事業主の方針等の明確化及びその周知・啓発、②相談に応じ、適切に対応するために必要な体制の整備、③職場におけるセクシュアルハラスメントに係る事後の迅速かつ適切な対応、④①から③までの措置と併せて講ずべき措置（以上の具体的内容は省略）。

そして、事業主が上記の措置を十分に講じていない場合は、使用者責任（民法第715条）や安全配慮義務違反に基づく損害賠償責任を負い（同法第415条、第709条）、また企業名の公表という制裁を受けることがあります（男女雇用機会均等法第30条）。

回答

貴社は、Yからセクハラに関する事実関係の調査を行った上で、加害者である上司にその内容を確認することになります。そして、Yと上司との間で事実関係が一致していれば、上司への懲戒処分を検討することになります。

ただし、実際は、Yと上司との間で事実関係が一致しない場合が多くみられます。その場合は、5W1Hについて、Yと上司の言い分のどこがどのように食い違っているかを明確にして、一つ一つ事実関係を証拠に基づいて認定していかなくてはなりません。

ケースによっては、Yが嘘を言っている可能性もゼロではないことを踏まえ、予断を持たずに、周りの関係者からも事実関係を聴取して、事実認定を行うことになります。

そして、セクハラの事実関係が認められれば、上司の懲戒処分、Yの被害が深刻であれば会社と上司とで慰謝料の支払を検討することになります。

法ーっ！なるほど27　セクハラのリスク

　セクハラのリスクとしては、従業員同士の不信感とそれによる社内の雰囲気の悪化、従業員のモチベーションの低下、有能な従業員の退職にとどまらず、被害女性から使用者責任又は安全配慮義務違反を理由とする損害賠償請求の訴訟を提起されるリスクがあります。

　この訴訟のリスクとしては、被害者側に、本来はセクハラの事実の立証責任がありますが、使用者側が事実上の反証を強いられることです。

ケース5-2　パワハラの法的責任

> 　当社のある従業員Yは、いつも注意されているにもかかわらず事務作業で何度も同じミスを繰り返したり、業務時間の最中にどこに行っているかわからないことが多々あるなどの問題行動を起こしていました。そのため、上司が、当該従業員に対して、これらのことについて指導したところ、当該従業員はこれはパワハラになりますと言ってきました。
>
> 　当社に何らかの法的責任が生じるリスクはあるでしょうか。

(1)　**パワハラに関する相談は依然として増加している。**

　ご質問の内容が貴社の言われるとおりであるとすれば、誠に腹立たしい限りで、私もこのような相談を中小企業から受けたことがあります。

　都道府県労働局等に設置されている総合労働相談コーナーに寄せられる相談において、パワハラに関する相談件数は、依然として増加しているようです。

　都道府県労働局に寄せられたパワハラの相談件数は、平成26年度は62,191件、平成27年度は66,566件、平成28年度は70,917件とのことで、前述のセクハラの相談件数と異なり、増加の一途を辿っています。

(2)　**パワハラに対する企業のスタンス**

　企業が、職場の秩序を維持するためには、従業員に対して一定の指導

等を行うことは必要です。

会社の管理職等がパワハラになることをおそれて指導することを委縮してしまう状態は、健全な職場とはいえませんし、職場の秩序を維持することができません。

しかし、指導がついつい行き過ぎて、パワハラになってしまうリスクがあることに注意する必要があります。

(3) **パワハラにおける加害者・使用者の責任**

労働者には職場秩序遵守義務があり、使用者には職場環境配慮義務があります。

したがって、使用者も労働者もお互いがバランスを取って、快適な職場環境の中で仕事をしていく必要があり、使用者は業務の改善に向けた一定の指導を行うことは当然ですが、その指導が度を超えてしまうとパワハラ（不法行為）になるリスクがあることに注意する必要があります。

パワハラを行った者は、不法行為に基づく損害賠償責任のほか、名誉毀損罪（刑法第230条第1項、法定刑は3年以下の懲役若しくは禁固又は50万円以下の罰金）、傷害罪（刑法第204条、法定刑は15年以下の懲役又は50万円以下の罰金）等の犯罪に該当する可能性があります。

また、会社は使用者責任又は安全配慮義務違反に基づく損害賠償責任を負うリスクがあります。

回答

ご質問のケースでは、貴社は、Yに対して、いつも注意しているにもかかわらず、事務作業で何度も同じミスを繰り返すとか、業務時間の最中にどこに行っているかわからないことが多々あるなどの事情があるようです。

そこで、貴社とすれば、当該Yに対して指導する必要がありますが、社会通念上常識的かつ一般的な指導の程度であれば、およそパワハラには該当しないと考えられます。

第2 社内要因的リスク

法一っ！なるほど28　パワハラのリスク

　パワハラとは、「上司の部下に対する行き過ぎた指導、叱責、罵倒など、職権や利権などの見えない力を利用し、本人の人格や尊厳を傷つけるような言動や行為を行い、本来の業務における責任を逸脱するような要求を行うこと」（厚生労働省の定義）とされています。

　パワーハラスメントは、セクシュアルハラスメントと異なり、業務上の指導に関連してなされることが多いため、線引きが難しいリスクがあります。

　しかし、パワハラは、職場環境の悪化を通じて企業経営にとっても大きな損失をもたらすリスクがあることから、セクシュアルハラスメント同様、会社方針の明確化及び周知啓蒙、相談（苦情）に応じ適切に対応するために必要な体制の整備、事後の迅速かつ適切な対応などを充実させていくことが必要です。

　企業は、パワハラを個人の問題としてではなく会社組織の問題として捉え、事後的に対応するのではなく、パワハラを発生させない土壌・職場環境作りを目指すべきです。

ケース5-3　アルハラ等のリスク

> 　当社では、会社の飲み会で盛り上がり、上司が部下にイッキ飲みさせることがよく行われていました。
> 　すると、ある日、飲み会に参加した従業員Yが翌日に急性アルコール中毒の診断書を持参してきて、急性アルコール中毒は当社に責任があると言ってきました。
> 　こういった場合、当社には責任があるのでしょうか。

(1)　「イッキ」飲みの強要は犯罪の可能性

　中小企業に限らず、企業には一人くらい酒豪がいて、昔ながらのイッキ飲みで酒席を盛り上げる人がいるようです。

しかし、会社の懇親会の飲み会には大きなリスクがあります。

というのは、上司からのイッキ飲みを断れない雰囲気を作った上で「さぁ、飲め」といったような現実に断れない雰囲気により、イッキ飲みをさせて、その結果、従業員に急性アルコール中毒を起こさせた場合には、上司などに、傷害罪（刑法第204条、法定刑は15年以下の懲役又は50万円以下の罰金）が成立する可能性が高いのです。

なお、「飲め」などといった言葉に出さなくても、飲まなければいけないような雰囲気を作り出すことも強要に当たると考えられます。

また、「イッキ」飲みをさせられた人が死亡した場合には、傷害致死罪（同法第205条、法定刑は3年以上の懲役）もしくは過失致死罪（同法第210条、法定刑は50万円以下の罰金）が成立する可能性もあります。

加えて、上司などが不法行為に基づく損害賠償請求訴訟を提起されるだけでなく、会社も安全配慮義務違反又は使用者責任に基づく損害賠償請求訴訟を提起される可能性があります。

イッキ飲みは、実は、中小企業にとっては、大きなリスクと言わざるを得ません。

(2) 「イッキ」を止めなかった人は

楽しい飲み会にもかかわらず、上司がイッキ飲みをさせて、部下が急性アルコール中毒になった場合、イッキ飲みを止めなかった人には、傷害罪の共犯（刑法第60条・第204条、法定刑は15年以下の懲役又は50万円以下の罰金）もしくは傷害罪の幇助犯（同法第62条、第204条、法定刑は7年6月以下の懲役又は25万円以下の罰金）が成立する可能性があります。

なお、酔いつぶれた人を放置して死亡させたようなケースでは、保護責任者遺棄致死罪（同法第219条、法定刑は3年以上20年以下の懲役）が成立する可能性もあります。

(3) 社内でのいわゆる「押付け」について

これに限らず、会社内では、職務上、上司と部下という職務上の命令、服従の関係があるため、つい職務上の範囲を超えて、イッキ飲みのほか、政治的イデオロギーとか、宗教上の信仰の押付けなどのリスクもあり得

ます。

　社内で、そのようなことがまかり通っていれば、中小企業にとっては、大切な「人財」の流出や従業員のモチベーションの低下、さらには生産性の低下といったことにもつながりかねません。

　中小企業は、社長以下、人にはそれぞれ個性と価値観があるという当然の事実を踏まえて、職務上も職務外も良い人間関係を築いていく必要があると私は考えています。

回　答

　貴社において、上司が部下にイッキ飲みをさせていて、急性アルコール中毒の診断書が提出されている以上は、いわゆるアルコールハラスメントに当たる可能性が高いので、会社は上司と部下に事実関係を聴取するとともに、上司に対する懲戒処分を検討することになります。

　そして、重要なことは、イッキ飲みをしなくても、楽しい「飲みにケーション」の場を作って、従業員同士の親睦を図り、企業の人的な足腰の強さを実現すべきです。

法一っ！なるほど29　マタハラのリスク

　マタハラとは、マタニティ・ハラスメントの略語で、女性が妊娠・出産を理由に職場で精神的・肉体的嫌がらせや不利益を受けることを言います。

　平成27年度に都道府県労働局に寄せられたマタハラの相談件数は、前年度比19％増の4,269件にも上り、過去最高になったとのことです。

　例えば、女性従業員の妊娠に当たり、簡易業務への転換とともに、降格等の不利益の取扱いを行うと、原則として男女雇用機会均等法に違反するリスクがあるので、注意が必要です。

6 メンタルヘルスリスク

ケース6-1 休職期間満了により退職とすることのリスク

> 当社では、従業員がうつ病により休職し、その後復帰を申し出てきましたが、休職前の業務には耐えられないと考えています。
> その場合、当社は、復帰不可能としてその従業員を休職期間満了により退職とすることができるでしょうか。

(1) 休職とは

中小企業においても、従業員がうつ病を患うなどとして一定期間休職することが増えています。

休職制度は、これを定めた場合には、就業規則に明記しなければなりません（労働基準法第89条第10号）。

業務外の傷病を理由とする休職（傷病休職）の場合には、長期欠勤が一定期間に及んだときに休職となり、休職期間中に治癒し就労可能となれば復職しますが、休職期間中に治癒しなければ労働契約を終了させることとなります。

(2) 従前の業務が提供できない場合は

問題は、従業員が復職時に従前の業務を提供できるほどには回復していない場合に、休職期間満了として当然に退職にできるかどうかです。

この点に関し、労働契約締結の時点で職種や業務内容を特定していない場合には、たとえ従前の業務が提供できないとしても、労働者の能力・経験・地位、企業の規模、業種、労働者の配置、異動の実情及び難易等に照らして、労働者が配置される現実的可能性があると認められる他の業務について労務の提供をすることができ、かつその業務の提供を申し出ているならば、債務の本旨に従った履行の提供があるといえるとして労働者の賃金請求を認めた判例があります（最高裁判所平成10年4月9日判決）。

(3) 休暇期間満了時の企業の対応

確かに、労働契約締結の時点で職種や業務内容を特定していないと、

このような結論になるのかもしれません。中小企業とすれば、限られた人員で最大の業績を上げるためには、採用時に職種はともかく、業務内容を特定するのはなかなか難しいかもしれません。

したがって、復職時に従業員が一定の業務について業務の提供を申し入れている状況下では、休職期間の満了をもって退職という処理は大きなリスクがあります。

(4) 出勤と欠勤を繰り返す場合

当該従業員が出勤と欠勤を繰り返すなど、欠勤が継続したと言えるのかが問題になる場合もあります。

この場合、就業規則において、出勤と欠勤を繰り返す場合であっても欠勤期間を通算する旨の定め（「欠勤通算条項」等と呼ばれます。）があれば、かかる定めに基づいて休職命令を発令することになります。

就業規則は、会社のさまざまなリスクに対応するためのいわば魔法の杖です。

回答

休職を命じていた従業員の復職可能性の判断に当たっては、休職前の業務への復帰は不可能であっても、当該従業員が他の業務へ従事することは可能か、業務軽減措置を採って休職前の業務に従事させることができないかなどを総合的に検討の上、判断する必要があります。

ご質問のケースの場合、休職前の仕事は耐えられないだろうという理由のみで、退職扱いにするのは避けるべきです。

法ーっ！なるほど30　うつ病等を理由とする休職制度の運用

最近、中小企業から、うつ病等を理由とする休職制度の運用について、相談を受けることがしばしばあります。企業が注意するべき点は、次のとおりです。

①休職期間

大体３か月から６か月と休職規程に規定する場合が多いです。

②病状の報告数
休職中、1か月に2回程度は、病状を報告させるべきです。
③休職日数の表記
労働日数と捉えられないように、暦日数と明示すべきです。
④自然退職
「休職期間満了後も退職事由が消滅しない場合は、休職期間満了をもって自然退職とする。」旨を明示すべきです。
⑤休職期間の通算
例えば、「休職期間後にいったん出勤しても、1か月以内に同じ理由で休職したときは、休職期間は通算されるものとする。」旨を規定すべきです。
⑥賃金支払
当然のことですが、私傷病休職期間は会社は賃金を支払わないと規定すべきです。

ケース6-2 メンタルヘルス不調の休職者の復職に対する対応

> 当社ではメンタルヘルス不調により休職中の従業員Yから、休職期間満了間近に、復職可とする主治医の診断書が提出されました。
> しかし、Yと面接した限りでは、到底仕事に復職できる状況ではなさそうに見えます。
> 当社としてはどのように対応すれば良いでしょうか。

(1) 主治医の診断の重要性

復職の要件である「治癒」とは、「従前の職務を通常の程度に行える健康状態に復したときをいう」と考えられています。Yの主治医の「復職可」という診断は、Yの意向を色濃く反映したものになりがちで、中小企業の経営者はこれに不満を感じることもしばしばあるようです。
これは、主治医は、診療を踏まえた従業員の現況は把握しているもの

の、職場における従業員の担当業務の内容、必要とされる業務遂行能力、配置可能な他の業務等については、直接知り得る立場にないためです。

　もっとも、休職期間満了時に休職者が本来業務に就く程度には回復していなくても、ほどなくそのように回復することが見込まれる場合には「治癒」していないとして休職期間満了により労働契約を終了させるのではなく、可能な限り軽減された業務に就かせるべきであると考えられています。

(2) **産業医の受診を命じることができるか。**

　中小企業が主治医の診断に納得できない場合は、従業員に対して産業医への受診を勧めることになります。

　産業医は、健康診断等の実施、作業環境の維持管理、作業の管理、労働者の健康管理等の職務を行うこととされており（労働安全衛生法第13条、労働安全衛生規則第14条）、休職者の職場の状況を把握しています。

　会社として復職の判断をする際には産業医の診断も重要になるので、Yに働きかけて、産業医に受診してもらうことになりますが、Yが産業医への受診を拒む場合には、業務命令として産業医への受診を命令することが考えられます。

　なお、Yが産業医への受診命令に従わない場合には、休職者を無理やり産業医のもとに連れて行くわけにはいきませんので、復職の判断の際にその事実を考慮するしかないと考えられます。

(3) **産業医と主治医の判断が異なった場合**

　仮に、産業医の診断書が提出されて、主治医の診断と異なった場合は、中小企業が産業医の診断に従って復職の判断をすることも合理的理由があります。

回答

　貴社は、Yの主治医の診断書に違和感を感じている以上は、Yに対して産業医への受診を命じることになります。

7 健康・安全配慮リスク

ケース7-1　健康診断拒否に対する受診命令

> 当社は、毎年3月に、全従業員を対象として定期健康診断を実施しています。しかし、毎回放射線の影響を心配しているとのことで、胸部X線検査の受診を拒否する者がいます。
> 当社が受診を命令することはできますか。

(1) 会社の定期健康診断実施義務

中小企業において、従業員の健康管理は、労災の防止にもつながり、会社の安全配慮義務の履行にもなります。

労働安全衛生法の規定によると、会社には、常時使用するすべての労働者に対し、雇い入れ時と年に1回の定期健康診断を実施する義務があります（労働安全衛生法第66条第1項、労働安全衛生規則第44条第1項）。

この「常時使用する労働者」とは、行政通達によると、期間の定めのない労働契約により使用され（期間の定めがある場合は、1年以上使用されることが予定されている者及び更新により1年以上使用されている者）、かつ、1週間の労働時間数が当該事業場において同種の業務に従事する通常の労働者の1週間の所定労働時間数の4分の3以上とされている者です。

ただし、健康診断の受診に要した時間の賃金については、事業者が支払うことが「望ましい」とされており、支払義務まではありません。

(2) 従業員の健康診断受診義務

一方で、従業員にも、健康診断を受診する義務があります（同法第66条第5項）。それでは、受診を拒否した従業員に対して、会社は、受診を命じたり、これに従わない従業員に対して懲戒処分を行ったりすることができるでしょうか。

この点に関して、病気治療によるX線暴露が多く、これ以上のX線暴

露を避けたいとの理由でX線検査を拒否した教職員に対し、校長が職務命令としてX線検査受診命令を出しましたがこれに従わなかったため、懲戒処分を行ったという事案で、最高裁は、この懲戒処分を適法と判断しました。つまり、会社は、受診を拒否した者に対して、受診を命じたり、懲戒処分を行ったりすることができるのです。

しかし、従業員の医師選択の自由まで奪うことはできません（同条同項ただし書）。会社が指定する医師の受診を拒否し、従業員が選択する医師に診断してもらうことは可能です。ただ、この場合にも、従業員には、診断結果を会社に提出する義務があります。

回答

ご質問にあるように、時々放射線とか電磁波等に過敏になる方がいらっしゃるようです。

しかし、貴社には、従業員に対して定期健康診断実施義務があり、従業員には受診義務があるので、貴社は従業員に受診を命じることができますし、従業員がそれを拒絶した場合は懲戒処分を行うことができます。

健康診断受診を拒否する従業員については、これを放置せず、受診義務があることを十分に説明した上で、受診を促すことが、結局のところ会社と従業員双方の利益に資すると言えます。

ケース7-2　従業員同士のけんかによる傷害

当社の従業員であるAとBは、同じ職場で働いていますが、普段から仲が悪く、顔を合わせるたびに口論となっていました。

そうしたところ、先日、勤務時間内に職場で、業務の配分をめぐって、AとBが殴り合いをしてしまい、その結果、Bは全治1週間の怪我を負いました。

当社にも法的責任が生じるのでしょうか。

(1) **安全配慮義務違反**

　ご質問のケースの場合、貴社には、安全配慮義務違反と使用者責任の有無が問題となってきます。

　会社の安全配慮義務違反の有無が問題となった訴訟で、普段から顔を合わせれば暴力沙汰になっていたとか又はそうなりそうであったという状況が存在したのであれば、会社においてけんかの発生は予見可能であり、したがって、両者の接触を避けるような人員配置を行うなどの義務があると判断された裁判例があります（神戸地方裁判所姫路支部平成23年3月11日判決）。

　この裁判例を前提にしますと、ご質問のケースでは、普段からAとBは、顔を合わせるたびに口論となっていたのですから、貴社は、本件のけんかの発生を予見できたとして、両者の接触を避けるようにする人員配置を行う義務があり、その義務に違反したと判断される可能性があります。

(2) **使用者責任**

　使用者責任とは、被用者の不法行為が事業の執行と密接な関連を有する場合に生ずる責任です。

　ご質問のケースでは、業務の配分をめぐって殴り合いが発生しているので、使用者責任を問われる可能性があります。

(3) **職場環境の重要性**

　今後、同じ事件が起きないようにするには、普段から職場の状況を管理することです。従業員の労務管理体制に不備はないか、部や課ごとの相互のコミュニケーションがとれているかなどを普段からチェックすることが大切です。

　また、軽いけんかが起きた場合には、今後のトラブル防止のために、口頭の注意をしたり懲戒処分を示唆するなどして、社内の綱紀粛正を図るべきです。

　職場環境を整えるということは、従業員の士気にも影響するだけではなく、安全配慮義務違反リスクの軽減の上でも重要なことです。

回　答

本来的には、加害者のAがBに対して損害賠償責任を負うことになりますが、Aに資力がないというリスクがあります。

その場合は、貴社には、もともと安全配慮義務違反、又は使用者責任があるので、怪我を負ったBの治療費や慰謝料を支払う必要が生じると考えられます。

ケース7-3　安全配慮義務違反に基づく損害賠償の内容

当社の従業員が、建設現場で作業中、高所から落下して死亡しました。

落下に関しては、当該従業員にも過失があったようです。

ところで、当社は、すぐに労災保険の手続きをして、遺族には遺族補償給付等が支給されたのですが、この度、遺族から、安全配慮義務違反に基づく損害賠償の請求をされました。

当社が負う賠償責任は、どのような内容のものなのでしょうか。

(1)　**労基法上の責任と民法上の責任**

労災事故が発生した場合の会社に生じる損害賠償責任については、労基法上の責任と民法上の責任の二つに分けて考えなければなりません。

従業員に労災保険給付が行われた場合、会社は、労基法上の損害賠償責任については免れます。

しかし、当該従業員に労災保険給付額を超える損害が発生した場合、その超える分の損害については、会社は、民法上の損害賠償責任を免れないのです。

(2)　**損害賠償責任を負う項目は**

では、会社が免れない損害賠償責任の中身とは、どのようなものなのでしょうか。

従業員が死亡した場合の死亡慰謝料や、入通院した場合の入通院慰謝

料、入院雑費、通院交通費、後遺症が遺った場合の後遺障害慰謝料、訴訟になった場合の弁護士費用等については、そもそも労災保険給付が行われませんから、会社が全額負担することとなります。

また、休業損害、死亡逸失利益、後遺症逸失利益、治療費、付添看護費、葬祭費については、これらに対応する労災保険給付があるものの、損害額が給付額を超える場合には、超える分を会社が負担しなければなりません。

(3) 特別支給金は会社の賠償額の計算において考慮されない

なお、労災事故に関して従業員が受け取るものには、休業特別支給金、障害特別支給金などの特別支給金もあります。しかし、これら特別支給金は、福祉増進のためのもので、損害の填補の性質を有さないとされています。

したがって、従業員が特別支給金を受けたからといって、会社の賠償額の計算に際して、これらの金額を控除することはできません。

(4) 過失相殺と労災保険給付の控除の前後

ところで、本件のように労災事故に関して従業員に過失がある場合、会社が負うべき賠償額の計算に際して、過失相殺と労災保険給付額の控除のいずれを先に行うべきでしょうか。

仮に損害額全体が1,000万円、労災保険給付が200万円、従業員の過失割合を25％とした場合に、会社の損害賠償額が、過失相殺後労災保険給付額を控除すると550万円になり、控除後相殺すると600万円になります。この点、判例では、過失相殺後控除を行うべきとされており、会社には有利な判例になっています。

回答

貴社は、死亡慰謝料、後遺障害慰謝料、労災給付でカバーされない死亡逸失利益、後遺症逸失利益等のさまざまな項目の安全配慮義務違反に基づく損害賠償責任を負うことになります。中小企業は、ケースによっては、数千万円の安全配慮義務違反に基づく損害賠償責任を負い、会社の規模、業績によっては支払いきれない損害賠償額に上るリスクがあり

ます。

　労働災害は、中小企業にとって極めて大きなリスクと捉えて、安全教育・安全措置のさらなる徹底と、労災上乗せの損害賠償責任保険に加入すべきです。

法ーっ！なるほど31　打切補償の支払による解雇

　労災保険法による療養補償給付及び休業補償給付を受けている労働者に対して、使用者が平均賃金の1,200日分相当額の打切補償を支払った場合には、労働基準法第19条第1項ただし書きの規定により解雇制限の適用はないとされています（最高裁判所平成27年6月8日判決）。

　したがって、労働者の労務提供の不能、労働能力の喪失は、解雇の客観的に合理的な理由及び社会通念上の相当性が認められる可能性が高いので、中小企業は、特段の事情のない限り、打切補償を行って解雇できるということになります。

ケース7-4　社員旅行での事故による会社の責任

　先月の社員旅行で、当社の従業員が温泉で足を滑らせて転び、全治2週間の怪我を負いましたが、これは労働災害になるのでしょうか。
　また、当社は何らかの損害賠償責任を負うのでしょうか。

(1)　**注意一秒、怪我一生**

　社員旅行を実施している会社は、昔に比べて減ってきているようですが、社員同士の交流を深める手段として、現在も有意義な行事だと思います。

　特に、温泉は、疲労回復にもメンタルヘルスにも大変効果的です。

　もっとも、その旅行で怪我をしてしまっては旅行が台無しになってしまいますし、場合によっては一生に関わる怪我にもなってしまいます。

(2) 労働災害が発生するとどうなるか。

　労働災害とは、業務上、又は通勤途上の負傷、疾病などのことです。

　労働災害が発生すると、会社は補償責任を負い、労働基準監督署にその事故を報告する必要があります。

　ご質問のケースは、社員旅行中の事故であり、通勤途上の事故ではないため、業務上発生したことになるかどうかがポイントとなります。

(3) 社員旅行も仕事なのか。

　業務上発生したかどうかは、業務遂行性と業務起因性という二つの基準によって判断されます。

　業務遂行性とは、会社の支配下にあることです。業務起因性とは、その怪我などが業務によって発生したことです。

　通常、社員旅行のような行事は、強制参加になる場合を除いて、会社の支配下のもとで行われるものとは判断されにくいと言えます。

　そのため、ご質問の場合も強制参加ではない限り、業務遂行性が認められず、労働災害に当たらないと考えられます。

(4) 安全配慮義務違反はどうか。

　仮に、怪我を負った社員が、事故の前に参加社員全員の飲み会に参加させられて、上司などから何度も乾杯をさせられた結果、酔いつぶれてこのような事故を起こした場合には、会社側に安全配慮義務違反や使用者責任が生じる可能性があります。

　ご質問のケースでも、これらの責任が生ずる可能性があります。しかし、社員の不注意が原因であるならば、会社に責任は発生しないと考えられます。

回答

　ご質問のケースでは、従業員の負傷は通常は労働災害にはなりませんし、貴社が安全配慮義務違反を負うリスクも少ないと考えられます。

第2　社内要因的リスク

ケース7-5　外国人技能実習生の労働災害による会社の責任

> 当社で働いている外国人の技能実習生Yが、機械を使って作業しているときに怪我をしました。
> 　当社は、当該実習生に対しても、他の従業員と同様に、研修を行ったほか、この機械についての作業手順や注意事項等について記載されている書面を渡していました。
> 　しかし、研修が日本語で行われたことや書面が日本語で記載されていたせいか、当該実習生は、内容をよく理解していなかったようです。
> 　この場合、当社に何らかの法的責任が生じるでしょうか。

(1) 増加する外国人の雇用

　グローバル化が進んだ現代において、さまざまな企業で技能実習生等の外国人を雇用する機会が多くなりました。厚生労働省の調査においても、外国人の雇用は、年々増加しているとのことです。

　中小企業においても、外国人技能実習生は数多く存在していますが、外国人を雇用する際には、注意しなければならないことも数多くあります。

(2) 日本語があまりわからない。

　外国人技能実習生の中には、あまり日本語を理解できていないという方も少なくないと思われます。

　「外国人労働者の雇用管理の改善等に関して事業主が適切に対処するための指針」（平成19年厚生労働省告示第276号）においては、安全衛生の確保として、①安全衛生教育の実施、②労働災害防止のための日本語教育等の実施、③労働災害防止に関する標識、掲示等、④健康診断の実施等、⑤健康指導及び健康相談の実施、⑥労働安全衛生法等関係法令の周知をすべきことなどが定められています。

　企業としては、外国人技能実習生が理解できる言語や方法によって、前記①～⑥までの措置を行う必要があるとされています。

(3) どのような法的責任が発生するのか。

　企業は、従業員に対して安全配慮義務を負っており、危険から回避す

るための安全教育、適切な注意、作業管理等を行う必要があります。企業は、この安全配慮義務を外国人技能実習生に対しても負うこととなります。

この安全配慮義務に違反した結果、外国人技能実習生に損害が発生した場合には、企業に雇用契約の債務不履行責任又は不法行為責任に基づく損害賠償義務が発生することとなります。

ご質問のケースでは、貴社は、Yがあまり日本語を理解できないにもかかわらず、その事情に配慮せずに日本語での研修の実施や日本語でのみ記載された書面の交付を行っているとのことです。

そうすると、貴社は、Yが理解できる言語や方法で安全教育等を行っていないことになるので、安全配慮義務を尽くしたと言えず、損害賠償責任を負担するリスクが高いと考えられます。

(4) **外国人技能実習生のその他のリスク**

外国人技能実習生については、言葉や習慣の違いから生じるパワハラのリスク、失踪のリスク、残業に関するリスク（残業をもっとさせてほしいという要望）等さまざまなリスクがあるので、より慎重な労務管理が必要となります。

回答

貴社には、外国人技能実習生も理解することができるように安全教育を行う義務があるので、日本語だけの注意事項を記載した書面を外国人技能実習生に渡していただけでは、かかる義務を果たしたことにはならず、外国人技能実習生に対して安全配慮義務違反に基づく損害賠償責任を負うと考えられます。

貴社においては、外国人技能実習生にも理解できる言語で研修を行うことや書面を作成することで、言語の違いを超えてわかりやすく安全教育を行うべきです。

ケース7-6　下請け従業員の労働災害による会社の責任

> 当社は建設業を行っており、A社を下請としていたところ、A社の従業員Yが労働災害で死亡しました。
> 当社は、Yの遺族に対して、損害賠償責任を負うのでしょうか。

(1) 実質的な使用関係とは

建設業では、元請、下請、孫請といった重層的な請負契約関係が見られます。

元請企業と下請企業労働者の間には、本来は雇用関係がありませんが、その間に、「実質的な使用関係」、「直接的又は間接的指揮監督関係」が認められる場合には、元請企業の下請労働者に対する安全配慮義務が認められます。

(2) 実質的な使用関係等が認定されるファクター

具体的には、次のとおりです。

ア　現場事務所の設置、係員、係員の常駐ないし派遣
イ　作業工程の把握、工程に関する事前打合せ、届出、承認、事後報告
ウ　作業方法の監督、仕様書による点検、調査、是正
エ　作業時間、ミーティング、服装、作業人員等の規制
オ　現場巡視、安全会議、現場協議会の開催、参加
カ　作業場所の管理、機械・設備・器具・ヘルメット・材料等の貸与・提供
キ　管理者等の表示
ク　事故等の場合の処置、届出
ケ　専属的下請関係か否か
コ　元請企業・工場の組織的な一部に組み込まれているか、構内下請か

等が検討されることになります。

7 健康・安全配慮リスク

回答

　貴社が現場事務所を設置して、従業員を工事現場に派遣するなどしていたり、貴社がYに対して、作業方法、作業工程について指示をするなど、Yに対して事実上の指揮・監督を行っているなどの事情があれば、貴社のYに対する安全配慮義務違反が認められるリスクは高いと言えます。

　貴社は、A社との間で労災があった場合の責任負担割合の事前合意をするか、労働災害総合保険等の労災上積保険の加入を検討すべきです。

8 株主総会運営リスク

ケース8-1　株主総会不開催のリスク

> 当社は、株主の大部分が代表取締役社長の身内である同族会社であったことから、会社設立時から現在まで株主総会を開催したことがありませんでした。
> かかる状況で、ある少数株主は、なぜ株主総会を開いていないのかと当社に言ってきました。
> 当社とすれば、どのように対応すれば良いでしょうか。

(1) 中小企業の株主総会の開催状況

中小企業の多くは同族会社です。このような会社は、株主の全員が身内であるため、株主総会を開催したことがないとか、議事録だけ作成して株主総会を開催したことにするという例も多いのではないかと考えられます。

しかし、会社法上、株式会社は毎事業年度に1回は定時株主総会を開催しなければなりません（会社法第296条第1項）。

(2) 株主総会を開催しないことのリスク

では、貴社のように株主総会を一度も開催したことのない会社は、一体どんなリスクを負うのでしょうか。

第一は、取締役が会社から報酬を得る場合、報酬額につき定款の定めがないときは株主総会の普通決議によって定めることが必要となるところ（同法第361条第1項、第309条第1項）、株主総会を開催していなければ今まで得た報酬が遡って法律上の原因のないものとされてしまうリスクがあります。その上で、今まで得た報酬の合計額が会社の損害にあたるとして、他の株主から損害賠償責任を追及されたり、取締役の不当利得に当たるとして会社に返還義務が生じたりするリスクがあります。

第二は、取締役を選任する場合は、株主総会の普通決議が必要となります（同法第329条第1項、第309条第1項）。そのため、株主総会を

開催していない場合、適法な選任手続を経ていない取締役による業務執行が行われたとして、今まで取締役が行ってきた行為が覆されてしまうリスクを負うことになります。

第三は、100万円以下の過料に処されるリスクを負います（同法第976条第18号）。

(3) **同族会社における株主総会の開催**

同族会社といえども、諸事情から人間関係は変化する可能性があるので、余計なリスクを回避しうるメリットを考慮すれば、株主総会を開催すべきと言えます。

回答

貴社は、株主総会を早急に開催する必要があります。

なお、過去の株主総会決議事項については、遡って議決しておく必要があります。

ケース8-2　株式の相続による会社のリスク

当社では、60％の株式を保有する株主Ｙが死亡し、相続が発生しました。
当社はどのように対応すれば良いでしょうか。

(1) **相続人による権利行使がなされないリスク**

中小企業では、いわゆるオーナーが過半数の株式を保有しているケースがよく見られます。

このような状況で、株主が死亡して、その相続人による株主権の権利行使がなされないと、株主総会の定足数をクリアできなくなるなどのリスクが生じる場合があります。

(2) **遺産分割協議が未了の場合の議決権行使**

Ｙの相続人間で遺産分割協議が未了であるなどの理由で、相続人が株

式の名義書換請求を行わない場合は、株式は法定相続分に従って相続人が共有する状態になります。

共有にかかる株式については、相続人間で権利行使者を1名決め、会社に通知しなければ、原則として権利行使できません（会社法第106条本文）。そこで、貴社とすれば、相続人が複数いる場合は、相続人と早急に協議を行い、権利行使者を定めて、会社に通知してもらう必要があります。

(3) 相続人間の協議がまとまらない場合のリスク

相続人間の協議がまとまらず、権利行使者の決定ができない（権利行使者の通知がない）場合でも、会社が同意すれば例外的に権利行使できるものとされています（同法第106条但書）。

しかし、会社の判断で相続人のうち一部の者による権利行使を認めることは、相続人間で株主権の行使につき対立があるような場合には、トラブルに巻き込まれるリスクがあるので、なるべく避けるべきです。

回答

貴社は、Yの相続人間で遺産分割の合意がなされず、協議により権利行使を決定してもらえないリスクがあります。その場合は、株主総会の定足数を満たさなくなることにもなりかねません。

そこで、貴社とすれば、定款で相続人に対する株式の売渡請求（同法第174条）を規定して、会社が株式を取得できる途を開いておくか、会社の経営法務リスクマネジメントの一環として、事前にYに貴社の株式を誰に相続させるかの遺言を作成するよう準備してもらっておくなどの対策が必要となります。

法ーっ！なるほど32　株主総会直前の社長の死亡

　社長が急死した場合、株主総会の議長が不在という状況が生じます。
　このような場合に備え、社長に欠員又は差し支えがあったときには、取締役会において、あらかじめ定めた順序に従って他の取締役が議長を代行することを定款に定めておくべきです。
　なお、社長の死亡により、取締役の最低人数（取締役会設置会社の場合は3名）を欠くに至った場合は、早急に株主総会において、別の取締役を選任する必要があります。

ケース8-3　株主総会における取締役の突然解任の有効性

> 　当社は、取締役会設置会社ですが、事実上、代表取締役Yのワンマン経営の会社で、取締役会は一度も開催されていませんでした。
> 　Yは、取締役のZを解任しようとして、株主総会を開催して、突然Zを解任する議題を提出して、Zを解任する決議を行いました。
> 　この決議は有効でしょうか。

(1)　**株主総会の権限の範囲**

　取締役会が一度も開催されていないとか、代表取締役が株主総会で突然取締役を解任する議題を提出して決議を行うなどといったことは、中小企業にありがちなご質問と言えます。
　ところで、株主総会の権限の範囲は、取締役会の有無で異なります。

　ア　非取締役会設置会社の場合

　この場合、株主総会は会社に関する一切の事項につき決議することができます（会社法第295条第1項）。
　新株発行や吸収合併などの会社の組織に関する事項から重要な売買契約の締結などの事業行為に当たる事柄まで、すべての事項につき株主総会で決することができます。

イ　取締役会設置会社の場合

この場合、株主総会では、法令に規定する事項又は定款に定めた事項に限り決議することができます（同法第295条第2項）。

非取締役会設置会社と異なり、決議事項にこのような限定がなされているのは、業務事項のような迅速性を要する事柄については経営の専門家である取締役会の判断に委ねた方が合理的ですし、会社組織の基礎に影響を与えるような重大事項等については会社の所有者である株主の判断に委ねた方が良い、という趣旨です（所有と経営の分離）。

法令に規定する株主総会の決議事項とされている主なものは、次のとおりです。

①取締役など役員の選任・解任に関する事項
②事業譲渡、定款変更、解散、合併など会社の組織・事業の基礎的変更に関する事項
③計算書類の承認、剰余金の配当など株主の重要な利益に関する事項
④役員報酬の決定など役員の専横防止に関する事項
⑤事後設立など法規制の潜脱防止に関する事項

(2) 取締役会設置会社における株主総会の議題

貴社のような取締役会設置会社においては、株主総会の議題事項とするためには、招集通知の書面等に議題を記載しなければなりません（同法第309条第5項、第298条第1項第2号、第299条第4項、同条第2項、同条第1項）。

招集通知に記載していない事項につきなされた株主総会決議は、決議取消事由となります。

ただし、非取締役会設置会社の場合はこのような制限はありません。

回答

貴社が取締役会設置会社である以上は、Zの解任が招集通知の議題となっていないので、Zの解任は、株主総会の決議取消事由となります。

ケース8-4　株主総会の招集通知漏れのリスク

当社（非公開会社で非取締役会設置会社）が、株主総会の招集通知を各株主に対し普通郵便で送り株主総会を開催したところ、株主総会後に、株主Yから、招集通知を受け取っていないため当該株主総会は違法であると言われました。

当社としては、どう対応すべきでしょうか。

(1) 非取締役会設置会社の株主総会招集手続

まず、非公開会社とは、株式を証券取引所に上場していない会社のことではなく、発行するすべての株式にいわゆる譲渡制限が付いている会社のことです。

招集権者は、原則として、各取締役（代表取締役を定めた場合は、当該代表取締役）、3％以上の議決権を有する株主（招集請求を経る必要有り、会社法第297条第1項、第2項、第4項）です。

招集通知は、株主総会の1週間前までに行うのが原則（同法第299条第1項）で、例外的に、定款で定めた場合は、1週間を下回る期間でも可能（同項かっこ書）です。

招集通知には、株主総会の日時・場所・議題・提出議案を記載します。議題は、例えば、利益処分案承認の件など株主が招集通知を見て、株主総会で何が決議されるかがわかる程度で足ります。議案の要領は、役員の選任、報酬等重要な事項については、議案の要領を記載する必要があります。

(2) 招集手続の省略

株主全員の同意があり、かつ、書面投票等を採用しない場合は、招集通知をせず、株主総会を開催することができます。

(3) 招集通知送達のリスク

貴社においては、株主全員の同意があるなどの招集手続を省略することのできる事情がない以上、株主総会を開催するためには招集手続を経る必要があります。

貴社は非取締役会設置会社であるため、招集通知は書面によっても口頭によっても可能であるところ（同法第299条第2項第2号参照）、貴社では、各株主に対し普通郵便による通知を行うという方法を選択しています。

　普通郵便という方法自体は、もちろん適法ですが、株主総会開催前に株主全員に送付し、各株主が通知を了知したという証拠が残らないため、株主から招集通知を受け取っていないというクレームを受けるリスクが生じます。

　こういったリスクをヘッジするためには、普通郵便ではなく書留郵便を用いるなどして招集通知の事実を証拠化しておくことが必要です。

回　答

　貴社は、Yに対して株主総会招集通知が送達されたことを立証しない限り、株主総会決議取消事由があることになるので、株主総会をやり直す方が望ましいと言えます。

　経営法務の実践に当たっては、時には、引き返す決断も必要ということになります。

法一っ！なるほど33　代理人による議決権行使の際のリスク

　中小企業の定款では、議決権の代理行使をすることができる者を株主に限定しているケースが多く見られます。

　判例によると、株主総会撹乱防止の趣旨で設けられたこのような定款の規定は、合理的理由による相当程度の制限であるとして有効とされています（最高裁判所昭和43年11月1日判決）。

　もっとも、株主が高齢で入院中であり、株主総会の開催場所に行けないなどの場合、代理人が株主ではないとの理由のみで議決権の代理行使を認めないとすると、株主の議決権行使の機会を不当に奪うものとして、違法と判断されるリスクがあります。

ケース8-5　株主の質問に対する議長の対応

> 　取締役会設置会社である当社の株主総会では、剰余金の配当に関する事項が議題となっていました。
> 　代表取締役であり株主総会の議長であるYが、「この議題につき何か質問のある人はいますか」と問うたところ、株主Zが、「最近ある人から、Yが不倫しているとの話を聞いた。このような人間は代表取締役として適切か。」という質問をしてきました。
> 　この場合、Yは、どのように対応すれば良いでしょうか。

(1) 株主総会の運営

　中小企業の株主総会は時に、議長の仕切りが不慣れのため、議場が混乱するリスクがあります。

　株主総会の議長は、株主総会の開会から閉会に至るまでの間、総会における議事の進行、議事の整理、採決、秩序維持等に関する一切の事項に関する権限を有しています（会社法第315条第1項）。

　議長は代表取締役社長がなり、同人に事故があったときは、あらかじめ取締役会で定めた順序により他の取締役がこれに代わる旨の定款を定めている会社が多いと思われます。

(2) 取締役等の説明義務の範囲と経緯

　取締役等は、株主総会において、株主から特定の事項について説明を求められた場合には、その事項につき必要な説明をしなければなりません（同法第314条本文）。

　もっとも、取締役等はこのような説明義務を無限定に負っているわけではありません。株主総会の議題に関しないものや説明をすることにより他の株主の共同の利益を著しく害する場合等は、説明義務を負いません。

　また、説明義務の範囲及びその程度については、株主が合理的に判断するのに客観的に必要な範囲での説明を、平均的な株主であれば合理的に理解し判断しうる程度に説明すれば足りるとされています（東京地方裁判所平成16年5月13日判決）。

第2 社内要因的リスク

(3) 取締役等の説明義務違反リスク

なお、株主からの質問が議題に関する適切なものであったにもかかわらず、取締役等がこの質問に応じなかった場合は、株主総会決議が決議取消の対象となったり、取締役等が100万円以下の過料の対象（同法第976条第9号）になるリスクがあるため、注意が必要です。

回答

貴社の株主総会における議題は、剰余金の配当に関する事項であるため、これに関係する事項についての質問についてのみ、代表取締役Yは説明義務を負うことになります。

このため、Zによる上記質問は、説明義務の対象にはならないので、Yは上記質問に応じる必要はありません。質問を無視して決議に入って差し支えありません。

法一っ！なるほど34　株主総会での質疑打ち切りの方法

質疑打ち切りの方法としては、議長が例えば「あと2名まで質疑を受け付けますが、その後、採決に入ります。」と議場に対して予告した上で、議長の宣言により、質疑を打ち切る例が多いと思われます。

一般的な株主からみて、合理的に報告事項の内容が理解でき、決議事項について賛否が決定できるだけの質疑応答が行われたときには、質疑を打ち切り、採決に入ってもかまわないと解されています。

もちろん、議題や審議の内容によっても異なりますが、特殊な事情がある場合を除き、例えば、約2時間、質問株主数にして10名程度の質問に答えていれば、一般的には審議を尽くしたと考えられる状況になるものと考えられます。

法ーっ！なるほど35
取締役会設置会社において、取締役選任決議が取り消された場合

　取締役選任決議が取り消された場合、その取締役Ｘはそもそも最初から取締役でなかったことになります（取消判決の遡及効）。

　その場合、任期満了で退任した旧取締役Ｙの立場はどうなるのでしょうか。

　Ｘの選任決議が取り消されたからといって当然に旧取締役Ｙの立場が復活するわけではありません。

　しかし、取締役会設置会社の場合、取締役は3人以上必要となる（会社法第331条第4項）ところ、Ｘの選任決議の取消しとＹの任期満了により2名しか取締役がいないリスクが生じます。このような場合、任期満了により退任した旧取締役は、新たに株主総会で選任された取締役が就任するまで、なお取締役としての権利義務を有することになります（同法第346条第1項）。

ケース8-6　架空の株主総会議事録作成のリスク

　架空の株主総会議事録等を作成して登記した場合のリスクを教えてください。

(1) 株主総会議事録の作成、措置義務

　株主総会の議事については、議事録の作成義務があり（会社法第318条第1項）、株主総会の日から10年間本店に、その写しを5年間支店に備え置かなければならず（同条第2項、第3項）、株主、全債権者らの閲覧、謄写に供されることになっています。

　株主総会議事録の作成、備置義務に違反すると100万円以下の過料の制裁リスクがあります。過料は刑罰ではなく、行政上の秩序罰です。

　過料の裁判は、代表取締役が裁判所に呼び出されることもなく、またその言い分や弁解を聴かれることもなく、一方的に裁判所によって出されるのが通常です。

　因みに、登記官は、過料に処せられるべき者があることを職務上知っ

たときは、遅滞なく管轄地方裁判所に通知しなければならず（商業登記規則第118条）、その通報を受けた裁判所は、相当であると認めるときは、当事者の弁解等陳述を聴かないで直ちに過料の裁判をすることができることになっています（非訟事件手続法第122条）。

　ある日突然、裁判所から、「被審人を過料金〇〇万円に処する。本件手続費用は被審人の負担とする。」等と書かれた裁判書が送られてくる、という事態もあり得るので、注意が必要です。

(2) **登記への影響**

　株主総会議事録は登記の際の添付書類となることから、実際の総会の内容と異なることが総会議事録に記載されていた場合には、総会の決議内容と異なった登記がなされてしまうリスクがあります。

(3) **決議の証拠になるものがない**

　株主総会議事録は、総会決議の成立や内容についての重要な証拠の一つとなるので、その不作成や内容の不備等により、決議の成立や内容が争われる裁判等において、挙証上の困難が生じるリスクがあります。

回　答

　中小企業の中には、実際には適法に行われていない株主総会の議事録などを作成して登記だけ済ませてしまうということもあるやに聞いたことがあります。

　しかし、これは紛れもない虚偽の登記申請行為であり、公正証書原本等不実記載罪に当たります（刑法第157条第1項、法定刑は5年以下の懲役又は50万円以下の罰金）。過料の制裁どころか犯罪になってしまうので、このような安易な手段は絶対に採ってはいけません。

法ーっ！なるほど36　計算書類等の備置き等義務違反のリスク

　中小企業も計算書類等（貸借対照表、損益計算書、株主資本等変動計算書等）の本店・支店への備置きや株主による閲覧、謄本の交付請求に応じる義務があります（会社法第442条第1項ないし第3項）。しかし、計算書類等の備置き等がなされなかったときは、定時株主総会の招集手続の一環として、その懈怠は原則として株主総会決議取消原因となるとされています（東京地方裁判所平成27年10月28日判決）。

　したがって、中小企業とすれば、株主総会決議取消訴訟が提起されるリスクがある場合は、他の企業も計算書類等を備え置いていないからといった安易な考えで、計算書類等の備置き等のルールを軽視すべきではありません。

ケース8-7　特殊株主対応

> 当社では、いわゆる特殊株主が株主総会に出席するかもしれません。
> どのような対応をすれば良いでしょうか。

(1)　**特殊株主とは**

　特殊株主とは、株主としての権利行使に名を借りて、株主総会を平穏に進行させることや会社の不祥事を公表しないことの見返りに、会社に対して利益供与を要求するような株主（総会屋など）のことをいいます。

　特殊株主への対応については、警察、各都道府県の暴力追放運動推進センター（暴追センター）などに相談することも可能です。

　また、必要であれば、警察や警備会社に対し、総会当日の警備を要請します。

(2)　**想定問題の作成**

　株主総会当日の進行については、質問の機会を一時に集中させ、対応にメリハリをつけるため、一括上程・審議方式による議事運営を検討す

ることが考えられます。

そして、当該特殊株主の要求内容や自社・他社での過去の活動状況に基づき、想定問題を作成します。

(3) リハーサル

株主総会当日は、議事の主導権を特殊株主に渡さないようにして、特殊株主が議事の妨害に及んだときは、退場命令まで想定しておくことが必要となります。

このため、リハーサルでは議事の進行をあえて妨げたり、質疑応答の際にあえて不適切な質問を繰り返したりするなどして、状況によっては議長が退場命令までスムーズに進めるよう、しっかりと練習をして慣れておくことが大事です。

(4) 株主の質問に対する拒絶

会社法上、質問事項が、①株主総会の目的である事項に関しない場合、②その説明をすることにより株主共同の利益を著しく害する場合、③説明することにより株式会社その他の者の権利を侵害することになる場合、④実質的に反復した質問である場合、⑤その他説明をしないことにつき正当な理由がある場合には、説明を拒絶し得るものとされています（会社法第314条但書、会社法施行規則第71条）。

回答

特殊株主対応については、株主総会対応を行っている弁護士に相談し、シナリオや想定問答のチェックはもちろんのこと、リハーサルや株主総会本番への立会いを依頼すると良いでしょう。

法ーっ！なるほど37　株主提案書への対応

　株主提案権とは、議題提案権（会社法第303条）、議案提案権（同法第304条）、議案の通知請求権（同法第305条）のことを言います。

　株主提案権の行使は、総株主の議決権の1％又は300個以上を6か月前から引き続き有する株主が、株主総会の日から8週間前までに請求しなければならないとされています（同法第303条第2項、第305条第1項）。

　また、提出された議案が、過去3年以内に提出され、総株主の議決権の10分の1以上の賛成を得られなかった議案と実質的に同一でないことが必要ですので（同法第305条第4項）、会社はそれらの点を確認することになります。

　議案が提出された場合は、会社は、その議案の前提となる議題の提案がされているかを確認します。ただし、直接的な議題が提案されていない場合でも、当該議案の内容から合理的に推測できる議題が提案されたものと解される場合もありますので、注意が必要です。

9 取締役会運営リスク

ケース9-1　取締役会不開催のリスク

　当社は、同族経営なので、取締役会はほとんど開催されていない状況でした。
　そうしたところ、会社が資産を第三者に売却したのは不当であると、ある株主が言ってきました。
　当社は、どのように対応すれば良いでしょうか。

(1) 取締役会の開催

　同族会社の中小企業であれば、取締役会設置会社といえども、取締役会が実際に開催されていない企業も相当あるのではないかと思われます。
　ところで、取締役会は取締役全員で構成され、①会社の業務執行の決定、②取締役の職務の執行の監督、③代表取締役の選定及び解職を行う機関です。
　代表取締役は3か月に1回以上、自己の職務の執行の状況を取締役会に報告しなければならないとされています。
　つまり、原則として3か月に1回は取締役会を開催しなければならないことになります。

(2) 取締役会不開催のリスク

　貴社において、取締役会が招集されておらず、代表取締役の職務執行の状況の報告が行われていなかった場合に、代表取締役の法令、定款に反する行為により会社に損害が生じた場合は、次のようなリスクがあります。すなわち、代表取締役のみならず、他の取締役も、適切に取締役会の開催を請求するなどして代表取締役の職務の執行を監督することを怠ったとして、会社に対して損害賠償責任を負うとともに、代表訴訟を提起されるリスクがあります。

(3) 必ず取締役会で決議しなければならない事項

　会社法は、一定の事項については、必ず取締役会で決議しなければな

らないと定めており、これらの事項について取締役に決定を委任することはできません。
①重要な財産の処分及び譲受け
②多額の借財
③支配人（営業に関する一切の裁判上・裁判外の行為をする権限を持った従業員のこと）その他の重要な使用人の選任及び解任
④支店その他の重要な組織の設置、変更及び廃止
⑤社債を引き受ける者の募集に関する重要な事項として法務省令で定める事項
⑥内部統制システムの構築に関する決定
⑦定款の定めに基づく取締役会決議による役員及び会計検査人の会社に対する責任の免除
⑧その他の重要な業務執行の決定

(4) **重要な業務執行とは**

　何が重要な業務執行に当たるかは、会社毎の具体的な事情により異なってきますが、重要な経営課題についての方針決定、例えば年間事業計画、年間予算、主力製品の決定・変更などは、これに含まれると考えられます。

　一般的に、「重要な財産の処分及び譲受け」のメルクマールとして総資産の1％という目安が示されることがありますが、これはあくまで目安にすぎません。

　重要かどうかこの判断が難しい事項については、念のため取締役会の決議を経ておくのが安全です。

　しかし、あまりにも決議事項の範囲を広げてしまうと、それが会社の慣行となり、今度は、取締役決議の瑕疵の主張を許す範囲を広げることになるので注意を要します。

回答

　貴社は、売却した資産が重要な資産である可能性があれば、改めて取締役会を開催し、会社資産の譲渡の承認の議決を採っておくべきです。

ケース9-2　取締役会決議への特別な利害関係のリスク

　当社は、いわゆる非公開会社で、取締役会設置会社ですが、今般、株主Aが保有している株式を取締役Yに譲渡することになりました。
　3名の取締役の内1名が取締役会を欠席したので、Yともう1名の取締役で株式譲渡の承認決議を行いましたが、何か問題になるでしょうか。

(1)　**取締役会決議の方法**

　有効な取締役会決議の要件は、議決に加わることができる取締役の過半数（これを上回る割合を定款で定めた場合には、その割合以上）が出席し、その過半数（これを上回る割合を定款で定めた場合には、その割合以上）が賛成することです。

(2)　**特別の利害関係**

　ただし、決議に特別の利害関係を有する取締役は議決に加わることができません。

　特別利害関係取締役の数は、定足数・決議要件の数に算入しませんが、当該取締役に対する招集通知は必要であることに注意が必要です（東京地方裁判所昭和63年8月23日判決）。

　また、議長となっている取締役が特定の議題について特別利害関係を有する取締役に当たる場合は、当該取締役は議長にはなれないとされています（最高裁判所平成4年9月10日判決）。

(3)　**特別利害関係取締役に当たるとされる例**

　①譲渡制限株式の譲渡承認を受ける取締役
　②競業取引・利益相反取引の承認を受ける取締役
　③会社に対する責任の一部免除を受ける取締役
　④代表取締役の解任決議における解任の対象たる代表取締役等

(4)　**特別利害関係取締役に当たらないとされる例**

　①代表取締役の選任決議における代表取締役候補者

②各取締役の具体的な報酬額の決定をする取締役会において、報酬を受けるべき取締役等

回答

　Yは株式の譲渡承認を受ける取締役で、譲渡承認決議に利害関係を有することになるので、株式譲渡承認の議決に加わることはできません。
　しかし、Yがこの議決に加わっているので、貴社の取締役会決議には瑕疵があることになり、決議は無効になるので、改めて決議をやり直すべきです。

ケース9-3　一部の取締役の書面決議による取締役会決議の可否

　当社では、一部の取締役が遠隔地にいて集まりにくいと考え、その取締役の書面決議により、取締役会での決議を行いたいと考えていますが、このようなことは可能でしょうか。

(1) 電話会議・テレビ会議による取締役会への出席は可能

　取締役会の決議は、議決に加わることのできる取締役の過半数が出席し、その過半数をもって行うことができるとされており（同法第369条第1項）、出席の方法は規定されておらず、電話会議、テレビ会議による取締役会は認められるとされています。
　取締役が電話会議・テレビ会議で取締役会に出席したといえるためには、出席取締役全員と通話ができる電話会議・テレビ会議の方法によらなければなりません。取締役が遠隔地にいて一堂に会せない場合は、電話会議・テレビ会議で取締役会を行うという方法が可能です。

(2) みなし取締役会決議

　取締役は原則として取締役会に出席して決議を行わなければなりませんが、会社法上、一定の範囲でこの例外が認められています。
　すなわち、取締役が取締役会の決議事項について提案をした場合にお

いて、当該提案につき取締役の全員（当該事項について議決に加わることができない取締役は除く。）が書面又は電磁的記録（いわゆるＥメール等）により同意の意思表示をして、監査役が異議を述べなかったときは、当該提案事項を可決とみなし（会社法第370条）、取締役会決議を省略することができます。ただし、みなし取締役会決議を行う場合は、定款にその旨の定めが必要です。

回答

　貴社は、遠隔地にいて多忙な取締役については、電話会議・テレビ会議により取締役会に参加してもらえば良いと考えます。

　みなし取締役会決議は、取締役全員が書面決議等をすることにより取締役会を省略できるというもので、一部の取締役だけ書面で決議に参加することはできません。

　会社法上、いわゆる持ち回り決議は認められていません。

法一っ！なるほど38　取締役会の招集通知の省略

　取締役会の招集に関しては、取締役会の日の１週間前（これより短い期間を定款で定めた場合はその期間）までに、各取締役（監査役設置会社の場合は監査役）に招集通知を提出するのが原則です（会社法第368条第１項）。

　しかし、通知方法は口頭、電話、メールでも結構ですし、議題の通知も必ずしも必要ありませんし、取締役（監査役設置会社の場合は監査役）の全員が同意した場合は招集手続を省略できます（同条第２項）。

　取締役会設置会社の中小企業経営者の中には、取締役会の開催には議題の通知が不要で、例えば、取締役会で代表取締役の解任の動議が出せることから、株主総会でも取締役の解任の動議が出せると勘違いされている方がいらっしゃるので、注意が必要です。

ケース9-4 取締役会決議の瑕疵の是正

> 取締役会決議に瑕疵があった場合、どのようなリスクがありますか。
> また、その瑕疵は、是正できるのでしょうか。

(1) **取締役会決議の瑕疵の例**

ある取締役会決議の瑕疵のケースは、次のとおりです。
① 決議の内容が法令・定款や株主総会決議の内容に反していた。
② 招集通知期間が不足していた。
③ 取締役への招集通知に漏れがあった。
④ 監査役への不通知
⑤ 定足数の不足
⑥ 不十分な審議
⑦ 特別利害関係を有する取締役の参加による決議成立

(2) **取締役会決議の瑕疵**

何らかの瑕疵がある取締役会決議は原則として無効となり、誰でもいつまででもこれを主張することができます。

この点、株主総会決議の取消しが、主張権者が限定されていたり決議から3か月以内とされていることと異なります。総会決議の場合は、無効（不備があまりにも重大）や決議の不存在（決議の手続が全く存在しない）でない限り、3か月経てば取り消されることはなくなりますが、取締役会決議は、理論上は何年たっても無効を主張できます。

ただし、軽微な手続上の瑕疵による場合やその他の事情によっては当該決議が有効と認められることもあります。例えば、取締役会の招集に当たり、取締役の一部の者に対する招集通知を欠いていたケースで、「特段の事情のない限り取締役会決議は無効になると解すべきであるが、当該取締役が出席してもなお決議の結果に影響がないと認めるべき特段の事情があるときは、当該瑕疵は決議の効力に影響がないものとして、決議は有効になると解するのが相当である」とした判例があります（最高裁判所昭和44年12月2日判決）。

(3) 取締役会決議が無効になってしまった場合の法的効果

　取締役会の決議が必要な業務執行を、決議に基づかず、又は無効な決議に基づいて行った場合、当該取引行為も無効となってしまうおそれがあります。

　ただし、常に無効になるわけではありません。例えば、取締役会決議を欠いた重要財産の処分行為につき、判例では、原則として有効ですが、相手方が決議を経ていないことを知り又は知り得べかりしときは無効であるとされています（最高裁判所昭和40年9月22日判決）。

回答

　貴社においては、取締役会決議に不備が生じないように最善を尽くすとともに、取締役会決議に何らかの不備があることに気付いた場合、再度取締役会を開催して適法に追認の決議をしておくことが望ましいと言えます。

ケース9-5　競業取引・利益相反取引のリスク

　競業取引・利益相反取引のリスクを教えてください。

(1) 取締役会の承認と取締役会への報告

　取締役が自己又は第三者のために会社の事業の部類に属する取引をしようとするとき（競業取引）や、取締役が自己又は第三者のために会社と取引をするなど会社と利益が相反する取引をしようとするとき（利益相反取引）には、取締役は取締役会に対し、当該取引につき重要な事実を開示し、その承認を受けなければなりません。

　さらに、競業取引又は利益相反取引を行った取締役は、当該取引後、遅滞なく、当該取引についての重要な事実を取締役会に報告しなければなりません。

(2) 競業取引とは

　会社の事業の部類に属する取引（競業）とは、会社が実際に行っている取引と目的物（商品・役務の種類）及び市場（地域・流通段階等）が競合する取引のことです。

　取締役が競業会社の代表取締役等に就任していなくても、その株式を多数保有し事実上の主宰者として経営を支配した場合には、第三者（競業会社）の名において自己の計算で取引した等と認められる場合があるので（東京地方裁判所昭和56年3月26日判決、大阪高等裁判所平成2年7月18日判決）、注意が必要です。

(3) 利益相反取引とは

　①取締役が当事者として、又は他人の代理人・代表者として、会社と取引をしようとする場合（直接取引）と、②会社が取締役の債務を保証する等、取締役以外の者との間で会社・取締役間の利害が相反する取引をしようとする場合（間接取引）があります。

　取締役の利益相反取引の承認は、個々の取引についてなされるのが原則ですが、関連会社間の取引のように反復継続して同種の取引がなされる場合については、取引の種類・数量・金額・期間等を特定して、包括的に承認を与えても良いとされています。

(4) 取締役会に報告すべき重要な事実とは

　重要な事実とは、承認の可否の判断に必要な事実であり、単発の取引であれば、目的物・数量・価格・履行期間等をいいます。また、競業会社の代表取締役に就任する等のため包括的な承認等を得る場合であれば、当該会社の事業の種類・規模・取引範囲等を開示すべきことになります。

　後者の場合、取締役会への事後の報告もある程度まとめて行う必要があります。

回答

　このように、競業取引、利益相反取引に関する規定に違反した取締役は、任務懈怠として損害賠償責任を負うことがあります。

　特に、取締役会決議を経ずに競業取引を行った場合、当該取引によっ

て取締役又は第三者が得た利益の額は、会社に生じた損害の額と推定されるので、取締役は実際に得た利益よりも多額の損害賠償責任を負うリスクがあります。

法ーっ！なるほど39　取締役会議事録不作成等のリスク

　取締役会議事録に記載・記録すべき事項を記載・記録せず、又は虚偽の記載・記録をしたとき、取締役会議事録を備え置かなかったときは、取締役等は100万円以下の過料に処せられるリスクがあります。

　また、会社法の規定に反して、正当な理由がないのに、取締役会議事録の閲覧・謄写請求を拒んだときも同様です。

　取締役会議事録に虚偽の記載があると、訴訟等のリスクが高まるので、注意が必要です。

ケース9-6　1人取締役の死亡の場合の会社の意思決定の方法

> 　当社の取締役は1人です。その取締役が突然亡くなった場合は、会社の意思決定はどのように行われるのでしょうか。
> 　なお、当社の全株式はその取締役が保有しています。

(1) 一時取締役の選任

　中小企業はいわゆる一人会社であることがよくあり、ご質問のケースはまさに経営法務リスクマネジメントの最たるものと言っても良いと思います。

　貴社において、取締役が死亡すると新たな取締役の選任が必要となります。

　そして、新たな取締役の選任には、株主総会の決議が必要ですが、株主総会の招集は取締役が行うため、取締役が死亡した場合にはそもそも株主総会の招集ができないことになります。

このような場合のために、会社法では一時取締役（仮取締役）選任の申立てが認められています。

裁判所は、取締役などの役員に欠員が生じた場合、必要があると認めるときは、利害関係人の申立てにより、一時取締役を選任することができます。

(2) 株式の準共有

1人しかいない取締役が会社の全株式を所有していた場合、その者が死亡すると、その相続人が全株式を準共有している状態になります。

この場合、株主総会での議決権行使は、民法の共有に関する規定に従ってなされなければならず、この場合、「共有に属する株式についての議決権の行使は、当該議決権の行使をもって直ちに株式を処分し、又は株式の内容を変更することになるなど特段の事情のない限り、株式の管理に関する行為として、民法第252条本文により、各共有者の持分の価格に従い、その過半数で決せられるものと解するのが相当である。」とされています（最高裁判所平成27年2月19日判決）。

回答

このように、1人しかいない取締役が死亡すると、取締役の業務執行ができず、一時取締役選任の申立てなど早急に新たな取締役選任に向けた手続を行わなければならなくなり、その後の株主総会招集、株主総会決議まで含め、相当の時間と手間を要することになります。

会社法では、そうした事態が生じる前に、あらかじめ株主総会で補欠取締役を選任することが認められていますので（同法第329条第3項）、あらかじめ補欠取締役を選任しておくべきです。

10 就業規則等社内ルールリスク

ケース10-1　就業規則不作成のリスク

> 当社は従業員数が10人に満たないので、就業規則を作っていなかったところ、従業員Yが当社の商品を第三者に横流ししていることが判明しました。
> 当社は、Yを懲戒解雇できるのでしょうか。

(1) 就業規則の法的性格

労働基準法は、常時10人以上の労働者を使用する使用者に対して、就業規則の作成を義務づけるとともに（同法第89条）、就業規則の作成・変更に当たり、労働者側の意見を聴き、その意見書を添付して所轄行政庁に就業規則を届け出て（同法第90条）、かつ、労働者に周知させる方法を講ずる義務を課しています（同法第106条第1項）。

また、就業規則は、法令又は当該事業場について適用される労働協約に反してはならず、行政庁は法令又は労働協約に抵触する就業規則の変更を命ずることができるものとしています（同法第92条）。

さらに、労働契約法は、「就業規則で定める基準に達しない労働条件を定める労働契約は、その部分については無効とする。この場合において無効となった部分は、就業規則で定める基準による」としています（同法第12条）。

中小企業の中には、常時10人未満の従業員しかいない企業も数多くあり、その中には就業規則を作成しておらず、懲戒処分の根拠がない会社もときどき見受けられます。

(2) 就業規則に懲戒処分に関する規定がない場合

判例では、就業規則に懲戒に関する規定がないと、懲戒処分ができないとされています（最高裁判所平成15年10月10日判決）。

回答

　貴社は、就業規則を作成しておらず、懲戒処分の根拠がないので、懲戒解雇相当事案であっても懲戒解雇ができないという奇妙な結果になります。
　そもそも就業規則を作成するのは、会社にとっては不要な義務ではなく、多数の労働者の労働条件を画一的に管理できるというメリットがあることに加え、会社にとって、戦略的に有利な対応をするための根拠になります。
　したがって、貴社は、このような認識を持って、常時10人未満の労働者であったとしても就業規則を作成すべきです。

ケース10-2　就業規則の不利益変更のリスク

> 当社では、従前の年功賃金から職能給・成果主義賃金への変更を検討していますが、どのような点に注意すれば良いでしょうか。

(1) 就業規則の不利益変更リスク

　中小企業の中には、従業員のモチベーションを上げるなどのために、年功賃金から職能給・成果主義賃金への変更を図りたいという会社があります。
　しかし、職能給・成果主義賃金制度の導入は、人事考課により、減額となり得る場合もあり、就業規則の不利益変更との関係で問題となります。
　また、賃金が減額となった労働者が不満を持ち、労働組合に加入して、上部団体を巻き込んで、本格的な労使紛争へと発展するリスクも生じます。
　その結果、従業員の相当割合が労働組合に加入して、会社の生産性が落ちるというさらなる悪循環に発展してしまいます。

(2) 就業規則の不利益変更のルール

　労働契約法は、原則として、労働者との合意なく、就業規則を労働者の不利益に変更することはできないとしています（同法第9条）。ただし、例外的に、変更後の就業規則を労働者に周知させ、かつ、就業規則

の変更が、①労働者の受ける不利益の程度、②労働条件の変更の必要性、③変更後の就業規則の内容の相当性、④労働組合との交渉の状況その他の就業規則の変更に係る事情に照らして合理的なものであるときは、労働者の合意がなくても就業規則の不利益変更は認められるとしています（同法第10条）。

(3) 戦略的対応が必要

従業員の不利益になる労働条件の変更に当たっては、戦略に基づいて慎重に準備することが必要になります。

ご質問のケースでは、取りあえず職能給・成果主義賃金を導入すること自体に重きを置き、会社の待遇に不満を感じている労働者の賃金が当面は下がらないか、下がるとしてもその下がり幅を極力少なくするか、一定の猶予期間を設けるなどの工夫が必要です。

(4) 労働者の合意がなくても就業規則の不利益変更が認められる場合

裁判例では、新給与規定の実施に伴い、当初は調整給を設定し、その後も、賃金減額分の補償措置を設けるなどしていること、同制度の適用により、低評価者には不利益となるが、普通程度の評価者の場合は補償制度もあり、その不利益の程度は小さく、8割程度の従業員の給与が増額していること、企業が赤字経営となり、収支改善のため労働生産性を向上させる必要があったこと、組合とも合意に至らないまでも10数回に及ぶ団交を尽くしていること等を理由に不利益変更を有効としたものがあります（大阪地方裁判所平成12年2月28日判決）。

中小企業が労働者の合意なしに就業規則の不利益変更を行うときは、この裁判例を参考にして、調整給や賃金減額分の補償措置などを検討すべきです。

回答

中小企業は、労働者の合意が得られない場合には、就業規則を不利益に変更することは、原則的に認められません。

しかし、それでも、会社の事業継続性のためにあえて就業規則の不利益変更のリスクを負わなければならない局面もあります。その際には、

労働契約法第10条の要件を満たすかどうかを慎重に判断する必要があります。

また、その場合は、類似の裁判例などを参考にして、一定のリスクを負いつつも、そのリスクを最小限にする対策を行いつつ、就業規則の不利益変更を検討することが必要となります。

....

ケース10-3　就業規則の見直しに当たっての注意事項

> 当社は、就業規則を全面的に見直そうと考えていますが、どのような点に注意すればよろしいですか。
> また、就業規則を事業所ごとに定めておかないとどのようなリスクがあるのでしょうか。

(1) **就業規則の労務トラブルのリスクマネジメント機能**

本書においては、いくつかの場面で就業規則の労務トラブルのリスクマネジメント機能としての重要性を説明してきました。以下、重複しますが、特に実務上問題になる点を挙げます。

(2) **降給に関する規定の不備**

就業規則に降給に関する規定があるからといって、本人の同意なく給与を下げられるというわけではありませんが、降給に関する規定がないと、業績が悪化しても給与が下げにくい可能性があります。すなわち、会社に労働組合がある場合、降給に向けての労働者側との交渉は全く不可能というわけではありませんが、就業規則の根拠がないので、ゼロベースで労使交渉をせざるを得ず、給与を下げにくいというリスクがあります。

降格、降級に関する規定も同様に必要です。

(3) **休職関係の規定の不備**

就業規則の中に、会社の休職命令の根拠規定がなかったり、会社が指定する医師の受診命令の根拠規定がないことがあります。

仮に、かかる根拠規定がないと、労働者の休職の要否、復職の可否、

私病かどうか（特にメンタル不調の場合）の判断について、会社が主導権を持つことが困難となり、労働者や労働者の主治医の判断に引きずられることなります。この点、例えば、受診命令の根拠規定があれば、受診命令の拒否の場合に別途懲戒処分も可能となります。

また、休職期間満了による自動退職の規定がないケースもあります。

さらに、休職期間との関連で、復職後一定期間内に再度休職した場合には、休職期間を通算する規定を設けるべきです。この規定がないと、1か月復職してまた休職されるリスクが生じ、そうなるとかなり厄介になります。

会社によっては、稀に、私傷病の場合の休職について、無給とする定めがない場合もあるので、注意が必要です。

(4) パートタイマー、有期雇用従業員、派遣労働者のための就業規則の不備

かかる就業規則がないと、正社員の就業規則の規定がそのまま適用されてしまうリスクがあります。

(5) 競業避止義務に関する規定の不備

就業規則において、退職従業員の同業他社への転職を禁止することによって、会社の営業秘密やノウハウを守ることができます。

また、従業員の独立が想定される場合には、引抜き行為の禁止などを定めることも考えられます。

ただし、職業選択の自由との関係で、かかる禁止が無制限に認められるわけではないことに注意する必要があります。

(6) 退職時の引継ぎに関する規定の不備

民法上は、期間の定めのない雇用契約についてはいつでも解約を申し出ることができ、申入れから2週間の経過により契約終了と定められています（同法第627条）。

これが任意規定であるのか強行規定であるのかは争いがあるものの（強行規定説が有力）、就業規則において、十分な予告期間を定め、引継ぎをすることを明示することは重要です。民法の定めが強行規定であるとしても、これは一方的意思表示による契約解除の規定であるので、合

意による退職のルールを別途定めるのは有効と考えられるからです。

(7) **セキュリティ対策、モニタリングに関する規定の不備**

　会社の情報端末による私的なメール送受信や私的なネット閲覧の禁止、個人所有の情報端末を許可なく会社の情報端末に接続したり、データを複製することの禁止は、情報漏洩、会社のパソコンのウイルス感染等の防止の観点から必要となります。

　また、所持品検査や、メールやPC内のデータの閲覧等のモニタリングも社内不正の調査等の観点から必要となります。ただし、従業員のプライバシー侵害を考慮した上での対応となります。

(8) **その他必要と考えられる規定**

　①振替休日に関する規定
　②代休に関する規定
　③配転命令に関する規定
　④職種の変更に関する規定
　⑤出向命令に関する規定
　⑥自宅待機に関する規定
　⑦懲戒処分としての出勤停止に関する規定
　⑧一定期間出勤しない場合は当然に自然退職となる規定
　⑨懲戒解雇の場合の退職金の全部又は一部の不支給に関する規定
　⑩懲戒解雇事由が発覚した場合の退職金の返還規定
　⑪1か月単位の変形労働時間制における労働日の変更に関する規定等

回答

　就業規則の内容に関する点ではありませんが、就業規則を作成していても、本社にしか置いていないケースがよく見られます。

　これは、労働基準法違反のリスクだけでなく、労働紛争の場合に大きなリスクにつながります。なぜなら、就業規則の周知がないと、労働契約の内容にはならないため、就業規則に基づく処分（懲戒処分や配転命令、休職命令など）ができないリスクがあるからです。

法ーっ！なるほど40　社内ルールの不備のリスク

　企業においては、就業規則やその他の規程が不備であることにしばしば出くわします。

　中小企業経営者の中には、いざとなれば話せばわかるといった感じで、社内ルールの整備に前向きでない方もおられます。

　また、中小企業経営者の中には、厚生労働省のモデル就業規則を使えば大丈夫じゃないのと安易に考えていらっしゃる方がいますが、やはり個々の中小企業ごとの状況が異なるので、就業規則の内容には工夫が必要です。

　社内ルールは、経営法務リスクマネジメントにおいては、いわば魔法の杖です。社内ルールが合理的かつ詳細に整備されていて、それが従業員に周知されていれば、労務関係の紛争のみならず、さまざまな紛争を未然に防ぐことができるだけでなく、トラブルや訴訟になったときも効果的な対応が可能になります。

　社内ルールリスクは、中小企業からのさまざまな相談の中で、実感することが多いリスクと言えます。

　中小企業の経営者は、是非、弁護士に一度、就業規則や社内規程をチェックしてもらうことをお勧めします。

ケース10-4　定款の内容と実際の運用の食い違いへの対応

> 当社では、内容の違う定款が数種類見つかりました。しかし、ある定款には監査役設置規定がないにもかかわらず、当社では、従前から監査役が選任されていますし、株券を発行していないのに株券発行会社として登記されています。
> このような状況で、当社は今後、どのように定款を整理していったら良いでしょうか。
> なお、公証人の認証を受けた定款は、もはや存在しません。

(1) 定款の確定

定款には、公証人による認証を受けた「原始定款」と、株主総会の特別決議で変更することになった「現行定款」があります。

会社法では、役員の任期、株式の譲渡を承認する機関、監査役の監査の範囲等、定款規定の自由度が高まり、定款で定めることにより、その会社のルールとして認められることになっています。

原始定款を認証した公証役場が判明しており、かつ、その認証の時から20年を経過していない場合には、認証を受けた公証役場へ連絡し、交付申請をすることで原始定款の謄本を入手できます。

原始定款を認証した公証役場が判明していなくとも、登記申請をしてから5年以内であれば、設立登記をした法務局が設立登記に関する書類の一部として定款等を保管しているので、そこで原始定款を閲覧することができます。

上記の方法によって定款を確定できない場合は、あるべき定款を再度作成するしかありません。

(2) 定款の変更

定款の内容を変更する場合は、原則として、株主総会の特別決議（議決権の過半数を有する株主が出席し、出席した株主の議決権の3分の2以上の賛成が必要）が必要となります（会社法第466条、第309条第2項第11号）。

第2　社内要因的リスク

　また、発行する全部の株式について譲渡制限規定を設けたり、非公開会社において株主ごとに異なる取扱いをする規定を設ける場合には特殊決議（議決権を行使できる株主の半数以上で、前者の場合は、当該株主の議決権の3分の2以上の賛成が、後者の場合は同じく当該株主の議決権の4分の3以上の賛成が必要）が、会社が特定の株主から自己株式を取得する際に、他の株主からの追加請求を排除する定款変更を行うには、株主全員の同意がそれぞれ必要となります。

(3) 定款の重要性

　貴社は、会社の実態を踏まえて、定款の内容を確定する必要があります。

　まずは、社内に存在している古い株主総会議事録、取締役会議事録、複数の異なる定款を寄せ集めて、その内容が現在の会社の実態と整合しているかどうかを確認します。

　そして、整合していない場合は、あるべき定款に合致するように会社の実態を変更するか、会社の実態に合わせて、あるべき定款の変更を行うか、いずれが合理的かを検討することになります。

回答

　ご質問のケースでは、どの定款にも監査役設置規定がないにもかかわらず、監査役が選任され登記されていることから、実態と合わせて監査役の権限の範囲を検討した上で監査役設置会社としての定款を作成するか、会社の実態を変更して監査役を廃止するかを選択することになります。

　また、株券については、旧商法時代から存在している株券発行会社は、会社法施行後、定款を変更していない場合は、依然として株券発行会社であるとされているので、定款の規定により株券不発行を規定することになります。

11 社内管理体制リスク

ケース11-1　印鑑の管理リスク

> 当社は、突然Y社から当社の代表者印が押印されたコンサルタント契約書のコピーを示され、それに基づくコンサルタント料の請求を受けました。
> しかし、当社の社長は、その印鑑が代表者印とは思われるものの、そのような契約書に押印した記憶はないとのことです。
> 当社とすればどのように対応すれば良いのでしょうか。

(1) **文書管理の重要性**

企業においては、社印、代表者印、取締役の印鑑、銀行印などの印鑑の管理が極めて重要なので、それが適切になされているかどうかを改めて確認しておく必要があります。

印鑑管理のリスクとしては、次のことが挙げられます。

①印鑑が偽造されるリスク
②内部の者による不正使用リスク
③部外者による不正使用リスク

(2) **二段の推定の法理**

訴訟においては、コンサルタント契約が貴社の意思に基づいて作成されたかどうか（真正に成立したかどうか）が、まず問題となります（形式的証拠力）。

訴訟において、貴社がコンサルタント契約書の真正を争う場合は、Y社は、コンサルタント契約書が貴社の意思に基づいて作成されたこと（文書が真正に成立したこと）を立証する必要があります。

この点につき、判例は、私文書の作成名義人の印影が、その名義人の印章（印鑑）によって顕出（押印）された事実が確定された場合には、反証がない限り、その印影は本人の意思に基づいて顕出されたものと事実上推定できるとしています（最高裁判所昭和39年5月12日判決）。

これを一段目の推定といいます。

次に、民事訴訟法第228条第4項は、私文書は本人又はその代理人の署名又は押印があるときは、真正に成立した（意思に基づいた）ものと推定すると規定しています。これを二段目の推定といいます。

したがって、Y社は、コンサルタント契約に押印された印影が貴社の印章の印影と同一であることさえ立証すれば、文書の真正が推定されることになります。これを二段の推定の法理といいます。

すなわち、本人の印影→本人の意思に基づく押印→文書の成立の真正ということになります。

以上の次第で、代表社印の管理は大変重要ですので、施錠している引き出しに保管するなど厳重な管理が要求されます。

回答

貴社は、コンサルタント契約に押印された印影が貴社の代表者印の印影である以上、貴社の代表者の意思に基づいて文書が作成されたと推定されてしまいます。

貴社としては、コンサルタント契約書に押印された印影が貴社の印章により押印されたものでないとか、印章が第三者に盗用されたとか、貴社が白紙の契約書に代表者印を押印後に変造されたなどを立証できない限り、コンサルタント契約の契約書の成立は争えません。

次に、契約書の真正が認められたとしても、貴社がその内容を争うことは可能です。

貴社とすれば、コンサルタント契約は真正に成立したとしても、コンサルタントの実体がなかったからコンサルタント料金の支払義務はないなどといった争い方をすることも検討する必要があります。

訴訟も経営法務の実践と同様、初動対応が重要です。訴訟における相手方の主張に対して、如何なる証拠に基づいて、如何なる主張をして、訴訟上有利に持っていけるかどうかを、訴訟の早い段階において方針決定しておく必要があります。

ケース11-2 ソフトウェア管理リスク

> 当社は、Y社から同社の管理するソフトウェアの著作権を当社が侵害しているので、当社のソフトウェア総数とそれらのソフトウェアがライセンスを有しているかどうかの調査をしてもらいたい旨の通知を受領しました。
> 当社は、Y社の通知に応じる必要があるでしょうか。

(1) **ソフトウェア管理のリスク**

Word、Excel等のソフトウェアは、プログラムの著作物（著作権法第10条第1項第9号）に該当します。したがって、このようなソフトウェアを著作権者の許諾なく複製すると、著作権侵害になります。

このように、中小企業においては、ついついソフトウェアの違法な複製を行ってしまうリスクがあるので注意が必要です。

(2) **ソフトウェア管理の手順**

一般的なソフトウェア管理手順としては、①ソフトウェアの導入に際して、導入したソフトウェアの情報を管理台帳に記載する、②管理に際しては、管理台帳を適宜更新して、必要に応じて監査を行う、③廃棄に際しては、外部業者に委託し、廃棄証明書を受領することなどが必要です。

(3) **ソフトウェアの管理の重要性**

中小企業においては、経営法務リスクマネジメントの一環として、他社の著作権の侵害による損害賠償請求等を避けるためにソフトウェアの管理規程の制定を含めた管理体制を構築することが必要となります。

回答

Y社は何らかの情報に基づき、同社が著作権を有しているソフトウェアについて、貴社が無断で複製している証拠をつかんだため、貴社に対してかかる請求を行っているものと考えられます。

この場合、貴社がY社からの申出を放置しておくと、Y社は証拠保全を申し立てて、その決定に基づき、貴社に立ち入って証拠保全を行うリ

スクが生じます。

　このため、貴社としては、Y社の請求に対し、貴社が使用しているY社のソフトウェアについてライセンスを取得しているかどうかの調査を行って、回答せざるを得ません。

　経営法務リスクマネジメントの実践においては、相手方から何かアクションがあった場合に、問題を先送りするとか、頬かむりするのではなく、自社の経営法務リスクとして真摯に対応することが必要となります。

・・・

法ーっ！なるほど41　社内管理体制の重要性

　以上の事例では、印鑑とソフトウェアの管理を取り上げましたが、社内管理体制は、組織、財務、業務分担、業務手続、内部統制、コンプライアンス等の多岐にわたります。

　社内ルールの重要性については、既に言及しましたが、社内ルールの整備と社内管理体制はいわば表裏一体のもので、あるべき社内体制をルール化すると同時に、ルールを確実に社内体制に反映させていくことが中小企業においても必要になります。

　また、社内管理体制には、不正・不祥事が発覚した場合の調査手続が迅速かつ適正であることや、一つの部署で生じた問題を全社的な問題として検討するべきかといった組織としての対応の適正さなども含まれます。

　社内管理体制が不十分な中小企業ほど不正、不祥事のリスクが高いと常々感じるところです。

12 株式管理リスク

ケース12-1　株主が所在不明の場合の対応

> 当社には、所在不明の株主がいます。株主名簿記載の住所に株主総会の招集通知を発送しても宛先不明で返送されてきます。
> このような所在不明の株主の地位を失わせる方法はないでしょうか。

(1) **株主に対する通知**

会社が株主に対してする通知等は、株主名簿に記載されている株主の住所に発送すれば足り、その通知は通常到達すべきであったときに株主に到達したものとみなされます（会社法第126条第1項、第2項）。

(2) **所在不明の株主に対する通知の省略**

会社が株主に対してする通知が5年以上継続して到達しない場合は、会社はその株主に対する通知を省略できます（同法第196条第1項）。

(3) **所在不明株主の株主の管理の費用と手間**

会社が会社法第196条第1項に基づき、所在不明の株主に対する通知・催告を省略できる場合であっても、会社が勝手にその株主を株主名簿から抹消することができないのはもちろん、その株主に対する剰余金の配当等の義務も免除されないため、会社には、所在不明の株主を管理するための費用と手間が生じます。

回答

貴社は、①会社法第196条第1項の規定により株主に対する通知・催告を要しない株式であって、かつ、②その株式の株主が継続して5年間剰余金の配当を受領しなかったものについては、株主の承諾を得ることなく、競売又は一定の方法による株式の売却を行うことが認められています（同法第197条、第198条）。

会社が所在不明株主の株式の競売・売却を行うに当たっては、所定事

項の公告と当該株式の株主及びその登録株式質権者に対して各別の催告を行うことが必要であり、株主その他の利害関係人が異議を述べないままに3か月以上の異議申述期間が経過した場合は、当該株式を競売・売却することができます（同法第198条第1項）。

ケース12-2　持株比率の低下に対する会社支配の維持のための方策

> 当社は、事業を拡大するため、取引先から出資をしてもらうことになりました。しかし、そうすると、現在の株主の持株比率が下がってしまい、会社を支配できなくなるのではないかと不安です。
> 何か良い方法はないでしょうか。

(1) **種類株式**

　株式会社では、株主が保有する株式の内容及び数に応じて、平等に取り扱わなければならないとされています（会社法第109条第1項、株主平等の原則）。

　しかし、これには例外があり、定款の定めにより内容の異なる複数の種類の株式を発行することが認められており（同法第108条）、これが種類株式と呼ばれるものです。

　会社法では、①剰余金の配当の優先株式、②残余財産の分配の優先株式、③議決権制限の株式、④譲渡制限株式、⑤取得請求権付株式、⑥取得条項付株式、⑦全部取得条項付種類株式、⑧拒否権付種類株式、⑨取締役・監査役の選任に関する種類株式の9つの種類株式が認められています。

(2) **種類株式の活用**

　中小企業といえども株式対策は重要です。

　中小企業にはさまざまな事情がありますが、それぞれの事情に応じ、種類株式を活用することは、経営法務リスクマネジメントの観点からは大変重要となります。

例えば、拒否権付種類株式は、社長が後継者に株式の大半を譲渡した後、後継者が合併、会社分割等といった重要行為を社長の同意なしに行うことのリスクヘッジとして、これらの重要行為について、拒否権付株式を保有することなどが考えられます。

回答

ご質問のケースでは、新たに出資した取引先に対しては、剰余金の配当について優先はするものの、議決権のない株式を発行することなどにより、現在の株主の会社支配権を引き続き維持できるものと考えられます。

法ーっ！なるほど42　新株等の不公正発行のリスク

募集株式の発行の差止事由は、法令、定款違反のほか、著しく不公正な方法によるものであって、株主がそれによって不利益を受けるおそれがあることとされています（会社法第210条）。

この著しく不公正な方法については、取締役たる地位の得喪や経営権争奪の局面における第三者割当による新株発行は、実質的な利益相反状況下における新株発行であるといえるので、これを合理化するに足りる特段の事情のない限り、現取締役らの経営権維持を目的とするものであり、株主構成の変更自体を主要な目的とする不公正発行に該当するものと推認できるとされています（大阪地方裁判所平成29年1月6日判決）。

したがって、中小企業において、いわゆる第三者割当を行うときには、かかるリスクを認識して、慎重に行う必要があります。

法ーっ！なるほど43　属人的株式とは

会社法第109条第2項では、非公開会社においては、株主ごとに異なる取扱いを行う旨を定款で定めることができるとされていて、これらを属人的株式といいます。

種類株式と同様、会社の実情に応じて、属人的株式を活用することは、

経営法務リスクマネジメントの観点からは重要となります。

具体的には、剰余金の配当、残余財産の分配、株主総会の議決権について、異なる取扱いをすることができます。例えば、議決権について属人的株式を用いると、株主Aは1株1個の議決権であるのに対し、株主Bは1株につき10個の議決権である（いわゆるVIP株）といった定めが可能になります。

なお、属人的株式の導入には、総株主の半数が出席して4分の3以上の賛成が必要となります（同法第309条第4項）。

ケース12-3　名義株のリスク

> 当社では、代表取締役が資金を拠出しているものの、名義上は親族Yに株を持たせています。
> 当社は、これまでYに配当をしてきましたが、将来、何か問題になるでしょうか。

(1) **名義株とは**

名義株とは、他人名義を借用して株式の引受けや払込みがなされた株式を言います。

そもそも会社としては、株主名簿上の株主を株主として取り扱えば足ります。

しかし、名義株については、将来、代表取締役とYが株式の帰属について争ったり、貴社がM&Aで株式を売買しようとする際に、Yが協力しないなどのリスクがあります。

(2) **真実の株主とは**

判例では、「他人の承諾を得てその名義を用い株式を引受けた場合においては、名義人すなわち名義貸与者ではなく、実質上の引受人すなわち名義借用者がその株主となるものと解するのが相当である。」として、実質上の引受人が株主であるとされています(最高裁判所昭和42年11月17日判決)。

(3) 実質上の株主の認定基準

上記判例によると、実質上の株主の認定に当たっては、以下の事情を総合的に考慮して判断することになります。

①株式取得資金の拠出者
②名義貸与者と名義借用者との関係その間の合意の内容
③株式取得の目的
④取得後の利益配当金や新株等の帰属状況
⑤名義貸与者及び名義借用者と会社との関係
⑥名義借の理由の合理性
⑦株主総会における議決権の行使状況等

回答

代表取締役が払込金を拠出したとしても、それだけでは代表取締役が株主であると認定されるとは限りません。

貴社はYに配当をしてきたということですが、会社設立後から長年Yに利益の配当をしてきたという事実は、名義人である親族が実質上の株主であると認定される方向に働くリスクがあります。

名義株は、将来的に、株式の帰属でトラブルになるリスクがあるので、貴社としては、早期に真実の株主を確定させておくべきです。

ケース12-4　株式の譲渡請求への対応

> 当社では、譲渡制限株式について、株主Yから譲渡承認請求がなされました。
> 当社は、どのように対応すれば良いでしょうか。

(1) 譲渡承認請求の記載内容の確認

中小企業においては、株式譲渡承認請求がなされたときに、会社にとって不都合な譲受人が登場するリスクを怖れて、慌てることがしばし

ばあります。

　まず、譲渡承認請求書には、以下の事項を記載することとされているため（会社法第138条第1号）、貴社としては、記載に漏れがないか、また、次の記載内容を確認することになります。

　①譲り渡そうとする譲渡制限株式の種類、数
　②譲渡制限株式を譲り受ける者の氏名又は名称
　③会社が承認をしない旨の決定をする場合において、会社又は指定買取人が譲渡制限株式を買い取るよう請求するときは、その旨

(2) 承認をするか否かの決定（2週間以内）

　次に、貴社は、株主からの譲渡承認請求に対して承認するか否かを決定することになりますが、この決定は、株主総会（取締役会設置会社にあっては取締役会）の決議により行います（同法第139条第1項）。

　貴社は、その決定の内容を株主に通知しなければならず（同法第139条第2項）、2週間以内に通知をしなかった場合には株式譲渡を承認したとみなされてしまいますので（同法第145条第1号）、注意が必要です。

(3) 会社による買取り（40日以内）

　貴社が譲渡承認をしない場合には、貴社又は指定買取人により株式の買取りを行う必要があります（同法第140条第1項）。

　貴社が買い取る場合には、株主総会の特別決議が必要です（同法第140条第2項・同法第309条第2項第1号）。

　そして、貴社は株主に対して、貴社が買い取る旨及び貴社が買い取る株式数等を通知しなければならず、譲渡承認しない旨を通知した日から40日以内にこの通知をしなければ、譲渡を承認したものとみなされますので（同法第145条第2号）、この点についても注意が必要です。

(4) 指定買取人による買取り（10日以内）

　貴社は、指定買取人をあらかじめ定款で定めておくこともできますが（同法第140条第5項但書）、定めがない場合には、株主総会の特別決議（取締役会設置会社にあっては取締役会）で決定します（同法第140条第5項・第309条第2項第1号）。

そして、指定買取人は(3)の場合と同様に通知を行うことになりますが、譲渡を承認したとみなされるまでの期間は、譲渡承認しない旨を通知した日から10日以内と短く設定されています（同法第145条第2号括弧書）。

(5) **売買価格の決定（20日以内）**

最後に、株式の売買価格を決定することになります。売買価格は当事者間の協議によって定めるのが原則ですが（同法第144条第1項・同条第7項）、協議が整わない場合は、裁判所に対して価格決定の申立てを行うことになります（同法第144条第2項・同条第7項）。

この申立ては指定買取人からでも株主からでも行うことができますが、会社又は指定買取人が買い取る旨の通知をした日から20日以内に申立てをしなければ、供託額が譲渡代金となるため（同法第144条第5項・同条第7項）、注意が必要です。

回答

貴社は、Yからの株式譲渡承認請求に対して、承認するかしないかの決定をして、それを2週間以内にYに通知しないといけませんが、譲渡承認しない場合は、最終的に裁判所が決定した価格で会社又は指定買取人が買取りをしないといけなくなるリスクも考慮する必要があります。

ケース12-5　相続人等に対する株式の売渡請求のリスク

当社には相続人等に対する株式の売渡請求の制度があります。そして、当社の株主は、代表取締役Aとその弟で取締役のYがそれぞれ60％と40％保有していました。

代表取締役Aがもし亡くなったとすれば、YがAの相続人に対して売渡請求を行ってくるのではないかと心配です。

何か良い方法はないでしょうか。

第2　社内要因的リスク

(1) 相続人等に対する株式の売渡請求

　中小企業では株式が分散していることがよくあるところ、株式管理の煩雑を回避したり、円滑な事業承継を図ったりするために、相続人等に対する株式の売渡請求の制度を定款に設けるように勧めることがあります。

　相続人等に対する株式の売渡請求は、次の要件を満たした場合に行うことができます（会社法第174条ないし第176条）。

　①相続その他の一般承継により譲渡制限株式を取得した者がいること。
　②その者に対して、当該株式を当該株式会社に売り渡すことを請求できる旨の定めが定款にあること。
　③株主総会の特別決議で、売渡の請求の決定に関する事項を決議すること。

　ただし、売渡請求は、当該会社が相続等があったことを知った日から1年を経過したときは、請求することができなくなります。

(2) 会社乗っ取りのリスク

　しかし、この制度には、落とし穴があることに注意する必要があります。

　例えば、ご質問のケースのように、AとYの兄弟で株式を保有しており、Aが会社を経営しているケースで、先にAの方が死亡してしまった場合、YがAの相続人に対して、株式の売渡請求を行使することで、Aが保有していた株式がすべて会社に買い取られてしまって、Yに会社を乗っ取られてしまうリスクがあります。

回答

　ご質問にあるように、Yが将来Aに相続人に対して株式の売渡請求を行うリスクがある場合は、相続人等に対する株式の売渡請求を定款に定めるべきではありません。

　また、Yの保有株式を議決権制限株式としておくことや、Aの株式をあらかじめAの相続人に一部譲渡し、相続発生後もYが特別決議をできないようにしておくことなどのリスクヘッジも考えられます。

ケース12-6　少数株主からの株式買取の方法

> 当社は、少数株主A、B、C（各5株で、5％の株式を保有）から株式を買い取りたいと考えています。
> そこで、A、B、Cと任意の買取交渉を行いましたが、全く売ってくれる意思がなかったので、強制的に買い取りたいのですが、良い方法はあるでしょうか。

(1) 特別支配株主の株式等売渡請求

中小企業からは、いわゆる「うるさ型」の株主を排除したり、将来のM&Aに備えて、少数株主から株式を強制的に買い取りたい（スクイーズ・アウト）という相談を受けることがあります。

まず、特別支配株主の株式等売渡請求とは、株式会社の特別支配株主（総株主の議決権の10分の9以上を直接又は間接に保有する株主）が当該株式会社の株主の全員に対して、その有する株式の全部を売り渡すことを請求することができるという制度です。

しかし、本件では、A、B、Cは合計で15％の株式を保有しているので、この制度は使えません。

(2) 株式併合

そこで、次に、株式併合を検討することになります。

株式併合とは、数株を1株などに統合する制度であり、株主総会の特別決議により行うことができます。

例えば10株を1株に株式併合すると、A、B、Cはそれぞれ0.5株となり、端数部分は貴社が競売して代金を交付するか、A、B、Cの買取請求手続によりA、B、Cの持株をなくすことが可能になります。

(3) 全部取得条項付種類株式

全部取得条項付種類株式とは、株主総会の特別決議によりその種類の株式の全部を会社が取得するという内容の種類株式です。

貴社は既発行の株式を全部取得条項付種類株式にして取得の対価として、A、B、Cに対し、「1対0.1」の割合で他の種類株式を発行すれば、

第2 社内要因的リスク

A、B、Cの株式は株式併合と同様の処理ができることになります。

回答

　株式併合も全部取得条項付種類株式も特別決議が必要である点は同様ですが、全部取得条項付種類株式は、通常の株主総会のほか、種類株主総会の決議が必要となるなど手続が煩雑なので、株式併合の方法により、スクイーズ・アウトを行うことをお勧めします。

13 事業承継・M&Aリスク

ケース13-1　親族内の事業承継の進め方

> 当社では、社長が60歳になりましたが、長男で専務取締役のAには未だ株式を譲渡していません。社長の妻は亡くなっており、次男Bと三男Cがいますが、当社の経営には携わっていません。社長に万が一のことがあれば、会社はどうなるか心配で、取引先や従業員からも不安の声が出始めています。
> なお、当社の株式はすべて社長が保有しています。
> 社長とすれば、今後、どのように事業承継を進めていけば良いでしょうか。

(1) 事業承継をめぐる状況

　日本政策金融公庫総合研究所が平成28年に公表した調査によれば、調査対象企業約4,000社のうち60歳以上の経営者の約半数（個人事業主に限っていえば約7割）が廃業を予定していると回答しています。そして、廃業の理由については、「当初から自分の代限りで辞めようと考えていた」が38.2％、「事業に将来性がない」が27.9％、「子供に継ぐ意思がない」「子供がいない」「適当な後継者が見つからない」といった後継者難を挙げる経営者が合計で28.6％に達しています。

　平成27年に中小企業庁が実施した調査によれば、実際に事業承継の準備に着手している企業は70代、80代の経営者ですら半数に満たない状況です。そして、この準備に着手していない中小企業の中には、そもそも事業承継に向けた準備の重要性を十分に認識できていない中小企業も多数存在しているものと考えられるところです。

(2) 事業承継の重要性

　中小企業においては、社長の「わしの目が黒いうちは」的な感覚や後継者への信頼の程度等のさまざまな理由から、株式の譲渡がスムーズに進んでいないケースが多々見られます。

ご質問のケースで、仮に社長が急死してしまうと、専務のAと次男B、三男Cはそれぞれ3分の1の法定相続分を有することになり、後継者であるAが役員からはずされてしまうリスクがあります。

　また、株価が高いままで、社長が亡くなると、Aらが相続税の支払に困るリスクも生じます。

　社長は、60歳になった以上、株式の譲渡のみならず、経営の承継も含めて、後継者のAに事業承継を計画的に行う必要があります。

(3) **事業承継の方法**

　事業承継は、次に述べるような会社の状況を判断することが必要です。

　その上で、当該オーナーや会社の実情に応じた事業承継の計画を立てます。

　ア　会社の経営資源の状況

　　従業員の数、年齢等の現状

　　資産の額及び内容やキャッシュフロー等の現状と将来の見込み等

　イ　会社の経営リスクの状況

　　会社の負債の現状

　　会社の競争力の現状と将来見込み等

　ウ　経営者自身の状況

　　保有自社株式の時価

　　個人名義の土地・建物の現状

　　個人の負債・個人保証等の状況等

　エ　相続発生時に予想される問題点

　　法定相続人及び相互の人間関係・株式保有状況等の確認

　　財産の特定・相続税額の試算・納税方法の検討等

　オ　後継者候補の状況

　　親族内に後継者候補がいるか

　　社内や取引先等に後継者候補がいるか

　　後継者候補の能力・適性はどうか

　　後継者候補の年齢・経歴・会社経営に対する意欲はどうか等

(4) 遺留分減殺対策

　社長とすれば、Aに対して、会社の株式を段階的かつ計画的に生前贈与する方法が一般的ですが、そうすると、Aは、非後継者のB、Cから遺留分減殺請求を行使されるリスクがあります。

　そこで、遺言でB、Cに一定の預金等を相続させることで、遺留分減殺請求を行使させないようにすることも考えられます。

　また、後継者のAに通常の株式を相続させる一方で、非後継者のB、Cには議決権制限株式を相続させることも有効です。

回答

　事業承継には、経営の承継と株式の承継があります。

　貴社においては、まずは、社長にAに対する事業承継の必要性を理解してもらうことが必要になります。その上で、社長からAに経営の承継を行う必要があります。

　同時に、社長の保有株式の評価、株式以外の財産の内容と評価、社長の退職時期、退職金額等を踏まえて、Aへの事業承継計画を立てて、株式の承継を実行していくとともに、万が一に備えてAに株式を相続させる旨の遺言も作成する必要があります。

法一っ！なるほど44　事業承継における生前贈与のリスク

　ある会社で、税理士の指導により、父親（会長）の株式を計画的に長男（社長）に生前贈与したケースがありました。

　そして、後継者である社長は、頑張って会社の業績を上げることに成功しました。

　しかし、会長の死後、社長以外の相続人から遺留分減殺請求がなされてしまいました。この場合、過去の贈与に係る株式はすべて会長死亡時の時価評価に基づき、遺留分が計算されることになります。

　以上のとおり、事業譲渡を単に株式の生前贈与として実行してしまうと、大きなリスクが生じます。

　後継者である社長が言った「私が毎年多額の贈与税を支払って、会社も大きくしてきたのに、何故、贈与を受けた株式を時価評価した金額に基づいて遺留分を支払わなければならないのか」という怒りの言葉が忘れられません。

法一っ！なるほど45　経営の承継と株式の承継

　株式の承継は、例えば、10年の事業承継計画を策定して、株式の贈与税対策等を踏まえて、最適に承継されれば、ある程度目的を達成できます。このように、株式の承継というテクニカルな問題は比較的クリアしやすいと言えます。

　しかし、経営の承継は、会社に対する考え方やあるべき社長の姿、役職員や取引先等との関係の継承、経営のノウハウなどといった数値化しにくいものが多々含まれます。この意味で、経営の承継は、関係者の人間関係や具体的なケースによっては、必ずしも上手くいかないリスクがあります。

　事業承継で重要なことは、公式がないということです。家族構成、関係者の人間関係、株主構成、自社株の評価、代表者の個人資産等を踏まえて、弁護士、税理士等の士業のノウハウを総決集して、最適な事業承継をプランニングするということに尽きると考えます。

ケース 13-2　役員への事業承継に当たっての検討事項

> 当社は従業員30名の中小企業で、代表取締役である私の年齢は70歳です。
> 私には娘がいますが、私の後継者になるのは本人の性格上困難なため、役員に会社を譲ろうと考えています。
> 役員に事業承継する場合の進め方や課題を教えてください。

(1) **親族外承継の課題**

事業承継は、さまざまな問題が次々と顕在化することが多いというのが実感です。

ましてや、親族内承継ではなく、親族外承継となると、想定されるさまざまな問題を事前にリストアップして、関係者や専門家を交えて事前に検討することが必要です。

(2) **事業承継のスキームづくり**

社長及び後継者が、複数の専門家を交えて事業承継計画を作成するとともに、事業承継スキームの検討を行うことになります。

株価が高い場合には、議決権なき株式を導入して、後継者の役員には議決権有りで配当劣後の株式を、社長の親族には議決権無しで配当優先の株式をそれぞれ取得してもらうなどといったスキームを検討することになります。

また、後継者の役員が金融機関の連帯保証の承継を渋っているのであれば、経営者保証ガイドラインの利用が可能かどうか（ケースによりますが、優良会社でないとなかなか難しいのが現状です。）、一定限度の連帯保証の承継で金融機関が納得するかどうかの調整等を行ったりすることになります。

(3) **タックスプランニングの重要性**

事業承継においては、株式の生前贈与、売買、相続等、どのような手法で承継するかにより税金負担額が異なる場合があるので、タックスプランニングの事前検討が必要です。

回　答

親族外承継において、想定される検討事項は、次のとおりです。

① 後継者が買い取る株式数、対価
② 後継者の株式取得対価の準備
③ 株式の承継方法
　（代表取締役の株式を自己株式として会社がいったん取得後、利益償却するかどうかなど。）
④ 代表取締役所有の事業用不動産の承継方法
　（事業用不動産は時価で会社が取得するかどうかなど。）
⑤ 後継者の経営者教育
⑥ 社内のコンセンサス
⑦ 顧客・取引先のコンセンサス
⑧ 代表取締役の退職金（税務上許容される限度額で良いかどうかなど。）
⑨ 代表取締役等の連帯保証の処理

法一っ！なるほど46　会社内における親子の葛藤

　中小企業の専務取締役からなかなか親父（社長）が株を譲ってくれず、会社の経営にもいろいろ口を出してくるので、独立しようと考えているといった相談を受けたことがありました。

　この相談で、若かりし頃の私は専務取締役に対して、次のようにアドバイスしたことがありました。

　父親も人間、いつかは退任します。短気は損気です。取引先に迷惑をかけられたり、従業員やその家族を路頭に迷わせないように慎重に考えてはどうでしょうか。

　徳川家康は豊臣秀吉とは6歳の年齢差で、家康は秀吉からいつ因縁を付けられて殺されてもおかしくなかった時代に終始律義者を装って、関東への国替えにも耐えに耐えて、最終的には豊臣家を亡ぼして天下を手中に収めました。

　また、竹下登も田中角栄と6歳の年齢差で、竹下も田中から雑巾かけ

からやり直せなどと罵倒されながらも耐えに耐えて最終的には田中派を乗っ取って、総理大臣にまで登りつめました。

専務取締役も会社のために、耐えられるまで耐えてみてはどうでしょうかと。

しかし、私のアドバイスはあくまでも一般論でして、実際はケースバイケースというのが実感です。親子の関係は他人には理解できないくらい難しいこともあるというのが、私の実感です。

ある会社の後継者は、あえて父親と袂を分かって独立しました。事業内容は大体同じですが、やり方を工夫して現在大成功を収めている一方、父親の事業は次第に尻すぼみになっています。

一方、ある会社の社長は大株主で父親の会長から放逐されかかったとき、あえて謝罪して窮地を凌ぎ、会長の死亡後、大きく羽ばたき、現在は大きな成功を収めています。

「人間万事塞翁が馬」です。

ケース13-3　業績不振会社のスポンサーに対する事業承継の方法

> 当社は業績不振から倒産手続に入ることがやむを得ない状況になりました。しかし、幸い、取引先がスポンサーに名乗り出ており、当社事業を引き継いでもらえるようです。
> スポンサーに対する事業承継の方法を教えてください。

(1) **民事再生における事業承継の方法（再生計画案で会社分割を定める方法）**

民事再生においてスポンサーへ事業を承継する方法として、再生計画案において、①再生会社が新設分割により設立する100％子会社に事業を承継させ、②この100％子会社の株式を再生会社からスポンサーへ売却し、③株式売買代金を債権者への返済原資に充て、④再生会社は最終的に特別清算することを定める方法があります。

100％子会社の株式を売却する際、再生会社が債務超過であり、子会社株式の譲渡が事業継続のため必要である場合、裁判所は、株主総会決議による承認に代わる許可を与えることができます（民事再生法第43条第1項）。かかる許可を得ることで、会社法第467条第1項第2号の2に定める株主総会決議（100％子会社株式の売却に関する決議）は省略可能です。
　また、現金を対価とする吸収分割によりスポンサーへ事業を承継させることもあります。
　ただし、このような方法を定めた再生計画案が債権者集会で可決され、裁判所の認可決定を得た場合でも、会社法その他法令に定める会社分割の手続（株主総会の特別決議による承認、債権者保護手続、労働者承継手続、事前・事後の開示など）を省略することはできないことに留意が必要です。

(2) 破産、特別清算における事業承継

　会社の清算を目的とする破産、特別清算においては、会社分割などといった組織再編の利用は想定されていません。
　破産、特別清算においては、破産管財人が裁判所の許可を得た上で、事業譲渡の方法によるスポンサーへの事業承継は可能です（破産法第78条第2項第3号、会社法第536条第1項）。かかる事業譲渡を行うに際し、株主総会決議は不要です（破産法第78条第1項、会社法第536条第3項）。

(3) 事業譲渡の詐害行為取消

　法的整理以前に事業譲渡を行うと、対価が相当ではない等の理由で、債権者から詐害行為取消権を行使されるリスクがあります。
　しかし、破産手続等では、破産手続開始申立時に従業員を解雇するのが通常なので、事業譲渡は現実的には困難であると考えます。

(4) 債務超過会社の事業再生

　業績が好調な会社は、親族内承継も容易ですし、仮に後継者がいなくてもＭ＆Ａを実行しやすいです。しかし、業績が不調な会社は、後継者候補が見つかりにくく、このことが会社の廃業の増加の一因と考えられます。

このような債務超過会社の事業承継については、株式会社地域経済活性化支援機構（REVIC）の特定支援業務を利用して、事業譲渡とその後の特別清算と個人保証の処理をセットで行う方法も有効な方法です。

回 答

　貴社は、民事再生手続において、再生計画案に定める会社分割等により、スポンサーへ事業を承継して、再生会社を特別清算することができます。

ケース13-4　社長の判断能力低下への対策としての民事信託

　当社では、社長の判断能力の低下に備えて、民事信託が有効であると聞きました。
　民事信託とはどういったものか教えてください。

⑴　信託とは

　信託とは、委託者が信託契約によってその信頼できる人（受託者）に対して、金銭や土地などの財産を移転し、受託者は委託者が設定した信託目的に従って受益者のためにその財産（信託財産）の管理・処分などをする制度です。

信託の仕組み

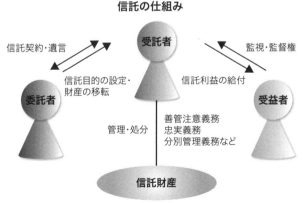

（一般社団法人 信託協会HPより抜粋）

(2) 信託の手続き

　株式を保有している社長に十分な判断能力があるうちに、後継者と信託契約を結び、自社株式を後継者に信託します。

　株式を託された後継者は受託者になり、株式の議決権は受託者が行使できます。

　そうすると、社長が認知症になって判断能力がなくなっても、受託者である後継者が株式の議決権を行使できるため、会社経営に支障を来しません。

　また、信託契約を組んだときに、社長を受益者にして委託者と受益者を同一人物にしておけば、贈与税はかかりません。

　そして、将来、社長が亡くなったときは、信託を終了して残余財産である株式を後継者が取得する旨を定めておけば、遺言書の代わりにもなります（いわゆる遺言代用信託）。

　なお、経営者が亡くなっても信託を終了させないことにより、相続による議決権の分散化を防止するための活用方法もあります。

回答

　自社株式の民事信託は、経営者の認知症対策や相続による議決権の分散化防止などに活用できると言えます。

法一っ！なるほど47　後継ぎ遺贈型受益者連続信託とは

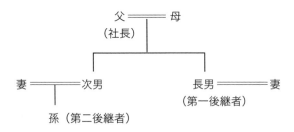

　このように、後継者の長男に子がいない場合は、父である社長は、会社株式を後継者である長男に継がせたいと考えていますが、長男が死亡

してからは、次男の子である孫に継がせたいと考えています。

しかし、遺言では二次相続以降の指定はできません。そこで、遺言で、長男に株式を相続させた後に長男が死亡すると、長男の妻が4分の3を相続することになってしまい、社長の意向に沿わない結果となるリスクが生じてしまいます。

この場合、例えば、①父が委託者兼受益者、母か孫を受託者とする、②受託者は株主権の行使については受益者の指示に従う、③父の死亡後は長男が受益権を引き継ぐ、④長男の死亡で信託は終了し、株式は孫が取得すると定めれば、社長は目的を達成することができます。

このように、受益者の死亡により、他の者が後を継いで受益者になる信託を後継ぎ遺贈型受益者連続信託といい、有効な対策と言えます。

ケース13-5　簡易新設分割とは

> 当社は、一部の事業を新設分割により分割化して、Y社の子会社にしたいと考えています。どのような場合に、簡単に新設分割をすることができるのでしょうか。

(1) **組織再編の意義**

中小企業においても、M&Aのほか、効率的な事業運営や事業部門の拡大や、事業再生等を目的として組織再編を検討する必要が生じます。

組織再編には、①合併（吸収合併、新設合併）、②会社分割（吸収分割、新設分割）、③株式交換（完全子会社の発行済株式全部を新会社に取得させること）、④株式移転（1又は2以上の株式会社がその発行済株式全部を新たに設立する持株会社に取得させることで、持株会社を創る場合に用いられます。）、⑤事業譲渡があります。

(2) **簡易新設分割とは**

ご質問の簡単な新設分割の方法は簡易新設分割です。

新設分割会社は、本来、新設分割計画を株主総会の特別決議で承認を

受ける必要があります（会社法第804条第1項）。

しかし、簡易新設分割であれば、株主総会の承認決議が不要となります（同法第805条）。

これは、小規模な組織再編であれば、株主への影響も軽微であることから、株主総会の決議の省略が決められたものです。

(3) 反対株主の権利等

簡易新設分割に該当すれば、株主総会の承認決議が不要であるばかりか、反対株主の株式買取請求は認められず（同法第806条第1項第2号）、株主には新設分割の差止請求権もありません（同法第805条の2但書）。

回答

新設分割により新設分割設立会社に承継させる資産の帳簿価額の合計額が貴社の総資産額の5分の1（定款でこれを下回る割合を定めたときはその割合）以下などといった要件を満たす必要があります（同法第805条）。

なお、簡易吸収分割の場合は、貴社の資産の5分の1ルールに加えて、吸収分割承継会社が貴社の株主に対して支払う対価が、吸収分割承継会社の純資産額の5分の1以下となることも必要です（同法第796条第3項）。

法一っ！なるほど48　会社分割における労働者の異議申立権

会社分割は、事業再生等でよく用いられる組織再編の手法です。

会社分割においては、労働者を分割会社と承継会社のいずれに帰属させるかに頭を悩ませることがあります。

会社分割の場合、労働契約が承継されるかどうかは、基本的には分割契約書等によって決まりますが、労働契約承継法により、一定の労働者には異議申立権が認められています。

ここで、主従事労働者とは、会社分割において、承継される事業に主に従事している労働者をいいます。

①主従事労働者を分割会社に残留させる場合（分割契約等に承継する

旨の定めがない場合）、②主従事労働者でない労働者を承継会社に承継させる場合（分割契約等に承継させる旨の定めがある場合）には、これらの労働者は異議の申立を行うことができます。

そして、異議の申立が行われると、①の場合は承継、②の場合は残留がそれぞれ認められることになります。

主従事労働者を承継会社に承継させる場合、主従事労働者でない労働者を分割会社に残留させる場合は、労働者には異議申立権はありません。

法ーっ！なるほど49　会社分割における労働者との協議の重要性

分割会社は、承継事業に従事する労働者との間で、新設（吸収）会社への承継の有無、分割後の業務の内容・就業場所・就業形態等についての会社の考え方を説明し、労働者本人の希望を聴取し、協議しなければならないとされています（商法等改正法附則第5条）。

これを5条協議といい、これが全く行われなかったとき及び5条協議が行われた場合であっても内容が著しく不十分であるため法が5条協議を求めた趣旨に反することが明らかな場合は、労働者は分割会社との労働契約上の地位確認の訴えを提起することができるとされています（最高裁判所平成22年7月12日判決）。

中小企業においては、このような協議が経営法務リスクマネジメント上大きな意味を持つこともあるので、注意が必要です。

ケース13-6　M&Aを行うに当たっての注意事項

当社はこの度、事業の拡大に向けて、同業のY株式会社を株式譲渡の方法で取得することとしました。

当社は、このようなM&Aを行うに当たって、どのようなことに注意すれば良いでしょうか。

第2 社内要因的リスク

(1) 中小企業もM&A

M&Aとは、mergers and acquisitions（合併と買収）の略です。

M&Aというと主に大企業が行うものという認識は、もはや過去の話です。現在、企業のさらなる拡大や、ノウハウなど知的資産の手っ取り早い取得、あるいは、親族に後継者がいない場合に事業を第三者に承継させるための手段として、M&Aは中小企業において、重要な経営戦略として認識されています。

M&Aのスキームとしては、株式譲渡や事業譲渡などがありますが、手続が比較的容易な株式譲渡によるM&Aが多いようです。

もっとも、比較的手続が容易とはいえ、さまざまな問題を考慮しなければならないのは、他のスキームと同様です。

(2) 株式の100％を譲渡できるか。

まず、貴社がY社の株式を100％保有できないと、少数株主対策で煩雑であるばかりか、将来貴社がY社をM&Aで売却しようとするときに支障になります。

(3) 株式の売買代金は合理的か。

株式の売買価格が貸借対照表の資産から負債を控除した純資産額であったとすれば、資産の評価が時価を反映しているかどうかが問題になります。

というのは、売掛金や在庫商品が水増しされていたり、機械設備等が適切に減価償却されていないリスクがあるからです。

したがって、貴社は、自らが依頼した公認会計士にY社の財務デューデリジェンスを行ってもらう必要があります。逆に、Y社の方からすれば、貸借対照表に表われない資産（いわゆる知的財産）があれば、その評価の上積みを交渉することになります。

貴社は、不動産等の目に見える資産だけではなく、Y社の人材の価値、従業員の管理体制にも注意する必要があります。

(4) 簿外債務はないか。

Y社において、従業員に残業代が支払われていなかったり、賃貸借契約の解約の際に原状回復義務があるなど、貸借対照表に表われていない簿外債務のリスクがあることに注意する必要があります。

(5) M&Aにおける経営法務リスク

　M&A仲介業者によりM&Aが実行された場合には、いわゆる成果主義のため、細かい点が十分に詰められないまま、M&Aが実行されてしまうリスクがあります。

　M&Aが締結された場合は、後で話が違うとか、もっと説明してほしかったと言っても、契約上はM&A仲介業者に損害賠償を請求しにくいことに留意する必要があります。

　そこで、中小企業は、M&A仲介業者に言われたことを鵜呑みにするのではなく、M&A後に想定されるさまざまなリスクを想定して、疑問点はすべて明確にしておくことをお勧めします。

回 答

　M&Aの実行に当たっては、さまざまな法務リスクがあります。

　また、弁護士以外の者がM&Aに関する法的業務を行うと、非弁行為として、弁護士法に違反してしまうリスクもあります。

　このように、M&Aを成功させるには、準備の段階から、弁護士を含めた専門家のチームに相談することが不可欠です。

ケース 13-7　M&Aにおける法務デューデリジェンスの重要性

> 　当社では、あるY運送会社をM&Aで買収しようと考えています。
> 　当社はY社の財務上のデータは十分調査していますが、Yに隠れた法務上、財務上の問題点がないか心配です。
> 　当社はどのような方法を採れば良いでしょうか。

(1) デューデリジェンスの重要性

　M&Aで重要なのは、適切なスキームを検討するとともに、財務、事業、法務の各場面において、時間と予算が許す限りにおいて、必要かつ十分なデューデリジェンスを行うことです。

例えば、財務デューデリジェンスだけ行って、M&Aによりある会社を引き継いだところ、知財侵害の事実があったとか、労働紛争がかなり深刻であったとかで後々多大な不利益を被ったという話はよく見受けられるところです。

　もとより、相手方の会社の株主から表明保証として、知財侵害のリスクはないとか、簿外債務はないといった契約上の最小限の手当は通常なされてはいますが、例えば簿外債務があったからといって、相手方の会社の株主に損害賠償請求を行ったとしても全額回収できるとは限りませんし、そもそも問題のある会社を引き継いだ不利益はなかなか拭えません。

(2) **法務デューデリジェンスの重要性**

　Y社の契約書に不利益な条項はないか、例えば、チェンジオブコントロール条項により、事業に必要な賃貸借契約等が解約されるリスク等にも留意する必要があります。

　また、Y社の就業規則等の社内ルール、株主総会議事録、取締役会議事録を調査することにより、Y社の経営法務リスクがより明確になります。

(3) **ご質問のケースにおける法務デューデリジェンスの実行手続**

　ご質問のケースでは、Y社の契約書を検討することが必要です。

　例えば、Y社はいくつか駐車場を賃借していて、その契約に期限が設定されていない場合は、予告期間1年で賃貸借契約が解約されてしまうリスクがあります。

　加えて、Y社が賃借している駐車場にコンクリートを埋設していたとすれば、原状回復費用が多額に上るリスクも考慮する必要があります。

　次に、Y社において、労働組合が存在したり、労働関係で過去に労働審判や訴訟を起こされている事実がないかどうかも重要です。労働関係で問題のある会社を買収すると、最悪の場合、本社にまで労働問題に係る紛争が飛び火するリスクが生じます。

　さらに、Y社は株券発行会社であったにもかかわらず、過去に株券が発行されたかどうか不明であったり、過去のある時点で株主構成が変わっているにもかかわらず、株式売買の契約書が存在しないことなどのリスクもあります。

(4) 法務デューデリジェンスの副産物

ケースによっては、法務デューデリジェンスを行うことにより、Y社の未払残業代のリスク、賃貸借契約の解約リスク、原状回復リスク等のリスクが明らかになるとともに、就業規則等の社内ルールの分析、検討により、Y社の経営法務リスクも明らかになります。

その結果、貴社がY社を継承した後の経営法務の改善の目標が明らかになるというメリットもあります。

回答

M&Aにおいては、財務デューデリジェンスと事業デューデリジェンスのみならず、必要に応じて、法務デューデリジェンスも行うべきです。

また、M&A関係のコンサルタントとの契約については、高額な費用と拘束性の問題があるので、すぐに飛びつくのではなく、弁護士等の専門家とよく相談する必要があります。

法ーっ！なるほど50　事業再生としてのM&Aの重要性

中小企業金融円滑化法の施行により、一部の中小企業においては、事業再生計画を策定すれば何とかなるといった風潮があり、その結果、ずるずると事業性、生産性のない経営を継続してしまうといった状態が広がっている印象を受けます。

そもそも営業利益の赤字の状態から一定期間脱出できないのであれば経営改善はもはや不可能であると考えられます。そして、事実上、経営改善が見込めないようであれば、出口対策として、破産、事業廃止を検討すべきですし、また、M&Aも一つの方法です。

M&Aは、経営者の交代と新たな資金の提供を可能にします。したがって、M&Aは、人間で言えば、頭部を変えて、輸血をするようなもので、事業再生には非常に効果的です。特に、中小企業において後継者がいない場合は、業績がまだ良いうちにM&Aを早めに検討すべきです。

第2 社内要因的リスク

法ーっ！なるほど51　適格合併とは

　適格合併は、被合併会社から資産、負債を帳簿価格で引き継ぎ、被合併会社には資産、負債の譲渡損益は発生しません。これに対し、非適格合併は、被合併会社から資産、負債を時価で引き継ぎ、時価と簿価の差額を資産調整勘定又は差額負債調整勘定で計上することで、資産、負債の譲渡損益が課税対象になります。

　適格合併の要件としては、貴社の株式以外の資産（現金等）が交付されないこと（対価要件）のほか、例えば、貴社が被合併会社の株式を50％未満保有している場合は、被合併会社の事業と貴社の事業が相互に関連し、貴社の売上金額、従業員数、資本金が被合併事業の5倍を超えないなどの要件が必要になります。このように組織再編を行うには課税リスクを十分に検討する必要があります。

社外要因的リスク

第3 社外要因的リスク

1 欠陥製品リスク

ケース1　製品による健康被害における初動対応

> 当社は、足裏マッサージ器の製造販売を行っていますが、購入者に火傷の被害が発生しました。
> 当社の初動対応としてはどうすれば良いでしょうか。

(1) 欠陥商品のリスク

中小企業においても、消費者が購入した製品により火傷等といった身体上の被害が発生すれば、損害賠償責任にとどまらず、安全な製品を製造できない会社といった致命的なレッテルを貼られるリスクが生じます。

特に、さまざまな経営法務リスクの中でも、人の生命、身体への被害につながる製品の製造、サービスの提供を行っている中小企業は、リスクが現実化しないように最大限の注意義務と管理体制を構築していく必要があります。

(2) 原因調査

貴社は、まず、購入者と面談を行い、貴社製品が原因で購入者に火傷が生じているのであれば、謝罪を検討すべきです。

次に、貴社は、火傷の被害の原因が本当に貴社製品にあるのかという点と、貴社製品にどのような欠陥があったのかという点を、開発部門を交えて調査すべきです。

また、貴社は、製品の欠陥について、設計上の欠陥、製造上の欠陥、指示・警告上の欠陥のいずれにあるのかの点についても、調査を行うべきです。

(3) 公　表

調査の結果、被害の原因が貴社製品にあることと、貴社製品に欠陥があることが明らかになれば、被害拡大を阻止するため、貴社製品による火傷の被害が発生していることを消費者に迅速に情報提供する必要があります。

健康被害が現に生じている場面では、被害拡大の阻止が最優先課題ですし、情報提供が遅れると隠蔽を疑われます。調査未了の場合には、判明した事実と調査中の事実を分けて公表し、後者については判明次第公表するという対応を採ることで、不正確な情報提供による消費者の混乱を避けるべきです。

貴社製品を購入した消費者を特定できれば、個別に連絡する方法も考えられますが、消費者一般に販売した製品の場合、公表が必要になります。

公表の内容は、身体上の被害の内容・状況、その原因、今後の自社の対応等です。特定の製品についてのみ欠陥がある場合は、消費者が欠陥のある製品を特定できるよう、製品のロット番号や製造年月日を記載し、製品の写真を掲載する必要があります。

記者会見を行う場合、想定問答を準備し、必要に応じて弁護士を交え、リハーサルを行った上で臨む必要があります。記者会見では、事実に基づいて回答することを心がけ、不確かな事項を推測で述べることは避けなければなりません。

(4) **監督官庁等への報告**

消費生活用製品安全法では、消費生活用製品（主として一般消費者の生活の用に供される製品で、食品衛生法が適用される食品、医薬品医療機器等法(旧薬事法)が適用される医薬品、化粧品等は除かれます（消費生活用製品安全法第2条第1項）。）に関する重大製品事故を知った時から10日以内の内閣総理大臣への報告が義務付けられています。

回答

貴社は、製品の欠陥の原因を取り除き、火傷等の事故のリスクを回避するための再発防止策を早急に講じる必要があります。また、商品の使用に当たっての注意を呼びかけるとともに、商品交換、修理を行わなければなりません。

加えて、今回の製品の欠陥の原因を分析して、再び同様な事態が生じないための体制の構築を検討すべきです。

第3 社外要因的リスク

法一っ！なるほど52　食品への異物混入が発覚した場合の対応

　食品は、人の手によるか、又は機械によって作られます。人が関わると細心の注意を払っても何らかのミスは生じますし、機械も故障するリスクはあるので、故障するタイミングによっては破片等が発見されず食品に混入するリスクは生じます。

　つまり、食品の異物混入を全くゼロにすることは現実的に不可能です。

　もちろん、食品製造に関わる企業とすれば、異物混入を限りなくゼロにする方策を採ることは必要ですが、それに加えて、異物混入があった際の事後的な対応が重要になります。

　健康被害の拡大を防ぐという経営法務リスクマネジメントの観点から、商品の回収、製造工程の停止等の事後的な対応等を如何に早急かつ的確に行って、会社のブランドイメージの低下をできる限り抑えることができるかを検討する必要があります。

　その際のポイントは、①問題発覚から公表までの時間、②異物混入に対しての原因究明への取組み方、③具体的な再発防止策、④責任があるのであれば誠心誠意の謝罪が重要です。

法一っ！なるほど53　製造物責任法に基づく損害賠償責任

　製造物責任法によると、例えば、消費者が製造物の欠陥により、火傷という身体上の損害を被ったことを立証すれば、製造者は損害賠償責任を負うことになります。

　一般の不法行為では、消費者が製造物の故意、過失を立証しなければならないことに比べると、製造者である会社は、より容易に損害賠償責任を負うリスクがあると言えます。

　また、製造物責任を負う製造業者等には、製造業者でなくても、製造業者として製造物にその氏名等の表示をした者又は製造業者と誤認させる氏名等の表示をした者なども含まれるので、注意が必要です。

2 債権回収リスク

ケース2-1 債権回収の方法

> 当社は、Y社に300万円の売掛金がありますが、Y社は支払期日に支払ってくれません。Y社に度々支払のお願いはするのですが、来月に必ず支払うと言って支払ってくれません。
> 当社とすればどのように対応すればよろしいでしょうか。

(1) **債権回収リスク**

会社は売掛金、請負代金等を回収してはじめて経営が成り立ちますが、中小企業においては、債権回収が滞るリスクは発生頻度としては高いと言えます。

特に、取引先が自己破産開始手続に入ってしまい、多額の売掛金が回収不能になることは、中小企業の経営法務リスクの中でも最も頻度が高くて、ダメージが大きいリスクとなります。

例えば、ご質問のケースのように、300万円の債権が回収不能になった場合、その300万円の穴埋めをしようとすると、通常数千万円の売り上げが必要になるため、会社としては大変大きなリスクになります。

その意味で、中小企業とすれば、これから取引を行う場合は極力慎重にならざるを得ませんし、また、継続的な取引であっても常にアンテナを張って、取引先の信用状況に気を配る必要があります。

経営法務では、一般的に迅速性と手段の妥当性が要求される場合が多いのですが、こと債権回収については、特に迅速性と手段の妥当性が要求されることになります。

債権回収の方法は、ケースバイケースで、コストと時間も考慮に入れて、最適の方法を採ることを弁護士と検討することになります。

(2) 未払いが発生してしまった場合

ア 任意の交渉

①請求書等を送付する。

配達証明付内容証明郵便を使うのが良いです。

配達証明付内容証明郵便は、いつ、どのような内容の文書を送付したのかを示す証拠となるもので、日本郵便株式会社が証明してくれるものです。

加えて、配達証明付内容証明郵便が郵送される場合、債務者に対する心理的圧迫にもなりますので、債務の任意の弁済を促すという効果が期待できます。

②債務確認書（念書・示談書）を取る。

債務確認書とは、債務者が負担している債務の額を確認する書面のことです。債務確認書を取ると、契約書がない場合は立派な証拠となりますし、時効中断事由としての「承認」にもなります。

債務者が分割払いに応じてくれる場合にも、後で紛争になることを防止するため、合意内容を書面化した念書・示談書を取るようにしましょう。その際は、支払額と支払日が明確になるように定めてください。

費用はかかりますが、念書・示談書などを公正証書にすると、裁判所で勝訴判決をもらわなくても、その公正証書に基づいて強制執行ができます。

イ 在庫商品からの回収

①自社商品を引き揚げる。

貴社が取引先に商品を売買した場合、売買契約書等に、所有権留保の規定を定めておくと、貴社は、一定の場合に、留保した所有権に基づき、自社商品を引き揚げることができます。所有権留保とは、売買した商品について、買主が代金を完済するまで、所有権を売主に残しておくという合意です。

ただし、自社商品を引き揚げる場合にも、取引先から、自社商品を引き揚げることと、そのために取引先の倉庫等に立ち入ることについて同意をもらって、引き揚げの際には、立ち会ってもらう必要があります。その際、後で紛争になるリスクを避けるため（住居侵入罪や窃盗罪に問われないように）、書面で同意書をもらったり、引き揚げた商品の明細

の確認書を書面でもらう必要があります。

②取引先所有の在庫商品により代物弁済を受ける。

取引先に自社商品がない場合でも、取引先に、取引先所有の在庫商品があれば、本来の弁済の代わりにその商品で弁済してもらうことも考えられます。

この際に気をつける点は、上記①と同様です。代物弁済であることを明確にした書面を作成することが重要です。

もっとも、他社が売却した商品の場合、他社の所有権留保等が付いている場合も考えられます。その場合は、後で紛争になるリスクを避けるため、取引先の担当者に権利関係を確認することが重要です。

ウ　法的措置

その他、法的措置としては、①支払督促、②少額訴訟、③通常訴訟、④民事調停、⑤保全執行、⑥強制執行等が考えられます。

回答

貴社は、Y社に足を運んで、Y社の現状を把握して、自社製品の引揚げ等が可能であるかを検討します。

また、Y社の事業が継続しているようであれば、仮差押できる財産がないかどうか、また、Y社が財産を他に処分しようとしている状況が窺えたら、処分禁止の仮処分を行うことを検討します。

Y社がどうしても取引を打ち切られたくないというのであれば、売掛金について、Y社の代表者の個人保証を取るか、集合物譲渡担保の設定等も検討することになります。

法ーっ！なるほど54　支払督促とは

債権者が簡易裁判所に金銭請求の申立てを行い、申立書記載の請求に理由があると認められるときは、裁判所書記官が債務者の言い分を聞くことなく支払督促を発令します。

そして、債務者へ支払督促の送達後2週間以内に、債務者から異議が

あれば通常訴訟に移行します。通常訴訟に移行した場合には、請求額が140万円を超えない場合は簡易裁判所、請求額が140万円以上の場合は地方裁判所に訴えの提起があったものとみなされます。

　2週間以内に異議がない場合は、その日から30日以内に債権者が仮執行宣言の申立てを行います。

　仮執行宣言付支払督促に対し、2週間以内に債務者の異議があれば、通常訴訟に移行します。

　金銭の給付を目的とする場合に、債権者が採れる簡易・迅速かつ低コストの手続です。しかし、相手方が異議を申し立てると通常訴訟に移行するので、請求金額や請求原因に争いがある場合には向きません。

　金額の多寡にかかわらず、簡易裁判所が管轄します。

法ーっ！なるほど55　少額訴訟とは

　60万円以下の金銭支払い請求について、簡易裁判所に申立てができる制度です。

　裁判所は、弁論期日を指定し、原告・被告双方の言い分を聴いて、証拠書類等を調べて、審理します。審理は原則1回で、証拠書類や証人は審理の日に調べられるものに限ります。判決は、弁論終結後、直ちに言い渡されます。また、審理において、減額や分割払いなどの和解がなされることもあります。通常訴訟よりも簡易迅速な手続です。

　ただし、被告が少額訴訟手続でなく通常訴訟を希望すると、通常訴訟に移行します。

　また、被告から異議申立てがなされると通常訴訟に移行します（口頭弁論終結前の段階に戻ります。）。

　請求金額や請求原因に争いがある場合には、支払督促同様向かないと言われることもありますが、早期に和解が成立する可能性があるので、私は、中小企業によくこの方法を勧めています。

　なお、少額訴訟は、1年間に10回しか利用できません。

法ーっ！なるほど56　海外企業からの債権回収

　中小企業も海外企業と取引するケースが増えていますが、代金を支払ってくれないといった相談を受けることがしばしばあります。準拠法と裁判管轄の問題はともかくとして、日本の裁判所で仮に判決を取っても相手国で強制執行できないことが多くて、現実には債権回収が困難なことが多いです。

　また、シンガポールや香港での仲裁という手段もありますが、費用対効果の点から二の足を踏むこともよくあります。

　私は、中小企業がどうしても海外企業と取引したいという場合は、代金を前払いでもらうか、逆に商品を買うときは欠陥のリスクを考えて代金を後払いにするよう勧めています。

　もっとも、大きなビジネスであれば、L／C決済（売主と買主のそれぞれの国の銀行を通じて、買主が売主に信用状を発行して、銀行が売主に対して代金の支払を保障するもの）を利用する手もあります。

法ーっ！なるほど57　動産売買の先取特権と物上代位

　民法第321条は、「動産の売買の先取特権は、動産の代価及びその利息に関し、その動産について存在する。」と規定しています。

　すなわち、動産を売却した売主は、売買代金債権を担保にするために、売却した動産自体に先取特権という権利を有するのです。

　また、同法第304条第1項本文は、「先取特権は、その目的物の売却、賃貸、滅失又は損傷によって債務者が受けるべき金銭その他の物に対しても、行使することができる。」と規定しています。

　これが物上代位で、売主が売却した動産が例えば転売により代金に変わった場合に、売買代金債権の担保のために、動産が形を変えた価値そのものである代金にも効力を及ぼすことができるとされています。

　ただし、先取特権者は、払渡しの前に差し押さえなければならないとされています（同法第304条第1項ただし書）。

ケース2-2　資金提供の依頼等への対応

> 当社は、多額の売掛先でもあるY社から、経営が厳しいので、スポンサーとして資金的な支援をするか、売掛金の支払を猶予してほしいとの要請を受けました。
> この場合、当社としてはどのような点に留意すべきでしょうか。

(1) **損害拡大の防止**

中小企業の経営法務の支援を行っていると、ご質問のようなケースで中小企業経営者と弁護士の意見が異なることがあります。

弁護士は、ご質問のようなケースでは、せっかくの資金的な支援が無駄になったり、売掛金の支払を猶予している間に債務者が自己破産を申し立てるなどして、多額の売掛金が回収不能になってしまったという実例を数多く経験しているのに対し、中小企業経営者は、万に一つの可能性に頼りたいと考えてしまうことの違いではないかと思います。

(2) **支払猶予等のリスク**

ご質問のケースでは、貴社はY社に対し、既に支払不能や倒産のリスクが生じている段階で、新たなリスクを伴う資金の支援や売掛金の支払の猶予をすることとなります。

したがって、そのようなリスクを伴う行為をすることについて、会社の取締役の忠実義務・善管注意義務の違反が問題とされるリスクがあることに注意すべきです。

回答

貴社は、Y社から、決算書等財務状況がわかる書類の開示を求めるとともに、その内容を確認して、Y社の財務状況の実態を把握すべきです。

次に、Y社が貴社の資金支援や支払猶予により、今後どのように資金繰りができるのかの情報を聴取する必要があります。

加えて、Y社が第三者に対して有する債権を、貴社が物上代位して、差押え、転付命令を求めることも想定して、Y社の取引先の情報を取得

しておくことも有益です。

その上で、貴社は、Ｙ社への資金支援や支払猶予の条件として、新たに連帯保証人を取る、物的担保を要求する、逆にＹ社から商品を購入して相殺の主張ができるようにしておくなどといった債権回収のための予防策を採るべきです。

ケース2-3　賃料不払を理由とする賃貸借契約の解除

> 当社は、賃貸マンション業を行っているところ、賃料の支払いが相当滞っている入居者に対し、賃貸借契約を解除する旨の配達証明付内容証明郵便を送ったのですが、賃借人の受領拒絶により返送されてきました。
> この場合、賃貸借契約は解除されているのでしょうか。

(1)　相手方に届かないとき

ご質問のケースのように、相手方の受領拒絶等により配達証明付内容証明郵便が届かずに返送されてくることがあります。

配達証明付内容証明郵便が相手方に届かずに返送されてくる場合としては、①相手方が受領を拒絶した場合のほか、②留守であった場合、③居所不明の場合があります。

では、これらの場合、法律的に意思表示も相手方に到達していないかというと、そうではありません。

実は、配達証明付内容証明郵便が①～③のどの理由で返送されてきたかによって異なるのです。

(2)　受領拒絶の場合

具体的には、②の留守の場合や③の居所不明の場合は、法律的にも到達したことになりませんが、①の受領拒絶の場合は、法律的には到達したものと扱われるのです。

これは、「到達」とは、相手方が現実に通知した中身を見たときでは

なく、常識的にみて、相手方がその通知を知り得る状態になることをいうとされているからです。受取拒絶は、その通知を知ろうとすれば知ることができる状態になっているため、到達と扱われるのです。

したがって、貴社の賃借人に対する賃貸借契約の解除の意思表示は、到達したものとされますので、賃貸借契約の解除が認められることになります。

なお、この度の民法改正では、正当な理由なく、意思表示の通知が到達することを妨害したときには、その意思表示は、通常到達すべきであった時に到達したものとみなすとする規定が新設されています。

(3) 居所不明と留守の場合

③の居所不明の場合については、貴社は、公示送達（一定期間裁判所の掲示板に掲示することにより送達の効果を生じさせる方法）を用いることによって、解除の意思表示や催告を相手方に到達させることができます。

また、②の留守の場合については、公示送達は使えませんので、留守でない可能性が高い休日などに届くようにするなど工夫が必要です。

なお、契約書において、住所変更の届出を怠ったことにより通知等が相手方に届かない場合に、「最後に届け出た住所に通知すれば、意思表示が到達したものとみなす」旨を規定しておくと、相手方の居所不明や留守のリスクに対応できることになります。

回答

賃借人の受領拒絶の場合は解除の通知は送達したことになりますが、賃借人が留守の場合や居所不明の場合は、送達したことにならないので、公示送達などの方法を検討しなくてはなりません。

そこで、居所不明の場合に備えて、最後に届け出た住所に通知すれば意思表示が到達したものとみなす旨を、契約書で合意をしておくことがリスク回避の一つの手です。

ケース2-4　工事代金不払のリスクを考慮しての工事の中止

　当社は、ある会社とビルの建設請負契約を締結しました。その契約においては、請負代金の支払時期が、工事着工時に3割、工事が半分完成した際には3割、工事が完了した際に残りの4割を支払うという内容となっています。
　そして、当社は、工事着工時に代金の3割の支払いを受け、その後工事を半分完成させた際に、代金の3割の支払いも受けました。
　しかし、ある人から、注文主である会社が資金繰りに窮し、手形の不渡りを出したということを聞きました。そこで、当社は、残りの工事代金を支払ってもらえないおそれがあるため、工事を中止したいと考えております。
　そのようなことは可能でしょうか。

(1) 請負人の義務

　請負契約においては、請負人が仕事を完成させなければ報酬を請求することができません（民法第632条）。すなわち、請負人には工事を完成させることにつき先履行の義務があると言えます。
　したがって、請負人である貴社が一方的に工事を中止することは債務不履行となり、工事の遅れ等を理由に注文主から損害賠償請求を受けるリスクがあります。

(2) 不安の抗弁権とは

　しかし、注文主の信用状態が悪化しているために、工事を完成しても請負代金の支払いが期待できないような場合にまで、先履行義務を果たさなければならないというのは請負人にとって不当であると考えられます。
　そこで、かかる場合には、債務者が債務の履行を拒むことができるという不安の抗弁権が認められる場合があります。このことは、売買の継続的取引などについても同様です。
　ご質問のケースのような請負契約について、東京地方裁判所平成9年8月29日判決は、注文主が請負代金支払いを分割払いにするよう変更

してくれと一方的に執拗に提案してきた事案において、そのような提案を受けた請負人が注文主の代金支払いについて疑念を抱き工事を中止したことは、契約解除原因としての債務不履行には当たらないとして、結果として不安の抗弁権と同様の効果を認めました。

したがって、ご質問のケースにおいても、貴社が工事を拒むことが債務不履行とはならないと判断される可能性はあると考えられます。

しかし、この注文主の財産状態が悪化しているということについては、客観的に裏付ける具体的事実が必要となってきます。そのような具体的事実が客観的に認められないにもかかわらず、なんとなく不安があるから工事を途中で止めてしまうなどの判断をすると、後で債務不履行責任を問われて、損害賠償請求をされるリスクがありますので、慎重に判断する必要があります。

なお、この不安の抗弁権は、今回の民法改正で条文として盛り込もうとする動きもありましたが、最終的に規定されることはありませんでした。この点からも、不安の抗弁権が認められるためには、ある程度のハードルがあると言えます。

(3) 契約によるリスク回避

ご質問のケースに備え、「手形の不渡り等の一定の事由が注文者に生じた場合は請負人は、追加担保の提供、財務諸表、資金繰り表の提出を求めることができる。注文者がこれに応じないときは、請負人は工事を拒むことができる。」といった条項を請負契約に規定しておけば、不安の抗弁権が生じるかどうかのリスクを検討することなく、貴社は工事を拒むことができます。

したがって、請負契約締結時において、そのような条項を請負契約に盛り込むべきです。

回答 ‥‥‥‥‥‥‥‥‥‥‥‥‥‥‥‥‥‥‥‥‥‥‥‥‥‥‥‥

貴社は、注文者の手形不渡の事実関係を調査して、その証拠によっては不安の抗弁権が認められる場合もあります。

ただし、貴社は、事前に契約において不安の抗弁権に関する条項を設

けておくべきです。

ケース2-5 取引先からの同時履行の抗弁権の主張への対応

> 当社は、先日、住宅建設工事を完成させました。
> しかし、注文主は、「工事の内容に瑕疵があるので瑕疵修補に代わる損害賠償を請求し、それと工事代金債務は同時履行の関係にあるから工事残代金は支払わない。」と言って、工事代金の残額1,000万円を支払ってくれません。このような主張は認められるのでしょうか。
> また、工事請負契約には、請負代金債務の遅延損害金は年14.6％と定められています。注文主が工事残代金を支払わない間、遅延損害金は年146万円生じると考えて良いのでしょうか。

(1) 同時履行の抗弁権

ご質問のケースでは、貴社が注文主に対し、1,000万円の請負代金と年14.6％の遅延損害金を請求し、注文主は貴社に対し、瑕疵修補に代わる損害賠償請求と年6％の遅延損害を主張することになります。

この点、民法第634条第2項により両者の債権は「同時履行の関係」、すなわち、相手方が履行するまではこちらも履行しなくてよい関係にあるとされているので、それにより他方当事者がお金を支払うまではお互いに遅延損害金は発生しません。

したがって、原則としては、注文主が瑕疵修補に代わる損害賠償請求をする場合には、注文主は請負代金も遅延損害金も支払わなくてもよく、貴社は注文主にこれらを請求できません。

(2) 瑕疵が軽微な場合

しかし、注文主の瑕疵修補請求があまりに軽微な場合にまで、注文主が請負代金の支払義務を全て免れるというのは妥当ではないと考えられます。

本件と類似の事例において、注文主は原則としては全額について履行

遅延に陥らないが、例外的に瑕疵の程度や交渉の経過を考慮して報酬債権全額の支払いを拒むことが信義則に反するときはこの限りではないとされています（最高裁判所平成9年2月14日判決）。

そして、46万円分の瑕疵修補請求権をもって請負代金1,325万円の支払いを拒もうとした注文主が信義則に反するとされたケースがあるように（福岡高裁平成9年11月28日判決）、上記最高裁判例の「例外的な場合」は、瑕疵修補請求と請負代金額との比率や、瑕疵修補の対象となっている瑕疵が目的物において重要な瑕疵であるか否かといった観点で判断されることになります。

回 答

ご質問のケースでは、注文主の主張する瑕疵が軽微であって上記最高裁判例のいうところの「例外的な場合」に当たれば、貴社は注文主に対して、年14.6％の約定の遅延損害金を含めて請負代金全額を請求できます。

なお、仮に「例外的な場合」に当たらないとしても、貴社又は注文主が相殺の意思表示をした後は、請負代金の残額と遅延損害金を請求することができます。

ケース2-6　連帯債務と連帯保証の差異

当社は、Y社と同社の代表取締役Zを連帯債務者として、100万円を貸し付けています。

当社は、Y社からの支払いが滞ったため、Zに支払いを請求してきましたが、Zは10年以上何の連絡も受けていないので、消滅時効を採用すると言っています。

そのような主張は通るのでしょうか。

また、ZがY社の連帯保証人であれば、違いがあるのでしょうか。

(1) 連帯債務と連帯保証

　Zが連帯債務者であっても連帯保証人であっても、Y社の支払いが滞ったときは、貴社は100万円のうち残額があれば、それをすべて返還するよう請求ができます。

　連帯保証は、主たる債務の履行を担保することを目的とするため、主債務者と連帯保証人は主従の関係にあります。

　これと異なり、連帯債務者の間に主従の関係はありません。この違いが具体的に表れるのが、ご質問のケースです。

(2) 時効中断事由としての債務の承認

　貴社の貸付は商行為になり（会社法第5条）、商法第522条の5年の消滅時効が適用になります。

　しかし、一定の事由があれば時効の完成が妨げられます。この時効の完成を妨げる事由を時効中断事由といいます。

　そして、時効中断事由の一つに「承認」（民法第147条第3号）があり、「承認」とは、債務者が債権者に対して債務を負っていると認めることです。例えば、債務者が債権者に対し同債務を弁済することは「承認」に当たります。

　そして、ある連帯債務についての債務の承認による時効中断の効果は、他の連帯債務には及びませんが（同法第440条）、これと異なり、債務保証については、主たる債務の債務の承認による中断の効果は、連帯保証人にも及び（同法第457条第1項）、連帯保証人の時効を中断させます。これが、連帯債務と連帯保証の違いが現れる一つの場面です。

　なお、債権者による連帯債務者に対する訴訟の提起等は、他の連帯債務者に対しても時効中断の効果が及ぶとされています（同法第434条）。

　一方、連帯保証人に対する訴訟の提起等は、主たる債務に対する関係でも時効中断の効果が及ぶとされているため（同法第458条、第434条）、訴訟の提起等による時効中断の効果に関しては、連帯債務と連帯保証は変わりません。

(3) 連帯債務のケース

　ご質問のケースは、Y社が現在から遡ること10年以内に、100万円

の貸付金債務について一部でも弁済していれば、Y社の負う債務の時効は中断します。

しかし、Zは連帯債務者ですので、Y社の債務の承認による時効中断の効果はZに対しては及びません。したがって、Zの債務は10年の経過によって時効が完成しており、Zの債務は時効により消滅します。

つまり、Zの消滅時効の主張が認められるということになります。

(4) 連帯保証のケース

他方、Zが連帯保証人である場合には、主債務者Y社が現在から遡ること10年以内に、100万円の貸付債務について一部でも弁済していれば、Y社の債務の承認による時効中断の効果がZにも及ぶため、Zの連帯保証債務の消滅時効を中断させます。

したがって、Zの連帯保証債務の時効は未だ完成していないので、Zの消滅時効の主張は認められないということになります。

回答

Zが連帯債務者であれば、Zは消滅時効の援用ができますが、Zが連帯保証人であれば消滅時効の援用はできません。

ケース2-7　取引先の破産手続開始決定への対応

当社に対し、取引先が破産手続開始の申し立てをしたとの通知が届きました。

当社の売掛金債権はまだ支払期限が到来していないのですが、買掛金債務と相殺することはできますか。

また、破産手続ではなく民事再生手続の場合はどうですか。

(1) 破産の場合は原則可能

破産会社に対して債権を有する者（破産債権者）が、破産手続開始の時点で破産会社に対して債務を負担していた場合、債権が期限付きの場

合や、債務が期限や条件付きの場合でも、以下に述べる例外を除いて相殺が可能です。

したがって、ご質問のケースの場合、貴社は、支払期限の到来していない売掛金債権と、買掛金債務を相殺することができます。

(2) **相殺が禁止される場合**

破産債権者が、破産会社の破産手続を知りながら債務を負担したような場合にまで相殺を認めると、破産債権者間の平等を不当に害することになります。

そこで破産法は、債務の負担時期及び破産債権者の認識に応じて、相殺を禁止しています。

具体的には、①破産手続開始後に債務を負担した場合、②支払不能を知りながら、専ら相殺に供する目的で破産者の財産の処分を内容とする契約を締結した場合、③支払停止の事実を知りながら債務を負担した場合、④破産手続開始申し立ての事実を知りながら債務を負担した場合などに、相殺が禁止されることになります。

加えて、債権者は、いつでも相殺可能なのが原則ですが、破産管財人から、相殺をするかどうか催告をされた場合は、催告期間が経過した場合は、相殺できなくなりますから、ご注意ください。

(3) **民事再生の場合は注意が必要**

破産手続の場合は以上のように比較的広く相殺が認められるのに対し、民事再生手続の場合には一定の制限があります。民事再生手続において相殺を行うためには、①再生債権の届出期間満了時までに両債権が相殺適状になっていること、②相殺の意思表示を再生債権の届出期間満了時までにすること、という要件が必要となります。

①の「相殺適状」とは、両債権の支払期限が到来していることを意味します。破産の場合には、債務者が破産手続開始決定を受けたときは、当然期限の利益が喪失するのですが（民法第137条第1号）、民事再生の場合は、このような規定がありません。

したがって、ご質問のケースの場合、貴社は、売掛金債権の支払期限が再生債権の届出期間の満了前であれば相殺が可能ですが、それより後

第3 社外要因的リスク

であれば相殺はできず、買掛金債務の支払いをしなければならないということになります。

(4) 民事再生において、相殺を行うために

取引先が民事再生手続を行った場合に、貴社が相殺を行うためには、再生債権の届出期間満了時までに、債権の支払期限が到来するようにしておく必要があります。そのためには、基本契約書で、取引先の再生手続の申立てを期限の利益の喪失事由として規定しておくことが有効です。

回答

取引先が破産手続開始決定した場合は、貴社は原則として期限未到来の債権について相殺ができますが、取引先が民事再生手続開始決定した場合は、期限未到来の債権については相殺はできません。

3　クレームリスク

ケース3-1　商品が腐っていたことを理由とするクレームへの対応

> 当社は、顧客Yから「当社の商品が腐っていてそれを食べてから体調が悪くなり、2～3日会社を休んだ。食中毒かもしれない。どう責任を取るのか。」などとクレームをつけられています。
> 当社はどのように対応すれば良いでしょうか。

(1)　**クレームリスク**

あくまでも個人的な感覚ですが、中小企業がさまざまな悪質クレームを受けるリスクは増えているのではないかと思われます。

最近は「モンスタークレーマー」などの言葉も定着し、中小企業が顧客からのクレームの対応に追われることが多くなっています。

このようなクレームの中には、企業が責任を負うべき正当なクレームももちろんありますが、単なる言いがかりに過ぎない場合も少なくありません。

企業としては、まず、事実確認や調査を行い、責任を負うべき内容のクレームかどうかをきちんと見極める必要があります。

(2)　**クレームへの初動対応**

ア　クレームが正当か不当かを確かめるために、Yの話をよく聞き、事実関係を確かめます。

5W1Hを意識して、メモを取って、時系列で整理します。矛盾や嘘だと思われることがあっても、この段階では反論しない方が良いです。相槌を打ったり、確認するため復唱することは有効な方法です。主語や目的語、数字の単位が省略されたりすることがあるので、確認すべきです。

商品に不備があったのであれば、その商品を受け取ります。

ご質問のケースでは、保健所で食品を調査してもらって、食中毒菌が混入しているかどうかの調査をしてもらうべきです。

イ　Yの要求を把握します。

単なる苦情なのか、謝罪を求めているのか、商品の交換なのか、金銭を要求するのか等を把握します。

ウ　今後の方針を伝えます。

事実関係を調査の上、対応しますということが基本ですが、ケースによっては時間がかかることも伝える必要があります。

エ　連絡方法の打ち合わせをします。

Yの氏名、住所、電話番号等を聞いていない場合は、こちらが氏名を名乗った上で尋ねてください。

(3) **最初の段階で行ってはならないこと**

原因が判明していないにもかかわらず、自社に責任があるかのように謝罪してしまったり、補償させていただきますとか、前向きに検討させていただきますなどとつい言ってしまうと、Yに金銭がもらえるとの期待を抱かせてしまい、マイナスになります。

(4) **根拠がないクレームである場合**

Yに対し、貴社の調査結果（落ち度はないこと）をわかりやすい言葉で誠実かつ丁寧に報告します。

インターネット等で公開されるおそれがあるため、社内で作成した調査結果書の交付を要求された場合は断るべきです。

場合によっては、相手方の要求に応じない旨の書面を会社名で作成し、配達証明付き内容証明郵便で送付します。

回答

貴社は、Yから商品を受け取って調査する必要があります。

また、Yが体調が悪くなって、2〜3日会社を休んだというのであれば、医師の診断書や会社の欠勤証明書の提出を求めることになります。

その上で、Yの要求を確認して、それを検討することになります。

ケース3-2 悪質なクレームへの対応方法

> 当社は、暴力団風のYから「お前の所の店長は対応が悪い。このことをインターネットにアップして商売できんようにするぞ。」と脅されています。
> 店長やそれ以外の職員に確認したところ、Yが店内で大声で話をしていたので、静かにしてくださいと注意したところ、注文したのと違ったメニューが出てきたなどと言って逆ギレしてしまったとのことです。
> Yとの面談において、警察との連携方法を教えてください。

(1) 交渉担当者について

クレーマーの中には、いわゆるモンスタークレーマーといわれる人や激情型の人も存在するので、相手の個性を踏まえた対応が必要となります。

Yとの面談は必ず複数で対応し、それぞれの役割分担を決めておきます（交渉担当者、メモを取る係、相手方の言動を観察して対応する係等）。

Yの氏名や住所等を確認して、それを明らかにしない場合は、退席してもらうべきです。

(2) 部屋で交渉する場合

対応者はすぐ退室できるようにするため、相手方は部屋の奥に座らせます。

暴力のおそれがある場合は、湯呑や灰皿等何も置かないようにします。お茶も出さなくて結構です。

(3) 録音・録画について

Yに黙って録音、録画をすることは、悪質なクレーム対応をしているという本件のような状況下では、何ら問題ありません。

できる限り録音、録画を行い、証拠として残しておくべきです。

(4) 態度について

Yが交渉者の態度に対して因縁をつけてくるリスクを踏まえて、誠実かつ毅然とした態度で対応することが必要です。

第3 社外要因的リスク

(5) 弁護士への相談

クレームの対応について、法的問題が絡むなど貴社だけの対応では困難だと判断したときは、初動対応や対応時の想定問答の点も含め、あらかじめ事前に弁護士に相談しておくべきです。

(6) クレームの事後処理

Yの情報、クレームの内容、事実調査の結果、対処した内容、交渉経緯等、今後に向けての改善策をまとめたクレーム処理調査表を作成します。

回答

Yが暴力を振るってきたとか、物を壊すなどして暴れているとか、帰ってくださいと言っても居座るなどの場合は、迷わず110番通報すべきです。

Yが暴行、傷害等の犯罪を犯すリスクがある場合は、事前に警察に相談に行って、110番通報をした場合は、直ちに駆けつけてもらうか、このようなリスクが極めて高い場合は、警察に店内で待機してもらうように依頼すべきです。

法ーっ！なるほど58　悪質クレームへの対応の具体例

1　「おめー（お前）じゃ話にならん。社長を出せー。」
　　→「私が本件の責任者です。」
2　「誠意を示さんかい。こらー。」
　　→「誠意とはなんでしょうか。具体的にお願いします。」
3　「事実関係は明らかじゃろう。すぐに回答せえー。」
　　→「事実関係を確認しなければお答えできません。」
4　「ごちゃごちゃ言うな。お前とこには道義的責任があろうが。」
　　→「道義的責任というのは具体的にどういうことでしょうか。」
5　「出るとこへ出るぞ。マスコミに言うぞ。ええんか。おー。」
　　→「当社の結論は変わりません。」

6 「わしによー舐めたこと言うなぁ。おめーには、嫁さんも子ども
 もおろうがー。」
 →「脅迫はやめてください。警察を呼びますよ。」

以上、少し岡山弁が入っていますが、お許しください。

なお、マスコミに言うぞという言葉に対して、「どうぞ」などと返すのは、相手を煽ることになるので、やめた方がいいかもしれません。ときには、筋違いの回答も有りです。

法一っ！なるほど59　土下座での謝罪請求への対応

　土下座して謝罪しろと要求し、土下座しなければ生命、身体等に危害を加える旨を告知してきた場合には、強要罪（刑法第223条第1項、法定刑は3年以下の懲役）に該当する可能性があります。

　トラブルの原因が従業員の対応ミスで貴社に謝罪すべき点があったとしても、貴社の担当者は土下座をするまでの義務はありません。

　これに限らず、クレーム対応においては、顧客やその関係者がアポなしに怒鳴り込んでくると住居侵入罪（刑法第130条、法定刑は3年以下の懲役又は10万円以下の罰金）、退去を求めても退去しないと不退去罪（同）、そのほか、傷害罪（刑法第204条、法定刑は15年以下の懲役又は50万円以下の罰金）、脅迫罪（刑法第222条第1項、法定刑は2年以下の懲役又は30万円以下の罰金）、業務妨害罪（刑法第234条、法定刑は3年以下又は50万円以下の罰金）などのさまざまな犯罪の被害を受けるリスクがあります。

　企業やその担当者は、かかる犯罪の被害を受ければ、弁護士と相談の上、刑事上、民事上の法的措置を検討すべきです。

第3 社外要因的リスク

④ 情報・営業秘密リスク

ケース4-1 パソコンのウイルス感染による情報漏洩

> 当社では、従業員のパソコンの誤操作からウイルスに感染し、顧客のデータが一部流出してしまいました。データが第三者の手に渡り、悪用されれば大変なことになってしまいます。
> どのように対応すれば良いでしょうか。

(1) **情報漏洩リスク**

企業のリスクとして、ご質問のようなパソコンのウイルス感染による情報流出等のリスクは、被害の広範性、即時性、拡散性等から企業存続の致命傷にもなりかねない極めて大きなリスクと言えます。

企業が一度でも情報漏洩をしてしまうと、被害者への謝罪費用、原因調査費用といったコスト面だけではなく、社会的信用やブランドイメージの低下など、そのダメージは計り知れません。

(2) **情報漏洩の原因**

情報漏洩の原因としては、パソコンの誤操作、盗難や置き忘れ、ノートパソコンなどのモバイル機器やUSBなどの持ち運び、ソフトウェアのバグ、コンピュータウイルスの感染、不正アクセスによる攻撃、内部関係者による意図的な情報の流出等が挙げられます。

特に、内部関係者による意図的な情報の流出は、デバイス制御だけでは防ぎきれないので、ファイルの暗号化などといった方法も必要になります。

NPO日本ネットワーク・セキュリティ協会「2013年情報セキュリティインシデントに関する調査報告書」によると、同年に発生した1388件の個人情報漏洩事例の原因は、誤操作、紛失・置き忘れ、管理ミスなどのヒューマンエラーが約80％を占めています。

ご質問のケースもまさに貴社のパソコンのセキュリティーの不備と従業員の不用意なパソコンの使用が原因となっているので、ヒューマンエ

ラーに該当します。

(3) **情報漏洩事実の公表**

　当該情報漏洩により個人の人格的、財産的利益に対する被害や、なりすましによる商品の購入などの二次被害が予想される場合は、それを最小限に抑えるため、顧客情報が漏洩した事実を速やかに公表することが必要となります。

回答

貴社の個人情報流出に対する初動対応の流れは、次のとおりです。
①事故状況、内容の把握（流出データの特定、漏洩原因の調査）
②警察署、監督官庁への第一報
③二次被害の防止措置（クレジットカード会社等への連絡）
④被害者に対する通知、公表（マスコミ発表を行うかどうかの検討）
⑤被害者対応（Q&Aの作成、お詫び状の送付、コールセンターの設置、問い合わせとクレーム対応）
⑥監督官庁への報告（情報漏洩の原因、経緯、漏洩発覚後の対応、今後の再発防止等）
⑦再発防止策の策定と実施

法ーっ！なるほど60　SNSの利用方法

　就業時間外といえども従業員が何気なくついソーシャルネットワーキングサービス（SNS）を利用して、会社の名誉や信用を害する書込みをするというリスクがあります。従業員は、SNSの利用について、就業時間中はもとより、就業時間外も労働契約上の付随義務として会社の名誉や信用を損なうような行為を行わないという義務を負っています。

　したがって、会社は、SNS利用ガイドライン等の社内規程において、その旨を明記すべきです。

第3　社外要因的リスク

> （例）
> 　従業員がSNSを利用して会社に関係する情報その他の情報を発信する場合は、会社及び取引先等の第三者の秘密情報を漏洩したり、会社の信用を損なう内容を発信してはならない。

ケース4-2　個人情報保護法への対応

> 　平成29年5月に施行された改正個人情報保護法への対応を教えてください。

⑴　個人情報保護法とは

　個人情報保護法は、個人情報の適正な取扱い等を目的として制定されており、平成29年の5月30日から改正法が施行されています。

　まず、個人情報とは、法律上、生存する個人に関する情報であって、当該情報に含まれる氏名、生年月日その他の記述等により、特定の個人を識別することができるもの及び個人識別符号（その情報だけで特定の個人を識別できる文字、番号、記号、符号等であって、例えば、DNAや指紋、マイナンバー等があります。）を言います。

　この個人情報の適正な取扱いをすべき者が、「個人情報取扱事業者」です。

　この個人情報取扱事業者については、旧法下では、いわゆる5,000人要件という例外が設けられていました。即ち、データベース化された個人情報を5,000人分以下しか扱っていない者は、個人情報取扱事業者の定義から外されていたのです。しかし、この度の法律改正により、この5,000人要件が撤廃されましたので、保有する個人情報の数に限らず、個人情報データベースを事業の用に供している者はすべて個人情報取扱事業者として、個人情報保護法上の義務を負うこととなりました。

(2) **個人情報の取得・利用**

まず、個人情報取扱事業者は、個人情報を取得する際は、その利用目的を特定し、その目的の範囲内で利用しなければなりません。また、その利用目的は、あらかじめ公表するか、又は事後的に利用目的を本人に通知しなければなりません。

ところで、個人情報保護法の改正により、「要配慮個人情報」という概念が設けられました。要配慮個人情報とは、不当な差別、偏見その他の不利益が生じないようにその取扱いに配慮を要する情報として、法律、政令、規則に定められた情報をいい、例えば、人種、信条、社会的身分、病歴、犯罪の経歴等を言います。この要配慮個人情報については、その取得に際して、利用目的の特定、通知又は公表をすることに加え、あらかじめ本人の同意を得ることが必要とされました。

(3) **個人情報の保管**

次に、個人情報取扱事業者は、取得した個人情報が漏洩等しないように必要かつ適切な措置を講じなければなりません。ただ、この安全措置は、小規模な事業者にとっては大きな負担となることがあります。そこで、従業員の数が100人以下の中小規模事業者については、特例的な対応方法が呈示されています。

(4) **個人情報の提供**

個人情報取扱事業者が、個人データ（個人情報データベース等を構成する個人情報）を第三者に提供する場合には、あらかじめ本人の同意を得ることが原則として必要です。そして、個人情報取扱事業者が、個人データを第三者に提供した場合、逆に第三者から個人データの提供を受けた場合は、一定事項を記録することが必要です。これは、名簿業者等が介在し、違法に入手された個人データが社会に流通しているという実態を受け、個人データの適正な第三者提供を行うためです。

(5) **開示請求等への対応**

最後に、本人が、個人情報取扱事業者に対して、保有個人データ（個人情報取扱事業者が開示や内容の訂正、追加又は削除などを行う権限を有する個人データのうち、6か月を超えて継続利用するもの）の開示を請

求した場合は、個人情報取扱事業者は、それに対応する義務が生じます。

回答

　改正個人情報保護法により中小企業はもとよりすべての事業者が同法の適用対象となってきます。
　中小企業も個人情報保護法のガイドライン等を参考に、自社に見合った個人情報取扱指針や個人情報取扱規程を設けることを検討すべきです。

ケース4-3　営業秘密の漏洩リスク

> 当社には、顧客管理簿（顧客の個人情報、顧客ニーズ、履歴等を含む。）があるのですが、顧客管理簿の漏洩防止策と、それが漏洩してしまった場合の対応について教えてください。

(1) 事前の漏洩防止策が重要

　営業秘密は、外部に漏洩した時点でその財産的価値が失われてしまうという性質を有しているため、事前に漏洩防止策を講じることが重要です。
　そして、営業秘密の漏洩は、外部からの侵奪によるものは稀であり、多くは会社の従業員や退職者が内部情報を持ち出すことにより発生しています。

(2) 従業員等の労務管理の重要性

　したがって、営業秘密漏洩防止のためのもっとも重要かつ有効な対策は、自社の従業員等の労務管理にあると言えます。
　具体的には、まず、就業規則や誓約書をもって秘密保持、資料返還及び競業避止義務を定め、営業機密管理規程を整備することが考えられます。
　また、営業秘密管理規程を整備するだけでなく、従業員の言動等に注意し、漏洩行為を行う素振りが感じられた場合には、すぐに営業秘密を

引き上げるという現実的な対応も必要となります。

とはいえ、企業の経営者は、「技術は人である」ということを再認識し、優れた技術者であればあるほど、待遇面で厚遇しつつ働きやすい職場環境を整備すべきです。

回答

中小企業においても、製品製造のノウハウが他社に漏れてしまって、それが利用されると、事業継続自体が脅かされるリスクにもつながりかねません。

営業秘密の不正取得、不正使用、不正開示に対しては、企業は差止請求、損害賠償請求、信用回復措置請求の民事上の措置を採ることができるほか、営業秘密侵害罪の刑事罰が規定されています。

しかし、民事上、刑事上の措置はいずれも事後的措置にすぎず、被害が完全に回復できないリスクがあるので、企業とすれば、営業秘密の管理を徹底すべきです。

法一っ！なるほど61　営業秘密とは

営業秘密とは、「秘密として管理されている生産方法・販売方法その他の事業活動に有用な技術上又は営業上の情報であって、公然と知られていないもの」（不正競争防止法第2条第6項）をいい、その要件は、次のとおりです。

　ア　秘密として管理されていること（秘密管理性）

秘密管理性については、①営業秘密に関して、その保有者が主観に秘密を有しているという意思を持っていること（秘密保持の意思）、②客観的に秘密として管理されていると認められる状態にあること（客観的な秘密管理性）の2つの要件が必要であるとされています。

また、経済産業省の営業秘密管理指針では、秘密管理性が認められるためには、企業の秘密管理意思が秘密管理措置によって従業員等に対して明確に示され、当該秘密管理意思に対する従業員等の認識可能性が確

保される必要があるとされています。

　そして、秘密管理措置とは、紙媒体の場合は、「マル秘」など秘密であることを表示したり、施錠可能なキャビネット等に保管することとされています。

　また、電子媒体の場合、記録媒体へのマル秘の付記、電子ファイルを用いた場合に端末画面にマル秘の付記、電子ファイル等の閲覧に要するパスワードの設定等が挙げられています。

　　イ　有用な営業上又は技術上の情報であること（有用性）

　この要件は、経済的な利用価値のある秘密、あるいは、法的保護を行うに足る社会的意義と必要性がある秘密のみを保護の対象とする趣旨です。

　　ウ　公然と知られていないこと（非公知性）

　不正競争行為によらないで当該情報が不特定多数のものに知られる状態になれば、もはや営業秘密としての保護が及ばなくなります。

ケース4-4　他社の営業秘密侵害リスク

> 　当社は、技術開発の仕事を行っているのですが、ライバル会社Ｙから、当社がＹ社の営業秘密を盗用しているので、その営業秘密の使用の差止めと損害賠償を請求する旨の通知が届きました。
> 　当社にはどのようなリスクがあるのでしょうか。

(1)　差止請求とそれに対する事実確認

　Ｙ社は、貴社に対して、当該情報を利用した販売活動の差止めを求めることとなりますが、まずは、貴社に対してその旨を記載した警告状を送付することが多いと考えられます。

　これに対し、貴社は、Ｙ社の主張に対して、営業秘密侵害の事実確認を行うことになります。

(2) **損害賠償額**

　貴社が他社の営業秘密を侵害すると、次のとおり、損害賠償額が容易に認定されたり、その額が多額になるというリスクがあります。

　ア　**原則はＹ社の得べかりし利益**

　しかし、Ｙ社が得べかりし利益を立証することは困難な場合があります。

　イ　**貴社の利益**

　貴社が営業利益の侵害により利益を受けているときは、Ｙ社の販売能力を超えない限度において、その額が損害額と推定されます。

　例えば、貴社がＹ社の営業利益の侵害により1,000万円の利益を上げていれば、Ｙ社は1,000万円の損害を受けたものと推定されてしまいます。

　もっとも、推定規定なので、商品の用途や需要者の違い、貴社の商品の購買力が独自の要素に起因することなどを理由として推定が覆る可能性はあります。

　ウ　**ライセンス料相当額**

　Ｙ社の損害額の算定については、営業秘密のライセンス料と推定されます。

　例えば、貴社の売上が5,000万円で、当該営業秘密のライセンス料率の相場が売上高の15％であれば、750万円がＹ社の損害と推定されてしまいます。

(3) **営業秘密侵害罪**

　不正の利益を得る目的又は営業秘密の保有者に損害を与える目的で行った営業秘密の不正取得・領得・不正使用・不正開示のうちの一定の行為を行うと、10年以下の懲役又は1,000万円以下の罰金（又はその両方）に処せられるリスクがあります。

　日本国内で管理されていた営業秘密を、国外で不正使用又は不正開示した場合も処罰されます。

　一部の営業秘密侵害罪については、法人の業務として行われた場合、行為者が処罰されるほか、法人も3億円以下の罰金となります。

(4) 営業秘密保護強化の動き

　営業秘密の侵害については、平成27年の不正競争防止法の一部改正により、営業秘密の取得者の処罰範囲の拡大（3次取得者以降も処罰の対象になる。）、未遂行為の処罰、非親告罪化、生産技術等の不正使用の事実について侵害者が違法に取得した技術を使っていないことを立証しなければいけないとの立証責任の転換等の営業秘密の保護強化の動きがあります。

　中小企業は、かかる動きを的確に認識して、営業秘密の侵害者にならないための経営法務リスクマネジメントが必要になります。

回　答

　貴社がY社の営業秘密を侵害すると、多額の損害賠償を負うとともに、刑事罰を被るリスクがあります。

　そこで、貴社としては、Y社の営業秘密を実際に侵害しているかどうかの調査を行い、侵害している事実が認められれば、早急に是正措置を講じるほか、Y社と和解交渉に入るべきです。

　また、貴社は、中途採用者等に対し、前職の会社の営業秘密を貴社において使用しない旨の誓約書を提出させるなどの予防措置を採るべきです（混入（コンタミネーション）対応）。

5 知的財産権リスク

ケース5-1　特許権の侵害を主張する際のリスク

> 当社は、半導体装置を製造販売する会社ですが、Y社が製造している半導体が当社の有する特許権を侵害していると考えて、Y社に対し、警告書を送付しました。しかし、Y社は、当社の有する特許権に係る発明は、既に皆に知られている発明に基づいて容易に発明することができるから、当社の特許権は無効であり、Y社は当社の特許権を侵害していないと主張してきました。
> しかし、当社の特許権は、有効に登録されている以上、当然当社の主張が認められると思いますが、どうでしょうか。

(1) 特許の登録要件

特許の登録要件としては、①産業上の利用可能性、②新規性、③進歩性が必要とされています。新規性とは、元々存在する技術ではなく、新しい発明であることをいい、進歩性とは、元々存在する技術から容易に発明することのできたものではないことをいいます。

Y社の主張は、貴社の特許権の進歩性を争うものと考えられます。

(2) 特許権を無効にする手段

特許権は、特許庁に特許無効審判を申し立て、無効審決が確定して初めて、初めから存在しなかったものとみなされます（特許法第125条）。

したがって、特許無効審決が確定していない以上、特許権はその効力を失うことはありません。

(3) 特許無効審決が確定していない段階での無効の主張

従前の判例は、上記(2)を理由として、請求の基礎となっている登録されている特許権が無効であることを理由にして、差し止め請求や損害賠償請求を排斥することは認めていませんでした。

しかし、現在は、請求の基礎となっている特許権の無効審決が確定していなくても、当該特許権の無効を主張して、特許権者の請求を退ける

ことができるとされています（特許法第104条の3第1項）。

回答

　貴社の特許権に進歩性等の無効事由がある場合は、Y社に対する侵害行為の差し止め請求や損害賠償請求が認められないリスクがあります。
　貴社は、Y社に対し、特許権の権利行使を行う際には、自らの有する特許権の有効性について再度検討すべきです。
　特許出願時は、自らの技術しか頭にないため、将来の他社からの反論をなかなか想定できません。Y社は、貴社から警告書を受領したら、貴社の権利行使を阻止するため、無効理由をほじくり出すべく、一生懸命になったと推察されます。
　貴社のY社に対する請求が認められるかどうかは、貴社の特許に進歩性が認められるか否かにかかっていると言えます。

法ーっ！なるほど62　知的財産権とは

　人間の精神活動、知的な活動から生まれるアイディア等で、財産的価値のあるものを知的財産といい、その知的財産に関して定められた権利を知的財産権といいます。
　知的財産権は、次のとおりです。
(1)　産業財産権
　ア　特許権
　特許権とは、「発明」に対して与えられる権利です。
　すなわち、新しい技術を公開した発明者に対して、その代償として、その技術開発の独占権を与えるものです。このようにすることで、新しい発明に対するインセンティブを与えるものです。
　イ　実用新案権
　実用新案権とは、「考案」を保護するものです。
　「考案」とは、「発明」に似ている概念ですが、「発明」は高度の技術的思考の創作であるのに対し、「考案」は、高度である必要はありません。

また、「発明」では方法も含まれるのに対し、「考案」は、物に限られます。いわば、「考案」は小発明のようなものです。

ウ　意匠権

意匠とは、「物品の形状、模様、もしくは色彩又はこれらの結合であって、視覚を通じて美感を起こさせるもの」、つまりデザインを保護するものです。

すなわち、製品のデザインは利用者のニーズやトレンドを先取りするかのように時代とともに変化します。デザインによって製品の売上げが変わることもあるのです。魅力のあるデザインになると、真似をされる危険があるのです。

そこで、デザインを守るのが意匠権です。

もっとも、デザインであればすべて大丈夫というわけではなく、大量に反復して生産できる必要がある等、いくつかの基準を満たしている必要があります。

エ　商標権

商標とは、企業のマーク、賞品・サービスのネーミングなどブランドのことです。例えば、「BMW」、「SONY」等が商標となります。

商品を選ぶとき、性能や価格も重要ですが、それに劣らず、どの会社が作った製品であるかも重要な決め手になる場合もあるかと思います。このようなことから商標についても保護しているのです。

商標権侵害に関するリスクとしては、例えば、十分な商標調査を行わずに自社商品について付した商標が、他社の同一又は類似の商品に係る商標と同一又は類似であり、商標権侵害を主張されることや、外国から真正品だと思って並行輸入した商品が実際には真正品ではなく、その輸入、販売が商標権侵害に該当してしまうことなどが考えられます。

(2)　著作権

著作権とは、著作物に対して有する権利です。

著作物とは、「思想又は感情を創作的に表現したものであって、文芸、学術、美術、又は音楽の範囲に属するもの」（著作権法第2条第1項第

1号）です。小説、映画、音楽、絵画等です。

法ーっ！なるほど63　著作権侵害のリスク

　中小企業もインターネット等で情報発信を行う機会が多くなっているので、著作権侵害のリスクは大きくなっていると言えます。重要なことは、他人の著作物を利用する場合は、その著作権者の許諾が必要ということです。
　特に、ネットから著作物を取り込む場合は注意が必要で、©マークがあるものは無断利用厳禁です。著作権法違反のリスクとしては、①多額の損害賠償、②出版物の回収、③新聞での一面謝罪広告の掲示があります。
　なお、著作権者の許諾が必要であることの例外の一つとして、公表された著作物の引用があります。この場合は、他人の著作物引用の必然性、自社の著作物と引用部分の区別、自社の著作物が主体であること、出所の明示が必要となることなどに十分留意する必要があります。

ケース5-2　外注して制作したビデオの映像のホームページへのアップ

　当社では、外部業者に委託して、会社紹介ビデオを制作しました。このビデオの出来が大変良かったため、このビデオを編集して会社のウェブサイトにアップしたいと考えています。
　当社が対価を支払ったビデオなので問題はないと思うのですが、どうでしょうか。

(1) **映画の著作物における著作権者**

　ご質問の会社紹介ビデオ映像は、著作権法上は映画の著作物に当たります。
　著作権法上、映画の著作者は、映画監督に限らず、演出、撮影、美術等を担当してその映画の著作物の全体的形成に創作的に寄与した者です。しかし、これらの著作者が全員著作権を持つと結果的に映画の利用

に支障を来すという配慮から、その著作者が映画製作者（多くの場合は映画会社）に対して映画の著作物の製作に参加することを約束しているときは、映画の著作権は映画製作者に帰属すると定められています（著作権法第29条第1項）。なお、映画製作者とは、「映画の著作物の製作に発意と責任を有する者」といいます（著作権法第2条第1項第10号）。

しかし、裁判所は、テレビCM原版については、従来の考えとは異なり、CM制作会社ではなく、広告主であるとの判断をしました（知財高等裁判所平成24年10月25日判決）。

その理由としては、15秒及び30秒の短時間の広告映像に関するものであること、多額の制作費のみならず、多額の出演料等も支払っていること、広告映像により期待した広告効果を得られるか否かについてのリスクは専ら広告主において負担しており、広告主において著作物の円滑な利用を確保する必要性は高いといったことが挙げられています。

したがって、会社紹介ビデオが完成した時点では、ビデオの著作権はビデオの制作会社に帰属していると考えられるのが原則ですが、制作の経緯等によっては、貴社に帰属していると判断される可能性もあります。

(2) ビデオ制作委託の注意点

もっとも、ビデオの制作委託契約の中で、ビデオの著作権が貴社に譲渡されることが明記されていれば、著作権の帰属については問題ありません。

しかし、制作委託契約に権利関係が明記されていない場合も少なくありません。

貴社に著作権が帰属することを明確にするためには、契約書に、「A社が制作会社に対価の全額を支払った時点で、本作品に関する著作権（著作権法第27条及び第28条の権利を含む。）及びその他の知的財産権はA社に譲渡される。」といった規定を設けるべきです。

著作権法第27条（翻案権）及び第28条（二次的著作物に関する原著作者の権利）について特に記載しておくのは、これらの権利については、著作権譲渡の対象であることを明記していなければ、譲渡されずに著作者に留保されていると推測するという規定があるからです（著作権法第61条）。

(3) 著作者人格権

ご質問のケースでは、ウェブサイトにアップする際にはビデオを編集することも予定されています。この場合、著作権（翻案権）とは別に、著作者人格権という権利も問題になります。

著作者人格権とは、著作物を創作した著作者が一身専属的に取得し、著作物の経済的権利（狭義の著作権）が第三者に譲渡されても、引き続き著作者が持ち続ける権利です。

本件のビデオを編集して利用する場合、同一性保持権（著作権法第20条）が問題となる可能性があります。

同一性保持権とは、不本意な改変を受けない権利のことです。著作物が著作者の思想又は感情の現れ、すなわち著作者の人格の現れであることから、保護されている権利です。もっとも、改変については、著作者の承諾があれば行うことができますし、著作権法上「やむを得ないと認められる改変」であれば承諾がなくても行うことができます。

しかし、映画の場合、純粋に技術的な制約に基づく改変（ビスタサイズの映画フィルムをテレビ放送に合わせてトリミングする行為）は、やむを得ない改変と認められるでしょうが、映像の一部削除、ストーリーの改変は、やむを得ない改変とは認められないと考えます。

そこで、著作者人格権の侵害を主張されないためには、契約書に「制作会社はA社に対して、本作品に関する著作者人格権を行使せず、また本作品の著作者に行使させない。」というような規定を入れておくと良いでしょう。

回答

貴社が外部の制作会社にビデオの制作を委託した場合、著作権の権利関係について明確な合意がなければ、貴社がビデオを自由に使えるとは限りません。

また、ビデオを編集する場合は、ビデオの著作権だけではなく著作者人格権も問題になるので、その点も確認する必要があります。

ケース5-3　商標登録を行わないことによるリスク

> 当社は、当社の店舗名と同じものを商標登録しているというY社から、商標権侵害に関する警告書を受領しました。
> Y社の商標出願日よりも、当社の店舗名の使用開始時期が早いのですが、当社は店舗名の使用を中止しなければいけないでしょうか。

(1) **商標権の重要性**

商標権とは、非権利者が登録商標や類似商標を、指定商品や指定役務又はそれと疑似する商品、役務に使用することを禁止できる権利です（商標法第25条、第36条、第37条）。

中小企業においても、商標権を登録すれば、競合会社が同一又は類似の名称で商品や役務を提供することを防止できるという点で、商標権の登録は経営戦略上、重要です。

ご質問のケースでは、貴社は、Y社の商標登録が貴社の事業を含んだ指定役務になされた有効なものかどうかを確認する必要があります。このようなY社の商標権が存在すれば、原則として、貴社の店舗名の使用行為はY社の商標権を侵害することになります。

(2) **商標登録取消審判**

この点、商標登録後継続して3年以上日本国内において商標権者、専用使用権者又は通常使用権者のいずれもが各指定商品又は指定役務についての登録商標の使用をしていないときは、その指定商品又は指定役務に係る商標登録を取り消すことについて審判を請求することができます（商標法第50条第1項）。したがって、貴社は、Y社が商標登録後3年以上登録商標の使用をしていないときは、Y社の商標登録を取り消すことについて審判を請求することができます。

(3) **先使用権**

しかし、仮に、そのようなY社の商標権が存在しても、以前からの貴社の店舗名の使用実績に基づき、貴社の継続使用を認める「先使用権」が成立する場合があります。

先使用権の成立には、①警告者の商標出願前から商標を使用していたこと、②不正競争の目的がなく商標を使用していたこと、③Y社の商標登録出願の際に、貴社の商標が実際に有名になっていたこと、④継続して、これまで使用していた商品や役務について、貴社の商標を使用していたことのすべてを満たす必要があります（同法第32条第1項）。

　これらのうち③は、Y社の商標出願時に、貴社の名称が周知（通常、隣県のいくつかまで貴名称が知れわたっている程度）であったことを、使用期間、使用地域、営業規模（店舗数、営業地域、売上高、販売数量等）、広告宣伝実績、新聞雑誌等の記事掲載実績等に関する証拠資料に基づき間接的に証明する必要があります。しかし、この証拠資料が元々なかったり、古い資料として既に廃棄されていたりして、③の証明ができずに先使用権が認められないリスクがあります。

(4)　**商標調査の重要性**

　貴社は、商標を使用する前に、同一又は類似する先行登録商標がないかどうか商標調査をすべきです。

　具体的には、特許庁の提供する特許電子図書館（IPDL）や、民間企業の提供するデータベースを使用して調査します。また、未登録商標であっても、先使用権が認められることもあることから、インターネットにおける一般的な検索エンジンを用いることも考えられます。

　特許電子図書館（IPDL）や民間企業の提供するデータベースは、商標登録されてから検索できるようになるまで、タイムラグもありますので、お気を付けください。

　その上で、商標を使用したり、商標登録をしたりするようにすべきです。

回答

　貴社の名称の使用実績により先使用権がうまく証明できれば、貴社の名称の使用を中止する必要がなくなりますが、実際はそれが困難な場合も多いと考えられます。

　そこで、貴社は、先使用権が認められるかどうかのリスクを検討して、これが認められないリスクが高ければ、早急にYとの間で和解に向けた

交渉を始めるべきです。

また、このようなトラブルを回避するためには、貴社が継続的に使用したい商標（店舗名、商品名、会社名、ロゴ等）は自らが商標登録すべきです。

ケース5-4 物品のデザインの権利の保全

> 当社は、包丁の取っ手部分の形状を独創的に工夫しました。この取っ手の形状は従来見たことがなく、他人が模倣することを防止したいのですがどうすれば良いでしょうか。

(1) 意匠登録を検討すべき

同じ機能を有する同種の物であっても、個性的で見栄えの良いデザイン（外観）を有する物が他の物よりもよく売れることはよくあり、産業の発達を促進するには、物のデザインは極めて重要です。

デザインについて、他人の模倣を防止し創作意欲を促進するため、優れたデザインを創作した者に、それを一定期間独占できる意匠権という知的財産権が設けられています。

(2) 意匠権とは

意匠登録の対象は、物品の形状、模様及び色彩に関するデザインであり、視覚を通じ美感を起こさせ、工業的に量産できるもの等を対象としています。

このようなデザインのうち、次のような要件等を満たすものを特許庁に意匠登録出願すれば、意匠登録を受けて意匠権を取得できます。

　①工業上利用することができる意匠であること（工業上利用性）
　②出願時に知られていない意匠であること（新規性）
　③容易に創作できたものでないこと（創作非容易性）
　④先願意匠の一部と同一、類似の意匠でないこと
　⑤公序良俗違反でないもの
　⑥他人の業務に係る物品と混合を生じないこと

⑦機能確保のための形状でないこと等

(3) 意匠登録の効果

意匠登録により与えられる意匠権は、登録されたデザインと同一及びこれに類似するデザインにまで専用権と禁止権が認められ、そのデザインと同一又は類似する模倣品を他人が製造したり販売することを禁止することなどができます。

(4) 差し止め請求又は損害賠償請求訴訟について

裁判所は、意匠の類否を判断することになります。具体的には、物品の需要者の注意を引く特徴的部分（要部）を認定し、要部を中心に両意匠を全体的に観察して、その構成態様の異同から両意匠が物品の需要者の視覚を通じて与える美感が共通するか否かによって、判断します。

したがって、実際に訴訟になった場合には、どこが要部なのかが争われることになります。その上で、全体としてどのような美感を与えるものかが検討されることになります。

例えば、大阪地方裁判所平成元年6月19日判決は、二段の弁当箱の事案につき、弁当箱が二段であること、上の容器と下の容器は引っ掛け具により係止するなどという基本形態は共通であるが、その共通部分は要部ではなく、要部と認定した引っ掛け具の具体的形状が顕著に相違することから生じる美感の差は、非常に大きいとして、原告の差し止め請求等を棄却しました。

また、意匠の類否の判断に当たっては、形状のみだけではなく、用途と機能にも配慮して判断されることになります。

回答

ご質問の包丁の取っ手のデザインについては、意匠登録の対象となると考えられます。

意匠権は登録料を払えば登録から20年間認められ、デザイン保護には極めて有効な手段です。

6 契約リスク

ケース6-1　契約のリーガルチェックにおける注意事項

> 契約書のリーガルチェックにおいて、買主の信用状態に不安が生じた場合のリスクヘッジでの方法を教えてください。

契約書のリーガルチェックにおける注意すべき点は次のとおりです。

(1) 期限の利益喪失

分割払いの場合には、分割金の支払いを1回でも怠ったときには、債務者は以後の分割払いという期限の利益を喪失するという約定を設ける必要があります。

> (例)
> 「債務者が分割金の支払いを1回でも怠ったときは、債務者は期限の利益を喪失し、売買代金合計300万円のうち既払金を控除した残額に、支払済みまで年10％の遅延損害金を付して直ちに支払う。」

(2) 瑕疵担保責任の排除

瑕疵担保責任は、当事者の合意によって排除できるので、売主の立場からは、瑕疵担保責任を排除したい場合には、明確に担保責任を排除する旨の規定を入れる必要があります。

> (例)
> 「本契約において、売主は一切の瑕疵担保責任を負わない。」

なお、改正民法では、「瑕疵」という用語を使用せず、「契約の内容に適合しない」という用語に変更になっています。用語は変更になりましたが、裁判所は、従前から「瑕疵」の有無について、契約当事者の合意、契約の趣旨に照らして、通常又は特別に予定されていた品質・性質を欠く場合をいうと解しており、用語が変更されたとしても、従来の実務を変更するものではないと考えられています。もっとも、この「契約の内容に適合しない」場合は、従来の考え方とは異なり、債務不履行の一般

原則によることとされました。そして、具体的には、追完請求権、代金減額請求権、損害賠償請求権及び解除権が認められることとなっています。したがって、改正民法施行後に、追完請求権及び代金減額請求権を排除したい場合は、明示的に排除する必要があります。

(3) **手付解除の排除**

手付金を受けとったからといって契約は確固たるものにはなりません。むしろ、契約で当別の定めをしなければ手付は解約手付となってしまうので、解約手付でないことを確認しておく必要があります。

> (例)
> 「買主は売主に対し、本契約締結と同時に、手付金として金100万円を支払う。この手付は証約手付とし、解約手付としての性質を有しない。」

(4) **損害賠償の予定**

債務不履行の場合は、債務不履行と相当因果関係にある実際に発生した損害を請求できます。

しかし、実際に発生した損害は、立証が困難な場合があったり、損害の範囲が予想以上に拡大する場合があります。

そこで、あらかじめ当事者間の合意で損害賠償額の予定を定めておくことは大変重要です。

> (例1)
> 「本契約が売主の責に帰すべき事由により解除されたときは、売主は買主に対して、売買代金の2割に相当する額を違約金として支払う。」
> (例2)
> 「受託者の責に帰すべき事由により委託者が損害を被った場合、その損害額の上限は、本件業務委託契約に基づき委託者が受託者に支払う業務委託料の限度とする。」

(5) **債権回収措置**

売主とすれば、買主に対する売掛金の履行期の時期に関係なく、反対債権が発生したら、直ちに相殺して売掛金債権を消滅させ、債権回収を図るための条項を設けるべきです。

> (例)
> 「売主は、買主に対して金銭債権を有する場合には、本契約に基づく買主の債務の弁済期に関わらず、いつでも対等額にて相殺できるものとする。」

回答

例えば、売主とすれば、買主の信用状態に不安が生じた場合に、出荷を停止したり、商品の引上げを行えるための条項を設けるべきです。

> (例1)
> 「甲は、乙が支払期限の猶予を求めるなど、乙の経済的信用力に不安を及ぼす事情が発生したときは、製品の出荷を制限又は停止することができる。」
> (例2)
> 「乙に本契約の解除事由が発生した場合、甲は何らの通知催告を要することなく、乙に引渡済の製品のうち、乙が第三者に販売済であることを明示していない製品を引き揚げることができ、乙はこれに異議を述べない。」

ただし、(例2)を規定したとしても、実際に引き揚げる際には、相手の同意を得て、立ち会ってもらってください。同意が得られない場合は、動産売買先取特権の行使として、裁判所に強制執行の申立てをしてください。

法ーっ！なるほど64　上手なリーガルチェックの依頼

　私はよく、中小企業から、契約書のチェックの依頼を受けるのですが、契約書の原案を送ってもらっただけでは、その中小企業が契約書のいったい、どこを、どうチェックしてもらいたいと考えているのかがわからないことがあります。

　中小企業は、契約書のリーガルチェックを依頼する際には、少なくとも契約における自社の疑問点を明らかにしておくべきです。また、この点はこういう理由で納得できないとか、こういったケースでは契約上どのような結果になるのかといったコメントを付けた上で、契約書の原案

を送っていただいた方が弁護士としてはより実効的なリーガルチェックができます。

　契約書のリーガルチェックのみならず、経営法務リスクマネジメント全般について、弁護士を上手く利用していただきたいと思います。

法ーっ！なるほど65　中小企業の契約書に対する基本姿勢

　これまでの契約書のリーガルチェックに関する私の経験に基づき、中小企業の契約書に対するあるべき基本姿勢として考える点は、次のとおりです。

1　契約締結交渉の主導権を握れ！
　契約書は、可能な限り自社が案文を作成し、それを相手方に修正してもらうという流れでとりまとめすべきです。
　もし、そうしないと相手方の案の「枠」の中での修正を余儀なくされてしまったり、相手方がしかけた巧妙な条項を見抜けなかったり、技術的に修正が難しい契約条項として提示されてしまって、修正が困難になるなどのリスクがあります。

2　契約書作成（修正）は文書作成ではなく、交渉事である！
　早い段階から自社に有利な契約条件を提示すべきです。

3　相手方に逃げの口実を与えるな！
　曖昧さを極力排除した具体的な規定にするように心がけるべきです。

4　シンプル・イズ・ベストである！
　過度に経営法務リスクを意識して、自己満足的にだらだら書いている契約書よりも、経営法務リスクのポイントを押さえて、重要な点が明確かつ簡潔に規定されている契約書の作成を心がけるべきです。

5　経営法務リスクマネジメントを意識せよ！
　契約書をめぐって、どのようなリスクが生じるか、そのリスクが発生した場合、契約書の条項に基づくとどのような権利関係になるのか等を弁護士とあらかじめ十分に検討しておくべきです。

ケース6-2 リーガルチェックの具体例

> 例えば、業務委託契約書のリーガルチェックにおける、具体例とポイントを教えてください。

契約書のリーガルチェックの具体例は、次のとおりです。。

(1) **必要事項等の提示**

第○条　甲は、その企図する計画に基づいて、乙の業務の遂行に必要な事項及び関係書類等を遅滞なく乙に提示する。

甲から資料や情報がなければ、乙は業務ができないというリスクがある。

次の第2項を加える。

「2　前項による提示のないとき又は乙が提示を求めたにもかかわらずその提示が著しく遅滞したときは、乙は、自己の裁量によって、必要事項を決定し、業務を進めることができ、甲はこれに異議を述べない。」

(2) **実施期間及び基本報酬額**

第○条　本件業務の実施期間は平成29年4月1日から7月31日までとする。

2　前項の実施期間内に本件業務が完了できなかった場合には、報酬は発生しないものとする。

乙は、自分に落度がないのに報酬をもらえなくなるリスクがある。

次の第3項を加える。

「3　前項において、乙の責に帰すべき事由によって基本業務が完了できなかった場合には、第○条に規定する基本報酬額は発生しないものとする。」

(3) **業務内容の変更**

第○条　乙が本件業務に着手したのちに、甲が基本業務内容の追加・変更を要求したときは、乙は、その変更に応じた報酬の増額を求めることができるものとする。

乙は、具体的な報酬が決まらなければ業務を行いにくいというリスクがある。

次の第2項を加える。

「2　前項において、報酬増額が決まるまでの間は、乙は、甲が追加・変更を要求した業務と密接な関連性を有する業務内容については、この遂行を停止することができるものとし、甲はこれに異議を述べない。」

(4)　調査費用等

第○条　本件業務の遂行に要する諸費用（出張費、資料等の取り寄せ、調査のための要因に関する費用、レポート作成費用等）はいずれも乙の負担とする。

　　　　乙は、特別な調査の実施費用まで負担しなければならなくなるリスクがある。

次の項目を加える。

「本件業務の遂行に要する諸費用は、通常の資料作成費用、プレゼン費用、調査費用などは乙の負担とし、特別な調査等実施のために要員を使用した場合の人件費は甲の負担とする。」

2　甲が調査、研究等を乙に依頼したときは、その費用は甲の負担とし、甲は特別報酬額にこれを加算して乙に対して支払う。

　　　　甲は、乙から多額の特別報酬を請求されるリスクがある。

次のただし書きを加える。

「ただし、乙は、これらの調査等に要する費用の見積を事前に甲に提示し、確認を得なければならない。」

(5)　報告書の提出

第○条　乙は、本件業務を完了したとき、又は、甲の求めに応じて、本件業務に関する報告書を甲に提出する。ただし、基本業務に関する報告書は毎月の報告書を翌月10日までに提出する。

　　　　乙が報告書に書かれているとおりの業務を本当にやっているかどうかのリスクがある。

次の第2項を加える。

「2　前項の場合、甲は乙に対して、報告書記載の適正さを判断するための業務日報、ヒアリングレポートその他の基礎資料の提出を求めるこ

とができるものとし、乙は、業務上の機密に該当することを立証するなど正当な理由がない限り、これを拒むことができない。」

回答

上記のように、業務委託書のリーガルチェックにおいては、受託者にどのような業務をどの程度までやってもらうのか、業務遂行に伴い発生する経費の負担をどちらが負担するのかなど、さまざまな点がポイントになってきます。

ケース6-3 不可抗力条項

不可抗力条項とはどのようなものですか。

(1) 不可抗力のリスク

取引先に契約の目的物を届ける途中に交通事故に巻き込まれるとか、海外から商品を輸入し国内で販売する契約を結んでいたところ海外でテロや暴動が発生するなど、思わぬ事態が発生し、それにより契約が履行できなくなるということは現実に生じ得ます。

そのような場合、不可抗力条項を定めておけば、リスクを最小限に抑えることが可能です。

(2) 不可抗力の意味

「不可抗力」とは、「取引上普通に要求される程度の注意や予防方法を講じてもなお防止できない損害を発生させる事由であり、戦争、内乱、大災害などをいう」とされています。

ここで、民法第419条第3項は、金銭を支払う債務においては不可抗力をもって抗弁とすることができないと規定されており、この条項の反対解釈として、金銭債務以外の債務については、不可抗力をもって責任を免れることができるとされています。

つまり、契約を履行できなかった場合、相手方から損害賠償請求や契

約解除をされる危険がありますが、こちらが契約をできなかったのは不可抗力によるためだったということを立証できれば、相手方からの損害賠償請求や解除等の責任追及を封じることができるのです。

(3) 不可抗力をめぐるトラブル

ただ、ここで争いになるのが、何が不可抗力に当たるのか、契約を履行できなかった原因は不可抗力なのか、ということです。

不可抗力条項は、このような争いを避け、当該条項に該当する事態が生じたことのみの立証で免責されるという効力を持ちます。

回 答

不可抗力条項の例は、次のとおりです。

> （例）
> 「戦争、テロ行為、暴動、天変地異、法令の改廃・制定、公権力による処分・命令、同盟罷業その他の争議行為、輸送機関の事故、その他の不可抗力により、個別契約の全部又は一部の履行の遅滞又は不能が生じた場合は、甲又は乙は互いにその責任を負わない。」

ケース6-4　チェンジオブコントロール条項

チェンジオブコントロール条項とはどのようなものですか。

(1) 会社の支配権変更のリスク

チェンジオブコントロール条項とは資本拘束条項ともいい、ライセンス契約や代理店契約などの重要な契約を結ぶに当たって、買収などで一方の会社の支配権（control）が変わった（change）場合は、相手方の会社が契約を破棄できるとする条項をいいます。

つまり、実質的な契約の当事者が変更したことをきっかけとして、契約を解除できる条項というわけです。

このチェンジオブコントロール条項は、敵対的買収に対する防衛策とし

て用いられます。なぜなら、チェンジオブコントロール条項があれば、仮に敵対的買収者が買収に成功しても、重要な契約が買収をきっかけとして破棄されてしまうリスクがあるので、買収した意味がなくなるからです。

(2) 子会社の離反への対応

このチェンジオブコントロール条項が活躍する場面は、敵対的買収に対する防衛策に限られません。

例えば、ある会社が親会社であることを理由として子会社と契約を締結する場合が考えられます。

このようなときには、契約を締結した後にこの子会社が別の会社と合併したり、別の会社が親会社となったときは、契約を締結した意味がなくなるので、親会社はいかにして契約の拘束力を免れるかが重要になってきます。

そこで、あらかじめチェンジオブコントロール条項を締結していれば、このような場合に契約を解除することによって契約の拘束力を免れることができるのです。

(3) 子会社への金銭貸与へのリスク対応

また、チェンジオブコントロール条項は、子会社に金銭を貸し付ける場面でも活用できます。

具体的には、親会社が変わると、子会社への資金援助が事実上期待できなくなり、子会社の返済に不安が生じるような場合に備えて、親会社が変わった場合には、借主である子会社は期限の利益を喪失し、貸金債務を一括して弁済しなければならないという内容の条項を規定するというものです。

回答

チェンジオブコントロール条項の例は、次のとおりです。

> (例)
> 「甲は、乙が合併した場合又は乙の株主が50％を超えて変動した場合は、何ら催告をすることなく本契約を解除することができる。」

ケース6-5 賃貸人の倒産によるリスク

当社が賃借しているビルの賃貸人Yの信用状態が悪化しているようなのですが、賃貸借契約や敷金はどうなるのでしょうか。

(1) **賃貸ビルが競売された場合**

　ア　抵当権の設定よりも引渡しが先の場合

　賃借人である貴社は、建物の引渡し後に抵当権設定を受けた抵当権者に対して、自らの賃借権を対抗できますので、仮に抵当権が実行されても、貴社は建物競落人に対して自らの賃借権を対抗でき、建物競落人は賃貸人たる地位を当然に承継することになります。

　その結果、敷金返還債務も建物競落人に承継されます。任意売却された場合も同様です。

　イ　抵当権の設定よりも引渡しが後の場合

　賃借人である貴社は、建物の引渡しを受けた時点ですでに抵当権設定を受けていた抵当権者に対して、自らの賃借権を対抗できません。

　したがって、抵当権が実行されると賃貸借契約は競落人に承継されず、貴社は、建物売買後6か月間のうちに、建物を明け渡さなければなりません。

　また、賃貸借契約が承継されない以上、敷金返還請求権はもともとの賃貸人である前所有者に対して行使するしかありません。

(2) **賃貸人が破産等の法的整理に入った場合の敷金返還請求権**

　賃貸人が破産、民事再生等の法的整理手続を採った場合には、賃借人である貴社は、敷金返還請求権を一般の破産債権、再生債権等として届け出なければなりません。

　もっとも、敷金返還請求権は建物の明渡完了時に初めて現実化するものですから、破産手続では、法定の配当期限内に明渡しが完了しない限り配当されないことに注意する必要があります。他方で、民事再生や会社更生では、期間制限はなく、建物の明渡しが完了後、他の一般債権者と同等の条件で配当を受けることができます。

賃貸人が破産等の法的手続に入った後も、貴社は賃料を支払わなければなりませんが、破産では、賃借人が破産管財人に賃料を支払う際、敷金返還敷金額を限度として、破産管財人に対して、賃料弁済額の寄託を請求できます。その後、賃借人が破産管財人と賃貸借契約を合意解約し、建物を明け渡した場合、寄託した賃料全額は返還され、寄託していた期間の賃料は、支払っていなかったことになりますから、敷金から未払賃料を差し引いた残額の限度で敷金返還請求権が発生し、賃借人は、破産債権の届け出を行うこととなります。

民事再生や会社更生では、手続開始後にその弁済期が到来すべき6か月分に相当する額を限度として賃料債務と敷金を相殺できます。敷金返還請求権については、手続開始後その弁済期に弁済をしたときは、手続開始時の6か月分に相当する額の範囲内で共益債権として扱うものとされています。共益債権とされた分は、手続外で随時弁済を受けられることとなります。

回答

賃貸ビルが競売になった場合は、Yが貴社に賃貸ビルを引き渡した時期と金融機関の抵当権設定の先後で結論は変わってきます。

Yが破産等の手続を採った場合は、貴社は債権届を行って配当を受けることができますが、破産手続では敷金を限度として破産管財人に賃料弁済額の寄託を請求できますし、民事再生や会社更生では、6か月分の賃料と敷金を相殺することができます。

7 労働組合リスク

ケース7-1　元従業員の加盟した労働組合からの団交要求

当社は、Y労働組合から、「貴社の元従業員が組合に加入した。元従業員は貴社を退職したが、これは退職を強要されたもので無効である。元従業員の未払残業代を請求する。」などを内容とする団体交渉請求書を受領しました。

このような退職した従業員が加盟した労働組合との団体交渉に応じる必要はあるのでしょうか。

また、当社が団体交渉において行ってはいけないのはどのような行為でしょうか。

(1)　団体交渉のリスク

労働者側から利便性を考えた場合、司法制度を利用すると、時間と費用がかかり、敷居が高いイメージがあります。そうかといって、行政のあっせん等の制度を利用したとしても強制力が伴わないため、解決できるか不安があります。

そうなってくると第3の選択として合同労組の団体交渉を選ぶ労働者もいて当然で、それは解雇された後等のいわゆる「駆け込み」などに顕著に現れており、今後も団体交渉は増加していくと考えられます。

中小企業とすれば、団体交渉のリスクは、どこまで対応すれば誠実交渉義務を果たしたことになるのかの着地点が不明確であることや、度重なる団体交渉により経営者が疲弊したり、経営改善を思うように進めることができなくなってしまうなどといったリスクがあります。

(2)　不当労働行為

労働組合が会社と交渉を行う際のルールは、労働組合法に定められています。

その中で、特に会社が労働者や労働組合に対して行ってはならない行為が「不当労働行為」と定義されていて、具体的には、以下のとおりで

す（労働組合法第7条）。

　ア　組合員であることを理由とする解雇その他の不利益取扱いの禁止

　これは、労働者が、労働組合の組合員であること、労働組合に加入しようとしたこと、労働組合を結成しようとしたこと、労働組合の正当な行為をしたことを理由に、労働者を解雇したり、その他の不利益な取扱いをすることです。

　また、労働者が労働組合に加入せず、又は労働組合から脱退することを雇用条件とすること（いわゆる黄犬契約）もこれに含まれます。

　イ　正当な理由のない団体交渉の拒否の禁止

　これは、使用者が、雇用する労働者の代表者と団体交渉をすることを、正当な理由なく拒むことです。

　使用者が形式的に団体交渉に応じても、実質的に誠実な交渉を行わないこと（不誠実団交）も、これに含まれます。

　ウ　労働組合の運営等に対する支配介入及び経費援助の禁止

　これは、労働者が労働組合を結成し、又は運営することを支配し、又はこれに介入することです。

　また、労働組合の運営のための経費の支払いにつき経理上の援助を与えることもこれに含まれます。

　エ　労働委員会への申立て等を理由とする不利益取扱いの禁止

　これは、労働者が労働委員会に対し、不当労働行為の申立てをし、若しくは中央労働委員会に対し再審査の申立てをしたこと、又は労働委員会がこれらの申立てに関し調査若しくは審問をし、若しくは労働争議の調整をする場合に労働者が証拠を提示し、若しくは発言したことを理由として労働者を解雇し、その他の不利益な取扱いをすることです。

(3) 会社側の対応

　従業員が労働組合を結成すると、労働組合は会社に対して労働組合加入通知書、団体交渉申入書を送ってきます。

　この通知に驚いたり、焦ったりして、組合の言いなりになって団体交渉に応じて労働協約を締結すると、非常に不利な拘束を会社が受ける場合もあるため、慎重かつ冷静な判断が必要です。会社としては、毅然と

した態度で、労働組合法などの法令や判例を踏まえて、会社側の意見をしっかり主張することが重要です。

回答

貴社は、Y労働組合が、元従業員が退職を強要されたと言っていること、未払残業代を請求することなどを主張している以上、元従業員だからということのみをもって団体交渉を拒否できず、団体交渉義務はあると言わざるを得ません。

ケース7-2 合同労組への対応

当社の従業員が合同労組に加入したとして、合同労組からの団体交渉の申入書が届きました。
当社としては、どのような対応を採ればよろしいでしょうか。

(1) **合同労組とは**

合同労組は、中小企業の労働者を一定地域で、職種や産業にかかわらず組織化した組合で、もともとその多くは全国一般労働組合の地方本部ないし支部でした。

これらの組合の多くは、個々の労働者の解雇、残業代不払い、セクハラ・パワハラ問題等の個別労働紛争を個々の企業との団体交渉によって解決することを主要な活動としているようです。

(2) **合同労組に関する情報収集**

初めて関わりを持つ合同労組の場合、団体交渉前にできる限り情報収集する必要があります。というのは、支持政党による違いもありますが、一口に合同労組といってもその性格はさまざまであり、団体交渉に臨むに当たって注意すべき点等も変わり得るからです。

当該合同労組のホームページ等があれば、過去の実績などからその組合の性格がわかることもありますし、また、経営者団体に問い合わせる

ことも考えられます。

回答

　貴社が合同労組を軽視して団体交渉に応じないと、不当労働行為となり、労働委員会から救済命令等が発されるリスクがあります。

　また、団体交渉を拒否した場合、労働組合が会社近くでのビラ撒きや街宣活動等の抗議行動を行ったり、労働委員会への不当労働行為救済の申立てを行ったりするリスクを頭に入れておく必要があります。

　一方、対応を急ぐあまりに準備不足で団体交渉に臨むと、合同労組のペースに乗せられ要求を飲まざるをえなくなり、後々後悔することにもなりかねません。

　そのため、弁護士と十分に対策・方針を協議の上、迅速かつ的確な対応が必要となります。

法ーっ！なるほど66　労働組合のビラ貼りに対する対応

　労働組合が会社の許諾なく、会社施設にビラ貼りを行った場合は、会社は建造物損壊罪（刑法第260条、法定刑は5年以下の懲役）、器物損壊罪（刑法第261条、法定刑は3年以下の懲役又は30万円以下の罰金等）での告訴を検討することになります。

　次に、ビラ貼りに対する懲戒処分や損害賠償に関しては、裁判所は、ビラ貼りの組合活動の必要性とそれにより会社の被る業務運営上、施設管理上の支障を比較衡量して、認められるかどうかを判断するので、会社としては、不透明感は払拭できず、かかる労働組合の行動は、経営法務上の大きなリスクとなります。

第3　社外要因的リスク

法ーっ！なるほど67　労働組合の街宣活動

　労働組合は、自らの要求を掲げて、会社はもとより、会社代表者の自宅近くまで押しかけて、街宣車による街宣活動を行うことがあり、私もかかる労働組合の行動に対し、対応したことがあります。
　会社や会社代表者としては、毅然として、かかる行為の差止めや損害賠償等を検討することになります。

法ーっ！なるほど68　ピケッティングへの会社の対応

　ピケッティングとは、労働組合等が労務を提供しようとする労働者や会社側の者や取引先等の会社への出入りを阻止しようとするための見張り、人垣を作るなどの活動です。
　私もこのような争議行為の場に出くわしたことがあります。
　判例は、争議行為について、このような実力行使は厳しく評価しており、平和的説得に限られるという考え方を採っていると解されるので、民事上、刑事上の法的対応等を検討すべきです。
　中小企業とすれば、労働組合のリスクの中でも最も大きなものは、このような実力行使型の争議行為にあるといっても過言ではないので、かかるリスクへの準備と対応が必要となります。

ケース7-3　団体交渉における注意事項

　当社は、近々労働組合との団体交渉に臨みますが、録音してもよろしいのでしょうか。
　また、労働組合に資料を交付するときの注意事項を教えてください。

(1) **誠実交渉義務**
　団体交渉において、使用者には「誠実交渉義務」が課せられています。

すなわち、使用者には、労働組合の要求や主張に対して、回答や反論を行い、必要に応じてその根拠を提示する必要があります。

しかし、労働組合と議論を尽くしても合意できない場合は、団体交渉を打ち切ることも可能です。しかしながら、交渉事項にもよりますが、最低3回から4回の団体交渉は覚悟するべきだと思われます。議論を尽くさないまま、一方的に団体交渉を打ち切ると、不当労働行為になる可能性があります。

(2) 団体交渉の日時

団体交渉は、準備作業が大切です。労働組合は自分の都合で日時を指定しているだけですので、準備が間に合わないと考えられれば、「当社業務繁忙のため、○月○日○時を希望する。」などと回答することも問題ありません。

ただし、あまりに先の期日を指定するのは、不当労働行為になる可能性があります。

また、労働組合は、団体交渉の開始時刻を就業時間内に指定してくることが多いのですが、これは明確に拒否するべきです。団体交渉は業務ではありませんから、就業時間外に行うべきであり、これを認めると、以後も就業時間内の団体交渉を認めざるを得なくなってしまう可能性があります。交渉時間については、2時間程度とするのが良いでしょう。

(3) 団体交渉の場所

労働組合側は、会社内の会議室等を指定してくることが一般的ですが、会社の近くの貸会議室等で行う方が無難です。会社内で団体交渉を実施するリスクとして、大人数で大挙して来ることや、大声を出されるなどで会社業務に支障をきたす可能性があることのほか、要求が通るまで帰らないなどして、会社に長時間居座られるおそれがあること等がその理由です。

(4) 団体交渉の出席者及び人数

団体交渉に交渉権限のある者を1人も出席させないことは、団体交渉を無意味なものにしかねず、不当労働行為となる可能性があります。よって、人事担当役員や人事部長の出席は必要になるでしょう。

労働組合側は大人数の出席を要求してくるかもしれませんが、不規則

発言が増えるなど冷静な協議ができませんので、人数制限を求めるのが賢明です。

(5) **労働協約**

　労働組合が一方的に労働協約を送り付け、労働協約の締結を求めてくることがありますが、決して拙速に締結してはなりません。労働協約は就業規則よりも効力が強く（労働組合法第16条）、締結には十分な検討が必要です。

回答

　まず、団体交渉における双方の発言は、ICレコーダー等で必ず録音することが必要です。

　労働組合側が録音するのであれば、貴社も録音して良いですし、特に労働組合側が録音することを明示しなくても、貴社は労働組合側に無断で録音しても差し支えありません。

　次に、労働組合に資料を渡す場合には注意する必要があります。給与等に関する交渉の場合、経営に関する資料を説明の際に用いることがありますが、安易に内部資料を手渡すと情報流出のリスクがあります。資料の内容によっては、後で回収することを宣言して閲覧させるだけにするとか、交付する場合には第三者に開示しない旨の誓約書をもらう等の対応が考えられます。

法一っ！なるほど69　組合活動による会社の信用・名誉毀損

　労働組合は、ビラ等の配付、幟や横断幕等の掲示等さまざまな活動を行い、その結果、会社の信用や名誉が毀損されるリスクが生じます。

　しかし、一般的には、表現内容の真実性、表現自体の相当性、表現活動の動機・態様等を考慮して、正当な組合活動として社会通念上許容された範囲内であると判断される場合は違法性を阻却されると考えられています。

　最近では、労働組合が会社の取引先に対してメール送信を行ったり、

インターネットを利用して会社の誹謗中傷を行うリスクがあるので、中小企業とすれば、なるべく労働組合がそのような実力行使に訴えないように慎重に団体交渉を行う配慮が必要となってきます。

　また、労働組合がそのような実力行使を行った場合は、損害賠償請求等の検討が必要となってきます。

8 損害賠償リスク

ケース8-1　建物完成の遅れによる損害賠償の範囲

> 当社はある顧客から3階建ての建物工事を受注しました。この建物は、1階及び2階を注文主が事務所兼店舗として貸し、3階を注文主の自宅として設計されています。順調に工事は進んでいたのですが、当社にトラブルがあり、この建物の完成が3か月ほど遅れてしまいました。
> そうしたところ、注文主から「1階と2階の3か月分の家賃は合計200万円になるのに、これが工事遅延で入らなくなった。それに、3階への入室が遅れることで余計な費用がかさんだ。だから損害賠償として300万円を支払って欲しい」という請求を受けました。
> 当社に幾らか責任はあるでしょうが、当社はこの請求金額の支払いに応じなければならないのでしょうか。

(1) **損害賠償義務はあるか。**

　まず、本件工事の完成が遅れた原因は貴社にあるようですので、貴社は債務不履行（履行遅滞）に基づき損害賠償義務を負担しなければなりません。では、かかる損害賠償義務は300万円全額に及ぶのでしょうか。

　損害賠償義務は、相手方に通常生じた損害（通常損害）に加え、当事者があらかじめ知ることができた特別事情に基づく損害（特別損害）にも及びます（民法第416条）。

　そして、本件における通常損害とは、当該建物を使用収益できないことによって生じる不利益であり、本件においては、当該建物を建てている間に注文主が他のマンションやアパートを借りて住んでいた場合の賃料相当額等がこれに当たります。

(2) **特別損害とは**

　次に、注文主が完成建物の1階と2階を他人に貸すことで得られる予定だった賃料ですが、これは特別損害に含まれます。そして、特別損害

は、「当事者がその事情を予見し、又は予見することができたとき」に賠償義務が発生します（民法第416条第2項）。

 ですので、貴社が設計図を見て1階と2階が事務所兼店舗とされていることがわかる場合や、注文主との打ち合わせにおいて1階と2階は事務所兼店舗として貸すなどと注文主から伝えられていれば、貴社は特別損害を予見することができたとして賠償義務を負担することになります。

 他方で、かかる特別損害が成立するためには、建物完成予定日の翌日から実際に1階と2階に第三者が入室することが確実であることが必要です。

回答

 貴社は、注文主が3階に入室することが遅れたことに伴う損害を賠償する義務を負います。

 また、注文主が完成予定の建物の1階と2階を事務所兼店舗として貸すことを予見し得たと解されるので、実際に1階と2階に入居者が現れないことの反証に成功しない限り、相当額の損害賠償が認められるリスクがあると言わざるを得ません。

法一っ！なるほど70　売買契約における瑕疵担保責任

 民法上は、買主は瑕疵を発見した場合に責任追及をすればよく、責任追及の前提として必要な行為は要求されていません。

 しかし、商人間の場合、買主は目的物の引渡しを受けた後、遅滞なく瑕疵の有無を確認し、瑕疵があった場合、売主に対して通知する必要があります。この通知を怠ると瑕疵担保責任を追及できなくなるのです（商法第526条第1項）。

 では、買主が引渡直後に瑕疵を発見できない場合はどうでしょうか。

 この場合、買主が目的物引渡後6か月以内に瑕疵を発見した場合であれば、責任を追及することが可能です（同条第2項）。

 このように、買主としては、売主が瑕疵の存在を知っていた場合（同

条第3項）を除き、売主に対して瑕疵担保責任を追及できない場合がありますので、民法との違いに十分注意する必要があります。

法ーっ！なるほど71　引渡後6年経過後の瑕疵担保責任追及への対応

　工事請負契約約款で、瑕疵担保責任の期間は5年間とされている場合に、例えば、引渡後6年経過後の注文主からの損害賠償請求に応じる義務があるかどうかといった相談を受けることがあります。
　工事請負契約では、瑕疵担保責任についての存続期間として、5年又は10年が規定されています（民法第638条）。
　また、新築住宅については、「住宅の品質確保の促進等に関する法律」が規定されており、瑕疵担保責任の期間が10年と定められています。
　この点、注文主が、具体的に瑕疵の内容とそれに基づく損害賠償請求をする旨を表明し、請求する損害額の算定の根拠を示すなどすれば、損害賠償請求権が保存されるとされ、この請求は裁判上の権利行使までは必要ないとされています（最高裁判所平成4年10月20日判決）。
　同判決は売買契約の瑕疵担保責任に関するものですが、請負契約の瑕疵担保責任にも妥当すると考えられています。
　したがって、注文主が引渡から5年経つまでの間に、上記のような損害賠償請求をする旨を表明していれば、注文主の権利が保存されている可能性があります。

ケース8-2　店舗内での事故リスク

> 当社は物品販売を行っていますが、店舗内に見えにくい段差があり、これまでも何人かが転倒しています。
> もしも転倒等により大きな負傷が生じた場合、当社に損害賠償義務は生じるのでしょうか。

(1) **工作物責任**

建物の占有者は建物の設置の瑕疵によって生じた損害を賠償する義務があるとされているので、この工作物責任に基づき、損害賠償を負うリスクは高いと言えます。

(2) **事故リスクの把握**

施設内での事故防止策を検討するためには、現状を的確に把握する必要があり、そのためには施設内で起こった事故を把握するほか、事故につながりそうになった事例（ヒヤリ・ハット事例）を収集して活用することが有効です。

収集した事例は「分析」⇒「要因の検証と改善策の立案」⇒「改善策の実践と結果の評価」⇒「必要に応じた取り組みの改善」といったいわゆるPDCAサイクルによって活用していくこととなります。

(3) **対　策**

貴社においては、単に危険注意といった貼り紙だけで十分か、顧客の動線も意識した店舗全体としての対応が必要か、幼児や高齢者の施設内への進入の頻度等を検討することになります。

組織全体としての対策は、次のとおりです。
①事故背景を明確にし、それを公表する（情報の共有）。
②事故要因をなくす。
③理にかなった事故防止対策マニュアルを作成し改正を繰り返す。
④事故防止の教育システムを構築する。

(4) **施設全体の安全リスク**

そのほか、施設の安全管理については、屋外の看板落下や遊戯具の損

壊、倒壊等のリスクもあるので、施設全体としての安全性にも注意を払うべきです。

回答

　見えにくい段差で過去に何人も転倒している以上、工作物が安全性を欠いた状態で、安全面に欠陥があることは明らかなので、仮に、来客が転倒等により負傷した場合は、工作物責任が認められる可能性は高いと言えます。
　貴社とすれば、転倒防止のための段差の解消といった抜本的な対応が必要となります。

ケース8-3　通勤途中のマイカー事故による会社の損害賠償責任

　先日、当社の従業員が通勤中に人身事故を起こしてしまい、被害者が死亡してしまいました。
　その従業員はマイカーで通勤していたのですが、この場合、当社にも事故について責任があるとして、被害者の遺族に対し損害賠償をしなければならないでしょうか。
　なお、その従業員は、いわゆる任意保険に加入していませんでした。

(1) **使用者責任と運行供用者責任**

　従業員が交通事故を起こして他人に人的・物的損害を与えた場合、その社員が損害賠償責任を負うことは当然です。
　会社はこの従業員が起こした事故に直接関与したわけではありませんが、法律上、従業員と同様の責任を負う場合があります。
　それは使用者責任（民法第715条第1項）と運行供用者責任（自動車損害賠償保障法第3条）の要件に該当する場合です。
　使用者責任は、従業員の運転が会社の「事業の執行」といえる場合に、運行供用者責任は、「自己のために自動車を運行の用に供していた」と

いえる場合に、損害賠償責任を負うというものです。

典型例としては、会社の自動車を従業員が業務のために運転していて人損事故を起こした場合が挙げられます。

(2) **マイカー通勤中の事故**

では、社員が運転していたのが会社の車ではなくマイカーで、しかも事故時は勤務中ではなく通勤中の場合は、会社に責任があるのでしょうか。

一般的に、マイカーは業務のために利用しているとはいえず、また、通勤は会社の支配下にある状態とはいえないので、原則として会社の責任は否定されます。

ただし、裁判例では、マイカーが日常的に会社業務に利用され、会社もこれを容認、助長している特別事情（例えば、会社がガソリン代、維持費を負担していることや、駐車場を提供している事情等）がある場合に、使用者責任や運行供用者責任が肯定されているケースがあります。

また、近時の裁判例では、マイカーが日常的に会社業務に利用されていなくても、通勤が業務に密接に関連するものであるとして使用者責任が肯定されたケースもあります。

回答

従業員のマイカー通勤時における事故についても、貴社がマイカー通勤を容認、助長している事実があれば、貴社が損害賠償責任を負うリスクは高いと言えます。

そのようなリスクに備えて、貴社は、従業員に十分な損害保険（任意保険）への加入を義務付けることと、貴社がそれを定期的に確認しておくことが必要となります。

第3 社外要因的リスク

ケース8-4 建物請負業者の地盤沈下に対する責任

　当社はある不動産業者と建物建設請負契約を締結し、契約どおりに建物を完成させました。その建物は、その不動産業者が建売住宅として土地とともに顧客に販売しました。

　ところが、顧客が住み始めてしばらくして、土地が沈下し始めるというトラブルが発生しました。その顧客は当社に責任があるのだから、土地の補強工事を行えと言ってきています。

　当社は不動産業者に言われたとおりに建物を建てただけで、土地の造成工事は別の造成業者が行っています。また、当社は当該土地が傾斜地に造成されたものということしか知りませんでした。

　それでも当社は責任を負わなければならないのでしょうか。

(1) 土地の沈下による建物建設業者の責任

　ご質問のケースにおいては、建売住宅を顧客に売った不動産業者、及び土地の造成工事を行った造成業者が、顧客に対して法的責任を負うことは明らかです。

　問題は、それに加えて、土地上に建物を建てたにすぎない貴社までもが責任を負うか否かということになります。

　京都地方裁判所平成12年10月16日判決は、類似のケースにおいて、貴社と同様の立場にある建築業者の責任を認めました。以下、裁判所の判示内容を紹介します。

　「建築業者である以上、建築物の定着する地盤が平らで均一な支持力を有するものばかりではないことは当然認識すべき事柄であって、特に、傾斜地を切り開いて造成された盛土地盤に建築物を建てようとするときは、性質上支持力の弱さが容易に予見できるというべきである。したがって、建築業者としては、建物を建築するに当たり、その基礎を設けざるを得ないときは、一体的な基礎を設けたうえで、……不同沈下を起こすことのないような配慮すべき義務がある。」「なぜなら、これは生命・身体・財産の保護と公共の安全が図られる建物の建築を請け負うべき社会

的責任のある建設業者としては、当然尽くすべき基本的な注意義務と解される」と判示されています。

(2) **建物建築業者の認識**

　この裁判例においては、建物を建てようとする土地が「傾斜地を切り開いて造成された盛土地盤」であり、建築業者は性質上（土地の）支持力の弱さが容易に予見できたことが重視されています。

　したがって、貴社の責任を測る上では、貴社が建物を建てるに際し、当該土地の性質をどのように認識していたかが重要なポイントとなり、貴社が当該土地は傾斜地を造成した土地であるなどと認識していた場合には、たとえ貴社が土地の造成に関与していなくても責任を問われる可能性が高いと言えます。

　なお、上記裁判例においては、地盤を補修するための工事費、顧客の一時移転費用、弁護士費用の賠償として1,000万円以上の賠償請求が認められました。

　以上より、地盤に問題がありそうな土地に建物を建てる際は、たとえ建物建築のみを請け負っているとしても、建物建設工事に入る前に土地についての慎重な調査が必要であると言えるでしょう。

(3) **当然尽くすべき基本的な注意義務とは**

　この裁判例を紹介したのは、建物建築業者のみならず、何か契約関係に入ろうとする場合、中小企業は、当然尽くすべき注意義務違反が後で問題にされるリスクがあることに、注意する必要があることをお知らせしたかったためです。

　契約関係は、単に契約書に記載されていることを文言どおりに履行しただけでは足りず、信義則とか予見可能性といったことが要求されることがあり、それ故、中小企業といえども、経営法務リスクマネジメントの観点から、社会から期待されることを誠実に行っていく必要があると考えます。

回　答

　ご質問のケースでは、貴社は、土地が傾斜地に造成されたものということを知っていた以上、土地の沈下が容易に予見できたとして損害賠償責任を追及されるリスクがあります。

法ーっ！なるほど72　訴訟のリスクヘッジ

　中小企業経営者としては、原告であれ、被告であれ、訴訟に巻き込まれることを好ましいと考える人は多くはないと考えられます。その理由は、弁護士への着手金、報酬といったコストがかかることや解決までに時間がかかるといった不利益のほか、勝訴判決が出ても救済されない場合があること、弁護士との打ち合わせや証拠収集に手間を取られること、いわゆる訴訟沙汰自体が企業のマイナスイメージにつながることが考えられます。

　そこで、中小企業とすれば、できるだけ訴訟に巻き込まれることを防ぐための方策が必要となってきます。例えば、売掛金請求訴訟を回避すべく、取引相手の信用、財務状況を事前に十分調査しておくとか、解雇無効確認訴訟を回避すべく、ある従業員を解雇するかどうかを弁護士を交えて慎重に行うか、また、段階的な懲戒処分を踏まえて解雇を検討するということを行うことが考えられます。これがまさに経営法務リスクマネジメントであり、訴訟リスクのヘッジになります。

ケース8-5 顧客に対する説明不足のリスク

> 当社は住宅会社ですが、隣家との距離が近く、日照時間の具体的な説明について、担当者の説明が十分でなかったとして、顧客Yから契約の解除と損害賠償を要求されています。
> 担当者はきちんと説明したと言っていますが、どうすれば良いでしょうか。

(1) 裁判例

宅地建物取引業者であるA社及びB社が、土地の売買契約において、当該土地のみでは接道義務を満たしておらず将来的に建て替えが不可能であったことを買主に何ら説明していなかったことをもって説明義務違反を認定して、約1,700万円の損害賠償が認められた裁判例があります（千葉地方裁判所平成23年2月17日判決）。

また、宅地建物取引業者が専有部分内に設置された防火扉の操作方法等について買主に対して説明を行っていなかったという説明義務違反により、当該業者に約900万円の損害賠償が認められた裁判例もあります（東京高等裁判所平成18年8月30日判決）。

このように、中小企業は、説明義務違反をもって多額の損害賠償が認められるリスクがあることに注意する必要があります。

(2) 対応策

契約締結段階において、どのような事実について説明すべきかを検討し、必要かつ十分な説明を行った後、説明を行った旨の書面に相手方に署名・押印してもらうことが必要です。

(3) 交渉の記録化

中小企業の従業員は、顧客に対する説明はもとより、クレーム対応等も含め、さまざまな面で交渉を行うものと考えられます。

そこで、後々、言った、言わないのトラブルになりそうなケースについては、書面を交付するとか、メールでやり取りをするとか、ケースによっては、録音しておくといった交渉の記録化が必要になります。

第3 社外要因的リスク

　ちなみに、録音は相手に無断で行っても差し支えありませんし、民事裁判でそのような録音の反訳文を証拠として提出することもあります。

回　答
　貴社としては、担当者がYに日照時間について説明したとか、説明しなかったとかという点について争われること自体が大きなリスクとなってしまいます。
　仮に、Yの言い分が認められて、訴訟において解除等が認められてしまうと大きな財産的損害と信用の低下につながります。
　貴社とすると、顧客に対して、重要な点を説明するときは、文書にして手交するなどのリスクヘッジを行うべきです。

9 名誉・信用毀損リスク

ケース9-1　万引き犯人の写真公開

> 当店はコンビニエンスストアですが、万引きが多くて困っています。監視カメラに録画された映像があるのですが、犯人の顔写真を公開しても問題ないでしょうか。

(1) 犯人の顔の公開

　以前、おもちゃを万引きされた被害店舗が、その犯人の顔写真を公開しようとして、話題になりました。店側は、防犯カメラに写っていた万引きしたとする人物の画像を顔の部分がわからないように加工してホームページなどに掲載していましたが、「おもちゃを返さないと顔の画像を公開する」と警告していたので、この対応に賛否が分かれていました。

　販売している商品を盗られた店側の気持ちも理解できる点はありますが、盗んだものを返さないと顔写真を公開するというのは一種の脅しのような気もします。

　この店側の対応には、いくつかの法的問題が含まれています。

(2) 自力救済の禁止とは

　まず、万引き犯の顔写真を公開することを告げて盗られたものを取り返そうとする行為は、「自力救済の禁止」に該当する可能性があります。

　「自力救済の禁止」とは、権利を有する者が、その権利を侵害された場合に、法律の手続によらずに自力で権利を回復することをしてはいけないということを言います。

　このケースでいうと、万引きされた商品の所有者である店が、犯人に対して、「顔写真を公開されたくなければ返しなさい」というように、自力でその商品を取り返すということをしてはいけないということです。

(3) 自力救済が禁止されている理由

　自力救済行為を認めると、権力・財力・腕力といった「力」のある者

が正義ということになってしまいます。日本は法治国家であって、法律によって社会が成り立っているのですから、このような社会秩序を乱す行為は認めるわけにはいきません。いくら自分の所有するものが盗られたからといっても、「力」によって解決するのではなく、法律の手続に基づいて返還を求めなければならないということです。

　これが、自力救済が禁止されている理由です。

(4) 自力救済の問題点

　権利について、所有権という用語はよく聞かれると思いますが、これと似た概念の「占有権」があります。占有権とは、物に対する事実上の支配という状態そのものに法的保護を与えるというものです。

　例えば、他人から一時的に自転車を借りる約束をした場合に、その借りている自転車を事実上支配できるというものです。占有権は、どのように入手されたものでも（盗んだものであっても）ひとたび占有が開始されると権利として発生します。

　その占有権のある物を自力で奪い返すと、占有権侵害となって窃盗罪（刑法第235条、法定刑は10年以下の懲役又は50万円以下の罰金）が成立したり、不法行為に基づく損害賠償請求がなされるリスクがあります。

　また、万引き犯の顔写真を公開してしまうと、その社会的評価が低下したとして、名誉棄損罪（刑法第230条第1項、法定刑は3年以下の懲役若しくは禁固又は50万円以下の罰金）が成立したり、不法行為に基づく損害賠償のリスクも考えられます。

回答

　貴社が万引き犯人の顔写真を公開すると、名誉毀損罪の成立のほか、万引き犯人から不法行為に基づく損害賠償請求をされるとともに、会社のレピュテーション低下のリスクがあります。

　貴社は、警察署に、被害者氏名不詳のまま、窃盗罪で告訴を行うべきです。

ケース9-2　インターネット記事の削除等の方法

> インターネットを見ていると、当社に関する事実無根の内容を記載して、当社を中傷する記事を見つけました。この記事を書き込んだ人物はわからないのですが、記事の削除を求めることはできるのでしょうか。
> また、この記事を書き込んだ者に対して、損害賠償を請求するため、この記事を書き込んだ人物の住所と氏名を知りたいのですが可能でしょうか。

(1) **プロバイダ責任制限法とは**

インターネットは、誰もが自由に多数の人と情報の受発信をすることができる画期的なツールですが、その情報発信の簡便性・大量伝達性・匿名性により、甚大な名誉棄損・プライバシー侵害が生じてしまうというリスクが存在しています。

この問題に対応するために、「特定電気通信役務提供者の損害賠償責任の制限及び発信者情報の開示に関する法律」(以下、「プロバイダ責任制限法」といいます。)が制定されています。

このプロバイダ責任制限法は、一定の要件の下でプロバイダが掲示板への書込み等を削除しても投稿者に対する損害賠償責任を負わないことと、発信者情報の開示請求ができることなどを定めています。

(2) **掲載内容の削除**

インターネット上で貴社の権利侵害情報が掲載されているときは、貴社からは情報の発信者がわからない場合でも、貴社は、サイト管理者などのプロバイダに対して、その掲載内容を削除するように求めることができます。

それを受けたプロバイダは、他人の権利が不当に侵害されていると信じるに足りる相当な理由があるとき、又は、情報発信者に送信防止措置を講ずるに同意するかどうかを照会し、7日間経過しても発信者から同意しない申出がなかった場合は、該当する情報の公開中止や削除などの

措置を採ることができます。

この措置によって発信者に損害が生じてもプロバイダは賠償責任を負いません（同法第3条第2項）。

(3) **発信者情報の開示請求**

プロバイダ責任制限法では、プロバイダが発信者の住所・氏名を開示できる要件として、①開示請求をする者の権利が侵害されたことが明らかであること、②損害賠償請求権の行使のために必要である場合その他開示を受ける正当な理由があること、という2つの要件を挙げています（同法第4条第1項）。

どのような場合に上記①及び②の要件を充たすかは、個々の事案によることになりますが、開示請求者の社会的評価を低下させる具体的事実が記載されているか否かが1つのポイントになるのではないかと考えられます。

回答

貴社としては、プロバイダに対して、記載内容の削除を求めることになります。そして、プロバイダが削除に応じてくれなかった場合は、削除を求める仮処分の申立てを検討することになります。

また、貴社は、プロバイダに対して、貴社の被った権利侵害と損害賠償を提起する必要性を示した上で、侵害情報の発信者の住所、氏名等の開示請求を行うことができます。

しかし、プロバイダから情報発信者の住所や氏名が任意開示されることはほとんどないので、仮処分や訴訟提起等の法的措置を採ることが必要となります。

法ーっ！なるほど73　バイトテロのリスク

　従業員がSNS上に悪ふざけの写真を投稿し、それが流出して、雇用している企業に多大な損害を与えることが問題になっています。
　このような事態は、アルバイトによるテロ行為ということで「バイトテロ」と呼ばれています。
　このような従業員の行為は、店舗の業務を妨害するものとして、威力業務妨害罪（刑法第234条）に該当し、3年以下の懲役又は50万円以下の罰金に処せられます。
　また、民事上の損害賠償責任も発生します。
　しかし、当該従業員に資力がなければ回収ができず、絵に描いた餅にすぎません。
　このように事後的な損害賠償で対処するよりも、事前に従業員がバイトテロ行為に及ばないような対策を採ることが非常に重要です。
　貴社の事前の防止策としては、バイトテロ行為によって生じる個人の法的責任、プライバシーが晒されるというSNSの危険性、企業が被る損害について、徹底した従業員教育を行うことが重要といえるでしょう。
　また、従業員が1人になる時間帯を生じさせないことや、職場への携帯電話の持ち込み禁止、監視カメラの設置等も対策として考えられます。

10 不公正・不当取引リスク

ケース10-1 商品の瑕疵を理由とする代金の減額請求への対応

当社は資本金2,000万円の株式会社です。

先日、資本金500万円のY社に物品製造の発注を行いました。Y社は、契約書に定められた品質・数量の製品を納入しましたが、当社の営業部長が当社の業績を上げようとして、Y社に対し、支払代金を減額する旨の通知を行っていたことが判明しました。

当社にはどのようなリスクがあるのでしょうか。

(1) 下請法とは

いわゆる上場企業が下請けいじめをするだけではなく、中小企業も下請けいじめを行ってしまうリスクがあります。

下請法（下請代金支払遅延等防止法）とは、下請代金の支払い遅延を防止することによって、親事業者の下請事業者に対する取引を公正ならしめることを目的とする法律です。

これは独占禁止法上の優越的地位の濫用規制を補うものとして定められたものです。

すなわち、同法では、規制対象に当てはまる取引の発注者（親事業者）を資本金区分により「優越的地位」にあるものと画一的に取り扱うことにより、下請取引に係る親事業者の不当な行為を、より迅速かつ効果的に規制することを狙いとしています。

(2) 対象となる下請取引

下請法の対象となる取引の内容として、「製造委託」、「修理委託」、「情報成果物作成委託」（プログラム、映画等）、「役務提供委託」（運送、ビルメンテナンス等があり、建設工事委託を除く。）があります（同法第2条第1項ないし第4項）。

これら4種類の取引のうち、例えば、製造委託、修理委託、政令で定める情報成果物（プログラム）作成および役務（具体的には、運送、物

品の倉庫における保管、情報処理）提供委託については、①委託する側（親事業者）の資本金が3億円超で下請事業者の資本金が3億円以下の場合、②親事業者の資本金が1,000万円超3億円未満で下請事業者の資本金が1,000万円以下の場合が下請法の規制対象となります（同法第2条第7項、第8項）。

また、プログラム以外の情報成果物作成委託及び運送、物品の倉庫における保管、情報処理以外の役務提供委託については、①親事業者の資本金が5,000万円超で下請事業者の資本金が5,000万円以下の場合、②親事業者の資本金が1,000万円超5,000万円以下で下請事業者の資本金が1,000万円以下の場合が下請法の規制対象となります（同法第2条第7項、第8項）。

このように、委託事業の内容と資本金の区分で画一的に親事業者と下請事業者が分けられています。

(3) **親事業者の義務と禁止行為**

親事業者に課される義務として、①下請代金の支払期日を定める義務（給付を受領した日から60日の期間内）（同法第2条の2）、②注文書の交付義務（同法第3条）、③遅延利息支払義務（同法第4条の2）、④書類作成・保存義務（同法第5条）があります。

また、親事業者の禁止行為として、①不当な受領拒否、②支払遅延、③代金の不当な減額、④受領後の不当な返品、⑤著しく低い代金の設定（買いたたき）、⑥物の強制購入・役務の利用強制、⑦親事業者の違反事実を公取委又は中小企業庁に知らせたことを理由に取引を停止又は不利益な取り扱いをすること（報復措置）等が挙げられています（同法第4条第1項、第2項）。

親事業者が義務に違反した場合は50万円以下の罰金が科せられたり（同法第10条）、禁止行為を行ったときは勧告措置が（同法第7条）、採られるリスクがあります。

第3 社外要因的リスク

> **回 答**
>
> 　貴社は、Y社に対し、物品の製造委託を行っており、それぞれの資本金に鑑みると、下請法の親事業者に当たります。
> 　したがって、Y社の責に帰すべき事情がない状況下での代金減額の要求は下請法違反のリスクがあります。
> 　その結果、勧告相当事案となり、公正取引委員会から貴社の企業名が公表されるとなれば、貴社のレピュテーション低下の大きなリスクとなります。
> 　加えて、50万円以下の罰金のリスクもあります。
> 　過度な利益売上主義は大きなリスクにつながることに注意する必要があります。

ケース10-2　入札談合のリスク

> 　当社は、営業部長が競合会社と入札談合を繰り返していたという情報を得ました。
> 　当社はどのように対応すれば良いでしょうか。

(1) **刑事責任リスク**

　公正な価格を害し又は不正な利益を得る目的で、談合した場合は談合罪（刑法第96条の6第2項、法定刑は3年以下の懲役又は250万円以下の罰金）に該当します。

　また、偽計又は威力を用いて、公共の競売又は入札の公正を害するべき行為をした場合は競売入札妨害罪（同第96条の6第1項、法定刑は上と同じ。）に該当します。

　談合罪等で社内から逮捕者を出すと、新聞等に社名が出て、会社のレピュテーションが下がるリスクが高いと言えます。

(2) **独占禁止法違反リスク**

　入札談合に対しては、行為者については5年以下の懲役又は500万円

以下の罰金に処せられるリスク、法人については5億円以下の罰金に処せられるリスク、入札談合の計画を知っていて、その防止に必要な措置を講じなかった等の事情がある法人の代表者については500万円以下の罰金に処せられるリスクがあるとともに、課徴金が課せられるリスクがあります。

(3) **課徴金減免制度**

　課徴金減免制度は、事業者が自ら関与したカルテル・入札談合について、その違反内容を公正取引委員会に自主的に報告した場合、課徴金が減免される制度です。

　公正取引委員会の調査開始日前に1番目に申請した場合には免除とされています。

　公正取引委員会の調査開始日前の申請で2番目に申請した場合は50％、3番目以降5番目までの申請については30％の減額とされています。

　ただし、4番目以降の申請については公正取引委員会がまだ把握していない事実を報告する場合に限ります。

　また、調査開始日前後併せて最大で5社まで減免可能です。もっとも、調査開始日後については、3社まで減額可能で、各社30％の減額となります。また、公正取引委員会がまだ把握していない事実を報告する場合に限ります。

回　答

　貴社は、談合により、談合罪、独占禁止法の刑事責任のほか、課徴金のリスクがあります。

　課徴金については、課徴金減免のため、迅速に公正取引委員会に談合事実の報告と資料の提出を行う必要があります。

ケース10-3　他社の名称の使用リスク

> 当社は、飲食業を営んでいますが、この度、新規出店するカフェの良い店名が思いつきません。私の好きな洋服の有名ブランド名は、飲食店関係では商標登録していないようですし、まさか当社のカフェがその有名ブランドと関係あると間違える人もいないでしょうから、このブランド名を店名としても良いでしょうか。

(1) 商標権侵害のリスク

洋服の有名ブランドは、商標登録を行っていると考えられますが、指定役務に飲食物の提供が含まれていないと、貴社がカフェの店名にその有名なブランド名を用いても商標権侵害になりません。

この場合は、不正競争防止法違反のリスクが問題になります。

(2) 周知商品等表示混同惹起行為

商標や商号のように他人の業務に係る商品や営業であることを示す表示である商品等表示のうち、周知な他人の商品等表示と同一又は類似のものを使用することで、自分と他人の営業等を顧客が混同するような行為は不正競争に該当します（不正競争防止法第2条第1項第1号）。

この混同行為については、商品等の主体を混同する虚偽の混同だけではなく、他人の周知な営業表示と同一又は類似のものを使用する者と当該他人との間にいわゆる親会社、子会社の関係や系列関係などの緊密な営業上の関係又は同一の表示の商品化事業を営むグループに属する関係が存すると誤信させるいわゆる広義の混同を生じさせる行為をも包含すると解されているので（最高裁判所平成10年9月10日判決）、注意が必要です。

(3) 著名表示冒用行為

商品等表示のうち、周知よりも有名の度合いが高い著名な（全国で世間一般に知られている）商品等表示と同一又は類似のものを使用することは不正競争に該当することが規定されています（同項第2号）。

つまり、商品等表示が周知よりも有名な「著名」になると、周知レベ

ルで要求される顧客の混同の有無は問わず、その著名な商品等表示と同一又は類似の商品等表示を他人が使用することは不正競争に該当し、差止請求や損害賠償請求のリスクが生じます。

回答

洋服の有名ブランド名（商標）が、著名とまではいかなくても周知である以上は、それを貴社のカフェの店名として使用することは、親会社、子会社の関係や系列関係などの緊密な営業上の関係等を誤信させるとして、周知商品等表示混同惹起行為に該当すると判断されるリスクがあります。

また、洋服の有名ブランド名が著名と判断されれば、貴社のカフェがその有名ブランドと何らかの関係があると混同されなくても、第2号の不正競争に該当すると判断されるリスクがあります。

このように他人の商標権侵害を生じなくても、周知又は著名な商品等の使用は、不正競争行為になるため、十分注意が必要です。

ケース10-4　形態模倣リスク

> ライバル社であるＹ社から、商品の形態を当社が模倣したという内容の警告書が届きました。
> 当社の初動対応は、どうすれば良いでしょうか。

(1) 形態模倣の有無の調査

貴社は、不正競争防止法違反（形態模倣）の有無を判断するため、両商品の現物を確認することが必要となります。

その上で、同法第2条第1項第3号において、保護の対象外となる「当該商品の機能を確保するために不可欠な形態」にＹ社の商品が該当しないかどうかを検討することになります。

次に、商品の形態の模倣については、ありふれた商品の形態は該当しないので（同法第2条第4項）、Ｙ社の商品がありふれた形態でないかど

うかについて、検討することになります。

その際には、Y社の商品が「機能を確保するために不可欠な形態」やありふれた形態であることを示す証拠資料（他社商品に先行して販売開始されていた同種の商品に関するパンフレットや同種商品の現物等）を収集しておく必要があります。

(2) **販売開始時期の確認**

Y社の商品の販売開始（又はサンプル出荷等の広告・営業活動開始）から3年以上経過していた場合には、Y社の商品は保護期間（同法第19条第1項第5号イ）を満了しているため、同法違反の問題は生じません。

Y社の商品の販売開始から3年以内の場合であっても、貴社の商品の方が先に販売等を開始している場合には、違法な模倣行為（同法第2条第1項第3号、同条第5項）に当たらないと判断される可能性があります。

(3) **自社商品の企画・開発**

不正競争防止法上違法とされる「模倣」は、他人の商品の形態に依拠して、実質的に同一の形態の商品を作り出すことをいいます（同法第2条第5項）。

したがって、貴社の商品開発の過程において、他社商品を参考にすることなく、独自の視点・観点から研究・開発等を行ったと立証できれば、違法とならない可能性があります。

(4) **形態模倣リスク**

形態模倣による不競法違反が争われている事案においては、相手方から差止請求（同法第3条）や損害賠償請求（同法第4条）がなされるリスクがあります。

そして、損害賠償請求においては、侵害している会社が当該商品の販売により得た利益をもとに賠償すべき損害額が推定されます（同法第5条）。

回答

貴社は、商品の製造過程において実際にY社の商品の模倣を行ったかどうか、相手方商品が当該商品の機能を確保するために不可欠な形態か

どうか等の検討を行うべきです。

その上で、形態模倣と判断されるリスクが高い場合には、差止め、損害賠償等のリスクを考えて、和解を視野に入れた交渉を行うべきであり、逆にそうでなければ根拠を示しつつ形態模倣でない旨の反論を行うべきです。

....

ケース10-5　商品の性能や品質の過大説明による契約締結のリスク

> 当社は物品の販売を行っていますが、従業員の中に販売実績を上げようとして商品の性能や品質を過大に説明して、大量の契約実績を上げている者がいるようです。
> この場合、当社にはどのようなリスクがあるでしょうか。

(1) 消費者契約法リスク

消費者契約法は、消費者と事業者の情報力・交渉力の格差を前提とし、消費者の利益擁護を図ることを目的としています。

事業者の不当な勧誘により消費者が契約を結んだ場合には、消費者はその契約を取り消すことができます。

取消事由は、以下のとおりです。

ア　不実告知（同法第4条第1項第1号）

重要事項について事実と異なる内容の説明を受けたケースのことです。例えば、羽毛100％の布団であるとの説明を受け購入しましたが、実際には羽毛50％にも満たないものであったというような場合です。

この場合、羽毛100％であることは消費者が契約を締結するかしないかの重要な判断材料であり、羽毛100％であるとの説明を信じて契約を締結したので、重要事項に不実の告知があったことになり、契約を取り消すことができます。

イ　断定的判断の提供（同法第4条第1項第2号）

例えば、必ず儲かりますなどというように将来の不確実な事柄につい

ウ　不利益事実の不告知（同法第4条第2項）

商品の欠点等の不利益をあえて言わないことですが、単に言わないだけではなく、その前に利益になることを告げたり、不利益の不告知が故意でなければなりません。

エ　不退去（同法第4条第3項第1号）

不退去とは、自宅に訪問した販売員に対して「要りません！」と断ったにもかかわらず、執拗に勧誘を繰り返すため、消費者が困ってしまいどうして良いかわからない状態で、結果的に契約を結んでしまったような場合が考えられます。

この他、退去すべき旨の意思表示には直接的・間接的を問いませんので「帰ってください！」「結構です！」「今忙しいので」「時間がないので」以外にも、身振りや手振りであっても退去を求める意思表示をしたとみなされます。

オ　退去妨害（同法第4条第3項第2号）

具体的には、店舗や事務所等に出向いた消費者が「帰りたい！」との意思表示をしているのにもかかわらず、数人で取り囲むなど物理的な方法や心理的な方法により、契約をするまで返さないなどと退去を妨害することです。

不退去と同様に退去する旨の意思には直接的・間接的を問わず、身振り手振りも含まれます。

カ　過量契約（同法第4条第4項）

事業者が勧誘するに際し、契約の目的物の分量、回数又は期間が当該消費者にとっての通常の分量等を著しく超えるものであることを知っていた場合で、消費者がその勧誘により、この消費者契約の申込み、承諾の意思表示をしたことを言います。

(2)　権利行使期間

ただし、この取消しには権利行使期間があり、追認をすることができる時から1年間、当該消費者契約の締結の時から5年を経過したときは時効により消滅するとされています（同法第7条第1項）。

10 不公正・不当取引リスク

回答

　貴社の従業員が商品の性能や品質を過大に説明して、大量の契約を締結していると、不実告知、不利益事実の不告知、過量取引に該当するリスクがあります。

　契約が取り消されると、商品が現状で返品され、代金を全額返還しないといけないので、貴社としては相当なリスクがあります。

　また、売り方に問題がある会社であるという評判が広まるレピュテーションリスクがあり、SNS等により問題会社といった書込みによるイメージダウンのリスクも深刻であると考えられます。

法ーっ！なるほど74　クーリング・オフの行使期間の具体例

　企業は、行使期間内（訪問販売であれば8日以内）にされたクーリング・オフには応じなければなりません。

　例えば、A社は、平成29年4月1日、訪問販売により、Bに対し、ベッドを20万円で売り、Bから契約書にサインをもらって、それをBに交付しました。ところが、Bは、4月8日にクーリング・オフの通知を発し、4月9日にA社に到達しました。

　この場合、クーリング・オフの行使期間の8日を数える際、民法の原則と異なって初日が算入されます（同法第9条第1項）。

　したがって、本事例におけるクーリング・オフの行使期間は4月8日までとなります。

　次に、クーリング・オフの効果は、これまた民法の原則と異なってクーリング・オフの通知を発した時に生じます。これを発信主義といいます。

　Bがクーリング・オフの通知を発したのは、その行使期間内である4月8日です。したがって、たとえ通知がA社に到達したのが4月9日であっても、クーリング・オフは有効なので、A社は、Bのクーリング・オフに応じなければなりません。

第3 社外要因的リスク

ケース10-6　商品等の表示の規制のリスク

景品表示法による表示の規制に違反した場合のリスクを教えてください。

(1) 景品表示法による表示の規制

景品表示法第5条は、事業者が自己の供給する商品又は役務の取引についての、①優良誤認表示（品質その他の内容について著しく優良と誤認される表示）、②有利誤認表示（価格その他の取引条件について著しく有利と誤認される表示）、③内閣総理大臣が指定するその他の誤認される表示を禁止しています。

(2) 優良誤認表示の具体例

優良誤認表示の具体例としては、例えば、マフラーの実際のカシミヤ混用率が約50％にもかかわらず、「カシミヤ100％」と表示する場合が挙げられます。

(3) 有利誤認表示

また、有利誤認表示の具体例としては、例えば、実際の市価が600円程度の商品を「1000円の品を500円で提供」「市価の半額」と表示する場合が挙げられます。

(4) その他の誤認される表示

内閣総理大臣が指定するその他の誤認される表示については、現在6種類の表示が指定されています。

例えば、原産国の不当表示（例えば、ある商品の製造販売業者が、外国で製造された商品本体の原産国の表示部分に自社の社名を記入したシールを貼った場合）などが指定されています。

回答

景品表示法に違反した場合には、消費者庁から、景品類の提供の禁止や違反行為が再び行われることを防止するために必要な事項を命じられる場合があり（同法第7条第1項）、その措置命令に違反した場合には、

命令違反となる行為を直接実行した人間に対しては、刑事罰（法定刑は2年以下の懲役又は300万円以下の罰金、懲役と罰金が併科される場合もあります。）が科されます（同法第36条第1項）。その場合は、法人に対しても、3億円以下の罰金が科されます（同法第38条第1項）。

法一っ！なるほど75
実際は全品半額ではないのに「在庫処分半額セール」というチラシを配布すると

　景品表示法が禁止する不当表示の類型に有利誤認表示があります。事業者は、自己の供給する商品等の価格その他の取引条件について、実際のもの又は競争他社が供給するものより著しく有利であると消費者に誤認される表示を行ってはならないとされています（景品表示法第5条第1項第2号）。例えば、実際の販売価格よりも安い価格を記載して広告するような場合が典型例です。

　このほか、景品表示法では、優良誤認表示等も禁止されています。

　事実と異なる半額セールの表示は、有利誤認表示に当たると考えられます。

　有利誤認表示に当たると、消費者庁から措置命令が出されるなどのリスクがあります。

　閉店セールといいながら、何度も閉店セールを実施することも有利誤認表示に当たるリスクがあります。

ケース10-7　景品の規制のリスク

　当社では新商品を売り出すに当たり、抽選で景品を配ろうと考えております。
　例えば、1個1万円の商品を販売する場合の景品については、どのような制限があるのでしょうか。

(1) 景品類とは

　最近では、個人消費が冷え込み、企業間競争も活発になっており、中小企業においても、顧客開拓や販売促進のために景品を付ける例が増えています。

　景品類の提供については、景品表示法及び公正取引委員会の告示により、景品類の限度額等の規制がなされています。

　景品表示法では、「景品類」を、①顧客を誘引するための手段として、②事業者が自己の供給する商品・サービスの取引に付随して提供する、③物品、金銭その他の経済上の利益と定義しています（法第2条第3項）。

(2) 対象類型

対象類型は次のとおりです。

　①一般懸賞とは、商品・サービスの利用者に対し、くじ等の偶然性、特定行為の優劣等によって景品類を提供すること（共同懸賞以外のもの）

　②共同懸賞とは、複数の事業者が共同して実施する懸賞

　③総付景品とは、懸賞によらないでつけられる景品類で、ベタ付け景品とも呼ばれます。

(3) 景品類の限度

ア　一般懸賞

　①取引価額が5,000円未満の場合は、景品類限度額は取引価額の20倍、②5,000円以上の場合は、10万円、③景品類の総額は懸賞に係る売上予定総額の2％が限度です。

イ　共同懸賞

　景品類限度額は、取引価額にかかわらず30万円、景品類の総額につ

いては懸賞に係る売上予定総額の3％です。

　ウ　総付景品

①取引価額1,000円未満の場合、景品類の最高額は200円、②取引価額が1,000円以上の場合は景品類の最高額は取引価額の10分の2が限度です。

(4) **値引きは**

例えば「10個以上買う方には100円引き」「商品シール10枚ためて送付すれば100円キャッシュバック」などの正常な商慣習に照らして値引と認められるものについては、原則景品類に当たらないとされており、景品表示法の規制に服しません。ただし、減額・キャッシュバックした金額の使途を制限する場合などは、例外として、値引きではなく、景品類に該当しません。

回答

1個1万円の商品購入者に対し、抽選で景品を配る場合には、懸賞による場合ですので、景品は合計で上限の20万円以下でなければなりません。

11 近隣対応・環境リスク

ケース11-1　住民の反対運動に対する会社の対応

> 先日、当社は住宅地において大型マンション工事に着手しました。
> そうしたところ、付近住民の一人が工事現場までやって来て、現場監督者に対し「工事がうるさい。ただちに工事を中止しろ。」と怒鳴り、数日後には「工事を中止しないなら裁判所に工事の差止めを求めるぞ。」と言ってきました。
> このような住民の請求は認められるのでしょうか。
> また、当社の工事によって生じる騒音は、法的にはどの程度まで許されるのでしょうか。

(1) 近隣対応・環境リスク

会社も単に収益を上げるだけではなく、地域との関わりの中で、地域に愛される会社づくりをしていく必要があります。

しかし、クレーマーのところでもお話ししたとおり、昨今は、行き過ぎた個人主義、利己主義がはびこり、自らの要求だけを押し通そうとする人が増えています。

会社は、地域社会の調和を図りつつも、地域住民のさまざまな要求を見極めて毅然とした対応をとることが求められています。

(2) 受忍限度

人が生活する社会において、建物を建てる際に、ある程度の騒音や振動が発生することはどうしても避けることができません。そのため騒音や振動が人に不快感を与えるものだとしても、これを生じさせる工事を行ってはならないということになると、およそ会社が成り立たなくなってきます。

そこで、法は、付近住民が社会生活上受忍すべき範囲として「受忍限度」という基準を設定し、この「受忍限度」を超えた場合の騒音や振動についてのみ、付近住民に法的な救済を与えるという立場を取っていま

す（受忍限度論）。

(3) **行政法規**

　また、この受忍限度の判断に入る前段階として、一定の行政的な規制もあります。

　騒音規制法や振動規制法は、住民が集合している地域を規制対象地域と指定し、その指定地域内で特定建設作業（著しい騒音を発生させる建設作業として政令で定めるもの。具体的には、杭打ち機、びょう打ち機、さく岩機の使用やパワーショベルなどによる掘削作業など。）をする際には、市町村への事前の届出義務と規制基準を設け、これに従わない場合は行政罰（改善勧告、改善命令、改善命令に従わない場合には罰金）を適用するとしています。

　また、このような特定建設作業以外の工事についても、地方公共団体が独自に条例で規制を設けている場合もあります。

　そして、これらの行政的な規制に抵触している場合は、受忍限度の検討に入るまでもなく工事は修正を求められることとなります。

　他方で、工事業者としてかかる行政的規制をクリアしていても、なお住民側からクレームが出されることがあります。そして、その場合は上記の受忍限度の判断になります。

回答

　貴社が行政上の規制をクリアしている以上は、住民が受忍限度を超えた旨を立証しない限り、住民側の言い分は裁判では認められないと考えられます。

　とは言え、貴社の社会的責任に基づき、貴社は説明責任を果たして、住民側のコンセンサスを得られるよう最善を尽くす必要はあります。

ケース11-2　受忍限度の判断基準

> 工事に伴う騒音や振動がどの程度まで許されるかは、「受忍限度」の範囲内か否かで判断されると聞きました。
> では、「受忍限度」の範囲内か否かは具体的にどのように判断されるのでしょうか。

(1) 受忍限度の判断

「受忍限度」を超えているか否かの判断については、「侵害行為の態様と侵害の程度、被侵害利益の性質と内容、侵害行為の持つ公共性ないし公益上の必要性の内容と程度等を比較検討するほか、被害の防止に関して採り得る措置の有無及びその内容、効果等の事情をも考慮し、これらを総合的に考察して決すべきものである」と判示した判例があります（最高裁判所平成10年7月16日判決）。

(2) 侵害行為の態様と侵害の程度

この点については、工事の具体的な作業内容、騒音や振動の性質、発生頻度や発生時間帯、継続時間、継続期間などにより判断されます。

裁判例では、被害建物から15メートルの場所で、振動杭打機やクレーンを使用してスチールシートパイルの打込工事をした事案（横浜地方裁判所昭和60年8月14日判決）や、被害建物から6.5メートルの場所でマンション建設に伴うコンクリート打設工事が深夜や午後10時以降に及ぶことが度々あった事案（京都地方裁判所平成5年3月16日判決）などで受忍限度を超えると判断されました。

(3) 被侵害利益の性質と内容

この点については、被害が難聴を発症したものや、振動により建物が損壊したり地盤沈下をもたらすような場合は、受忍限度を超えると判断される傾向にあります。

他方、被害を裏付ける証拠がない場合や、証拠があっても具体性に欠ける場合、また騒音や振動の発生が短期間で一時的なものにとどまる場合は、受忍限度内とされる場合もあります。

(4) 被害の防止に関して採り得る措置の有無及びその内容

　この点については、苦情が申し立てられたにもかかわらず建設業者が真摯に対応しなかった場合や、騒音や振動を容易に防止できる措置があったのにそれを講じなかった場合は、建設業者側に不利に判断されます。

　反対に、工事期間中に代替住居を用意した場合や、騒音や振動に配慮して工法を変更したような場合は、建設業者側に有利に働く事情とされます。

回答

　受忍限度を超えるか否かは上記のようなさまざまなファクターから総合的に判断されます。

12 反社会的勢力リスク

ケース12-1 反社会的勢力との契約解除

> 当社はマンションの賃貸業を行っていますが、賃借人に暴力団員Yがいることが判明しました。
> 当社はどのように対応すれば良いでしょうか。

(1) 暴力団排除条例

都道府県等地方公共団体においては、暴力団排除条例が制定されています。

以下では、平成23年4月1日に施行された岡山県暴力団排除条例に基づき説明します。

(2) 事業活動における禁止行為

ア 利益供与及び助長取引の禁止

事業者は、その行う事業に関し、暴力団の活動を助長し、又は運営に資する目的で、暴力団員等又は暴力団員等が指定する者に対し、金品その他の財産上の利益を供与してはならないとされています（同条例第15条第1項）。

例えば、みかじめ料の支払、襲名披露会場の貸出しなどです。

イ 暴力団の威力の利用等の禁止

事業者は、暴力団の威力を利用し、又は暴力団の活動を助長する目的で、暴力団員等をその行う事業に利用し、又は従事させてはならず、その行う事業に関し、暴力団の威力を利用してはならないとされています（同条例第16条）。

例えば、「うちのバックには〇〇組がついてるぞ」と言うなどです。

ウ 違反時の勧告、公表

公安委員会は、上記に違反した者に対し、説明又は資料の提出を求めたり、暴力団の排除について必要な勧告をすることができるとされています（同条例第20条、第21条）。

さらに、公安委員会は、正当な理由なく説明又は資料の提出をしなかったり、勧告をしたときは、その旨及び勧告の内容を公表することができるとされています（同条例第22条第1項）。

(3) **契約時における措置**

事業者は、暴力団員と契約を締結しないようにすることが重要です。その行う事業に関して契約を締結するときであって、当該契約を締結することにより暴力団の活動を助長し、又は運営に資することとなるおそれがあるときは、契約を締結しないように努めるとされています。

次に、契約を締結するときは、暴力団の活動を助長し、又は運営に資すると判明したときは当該契約を解除する旨を定めるよう努めるとされています。

さらに、事業者は、書面で契約を締結するときは、当該契約の相手方が暴力団員でないことを誓約する書面を提出させる等必要な措置を講ずるよう努めるとされています（同条例第17条第1項ないし第3項）。

以上の契約時における措置は、いわゆる努力義務です。

しかし、中小企業は、暴力団と何からの形で関わることにより、社会的に信用をなくしてしまうリスクが高いこと等を踏まえ、これを訓示的な努力義務として捉えるのではなく、具体的に行うべき努力義務として捉えるべきです。

回答

貴社は、Yとの間の賃貸借契約において、Yが暴力団員の場合、貴社が契約を解除できる旨の規定があれば、貴社は警察の要請で契約を解除することは当然できます。

問題は、賃貸借契約書にこのような特約がなかった場合です。この場合も、詐欺による取消等の主張が可能であれば、これを用いることも考えられます。

ケース12-2 反社会的勢力から不当要求がなされた場合の法的措置

> 当社において、ある顧客に対して、対応ミスがありました。運が悪いことに、その相手は反社会的勢力の一員であり、それ以後頻繁に店舗へ電話をかけてきて、脅迫めいた事を言われています。どのように対処したら良いのでしょうか。

(1) 反社会的勢力による不当要求

反社会的勢力による不当要求については、①接近型と、②攻撃型に分類されます。①接近型とは、反社会的勢力が、機関紙の購読要求、寄付金や賛助金の要求、下請け契約の要求を行うなど、「一方的なお願い」あるいは「勧誘」という形で近づいてくる場合を言います。

これに対し、②攻撃型とは、反社会的勢力が、企業のミスや役員のスキャンダルを攻撃材料として公開質問状を出したり、街宣車による街宣活動をしたりして金銭を要求する場合や、商品の欠陥や従業員の対応の悪さを材料としてクレームをつけ、金銭を要求する場合を言います。

(2) 事実関係の整理、証拠の収集

ご質問のケースでは、貴社は、現時点での情報に基づき、事実関係や証拠の整理を行う必要があります。

①相手方に関する情報(氏名、住所、取引の有無とその内容、反社会的勢力の属性)
②要求内容に関する情報(金銭的な要求があるのか、害悪の告知があるのかなど)
③要求経緯に関する情報(貴社に何らかの非があることから発生しているものかなど)

相手方とのやり取りに際しては、記録化が重要で、録音・録画が必要です。

(3) 警察等への連絡

相手方が反社会的勢力である場合や、生命・身体・財産等に何らかの危険性がある場合には、直ちに警察に相談をし、場合によっては警備要

請を行います。

(4) **謝絶の意思を表明する。**

　不当要求行為に対しては、毅然として謝絶の意思を表明することが重要です。仮に、従前の経緯において貴社に何らかの非があるという場合、非がある部分について謝罪すべきだとしても、その先にどういう要求が続くのかが見えないところがあります。

　謝罪する部分は明確にして謝罪し、それ以外は具体的な場面ごとに毅然と対応していくべきです。対応に際しては、弁護士に依頼し、弁護士名での内容証明郵便による通知を送ることも検討すべきです。

(5) **仮処分手続の利用**

　ケースによっては、街宣活動禁止の仮処分、架電禁止の仮処分、面談要求禁止の仮処分、立入禁止の仮処分を検討する必要があります。

回答

　不当要求には、執拗な電話や文書の送付、会社への頻繁又は長時間の来店、街宣車で街宣行為を行うこと等があります。このような場合、要求内容の整理を行った上で毅然として対応をすべきですが、事前に警察に相談するほか、仮処分手続等を検討することになります。

第4

複合リスクへの対応

第4　複合リスクへの対応

　複合リスクとは、これまで検討してきた経営法務リスクが重複的に発生する状態を言います。

　中小企業の経営法務を検討するに当たっては、いくつかのリスクが複雑に絡み合っていたり、あるリスクの背後に別のリスクが潜んでいたり、複数のリスクが同時進行してリスクの程度が重くなる場合もあります。

　以下では、複合リスクを検討します。

１　ケース１
契約リスクと役職員の犯罪リスク等の複合

> 　当社は、Y社との間で、機械の製造委託契約を締結しました。
> 　しかし、数か月後、Y社が製造、納入した機械は、当社の期待する性能ではないことが判明しました。
> 　また、Y社と同業の他社に話をしたところ、Y社の製造費用が高いのではないかという答えが返ってきました。
> 　ところで、Y社の社長と当社のA部長はよく一緒に高級クラブに出入りしていることが判明しました。当社は、A部長がY社に便宜を図ったのではないかと考えています。
> 　A部長に背任罪が成立する可能性はないのでしょうか。

(1)　**Y社に対して、瑕疵担保責任の追及が可能か（契約リスク）。**

　貴社が、Y社に対して、機械の性能が不十分であるとして瑕疵担保責任を追及するためには、機械の性能等が契約書や仕様書、図面等で明記されていることが必要となります。

(2)　**納品・検収の手続に問題はなかったか（社内管理体制リスク）。**

　貴社において、納品時に、その機械の性能の確認を含めた検収が的確になされていたのかが問題となります。

(3)　**機械の欠陥の調査は十分であったか（社内管理体制リスク）。**

　本件のような取引や事業の失敗については、何故、貴社の期待する性

能が確保されなかったのかを、貴社とＹ社との交渉記録を踏まえて、十分な調査を行うべきです。

いずれにせよ、失敗やミスをいい加減に放置しておくと、重大なリスクにつながるということを認識すべきです。

(4) **相見積もりを取る必要はなかったのか（社内ルールリスク、社内管理体制リスク）。**

機械の製造委託費が一定の金額以上の場合は、相見積もりを取ったり、製造原価を検討するなどの社内ルール等が必要になります。

(5) **Ａ部長が取引先の社長と高級クラブに一緒に出入りすることは許容されていたのか（社内ルールリスク）。**

社内犯罪は、単に刑事事件とか民事上の損害賠償といったリスクにとどまらず、従業員の士気にもかかわることであるので、不正が生じにくい社内のルールづくりと内部統制システムの構築を検討すべきです。

内部統制は、法令上は金商法の適用会社や会社法の大会社に要求されていますが、ある程度の規模の中小企業においても取締役の善管注意義務の内容として当然要求されるものです。

加えて、内部統制システムの構築により、取締役の対会社責任、対第三者責任のリスクも減少します。

回答

不正に関する社内調査においては、対象者に知られないように、貴社が客観的な証拠を迅速に収集できるかが重要です。

証拠が不十分なまま関係者への事情聴取を行うと、対象者本人に話が伝わり、証拠を隠滅されるなどして、全容の解明が難しくなる場合があります。

Ｙ社社長とＡ部長の親密な関係は、背任等のリスクにつながるので、Ａ部長のメール等をモニタリングすることも含めて、事実関係を調査すべきです。

社内の不正事案については、証拠が十分にないと刑事告訴、損害賠償、懲戒解雇などの手段をとることが困難です。

第4　複合リスクへの対応

② ケース2
ハラスメントリスクと健康・安全配慮リスク等の複合

> 　当社では、女性職員Yが営業次長Zの言動をセクシャルハラスメントと感じ、欠勤しがちになった上、営業部長のAにメールでセクハラの被害に遭っている旨を訴えてきました。
> 　しかし、Aは部下のZのセクハラの事実を隠蔽しようとして、事実関係の調査を行おうとしませんでした。また、AはYの欠勤分で生じた業務を他の社員に割り振らず、部下のB係長にのみ押しつけてしまい、Bは長時間労働になってしまいました。結果的に、Yは退職してしまい、Bは最近よく眠れず、会社を辞めたいと言っていることが判明しました。
> 　当社とすれば今後どのように対応すれば良いでしょうか。

(1) 貴社のハラスメント相談窓口は営業部長で良いか（ハラスメントリスク）。

　ハラスメントに関しては、社内規程において、社内外の相談窓口と担当者を明確にしておくことが必要です。

　Aが相談窓口でないにもかかわらず、独断でセクハラの事実関係の調査を行っていれば、社内のルールに反することになります。

　社内の調査においては、仮に、担当者が決められていても、上司と部下といった、一定の利害関係があれば、担当を代えるといった配慮が必要になります。

(2) セクシャルハラスメントの調査は迅速かつ的確になされているか（ハラスメントリスク）。

　セクシャルハラスメントに関しては、被害の申告や内部通報を契機として、迅速かつ的確に社内調査を行い、セクハラの事実が認定されたならば、それを是正して、通報者の納得のいく方向に導くことで、訴訟等になる前に、事件を処理すべきです。

(3) **貴社のレピュテーションの低下につながらないか（名誉・信用毀損リスク）。**

　仮に、Yが貴社の対応に不満を持てば、弁護士にセクハラの被害を訴えて、訴訟等により貴社のレピュテーションの低下のリスクが生じてしまいます。

　貴社は、Yが外部の第三者にハラスメントの相談を持ち込む前に、社内外の内部通報の制度を充実させることにより、リスクをできる限り社内で自律的に解決していくことが望ましいと言えます。

(4) **Bの残業時間の管理や仕事の割り振りは適正になされていたか（健康・安全配慮リスク）。**

　貴社は、安全配慮義務違反の観点から、Bに実際にどれくらいの長時間労働が発生したか、従業員Yの欠勤により生じた業務が何故Bにのみ割り振られていたのかなどの調査が必要となります。

回答

　貴社においては、Yへのセクハラを契機に、Aのセクハラの隠蔽やBへの安全配慮義務違反のリスクが浮上してきたので、担当者は自分一人でこの問題を処理するというのではなく、役員にもこの問題を伝えるべきです。そして、弁護士等外部の専門家も交えて、営業部を含めた会社全体の組織、業務の見直しも同時に検討することが必要です。

3 ケース3
労働時間リスクと社内管理体制リスク等の複合

> 当社では、タイムカードで従業員の出退社時間を記録しています。当社の社長は、企画部の平均残業時間が他部署に比べて突出して多いとの報告を人事部長Aから受けました。
>
> そこで、社長は人事部長Aに対し、可能な限り企画部の従業員の残業時間を減らすため、企画部長Bと協力して改善に当たるよう指示しました。
>
> 約3か月後、人事部長Aから社長に対し、企画部の残業時間は改善され、全員の残業時間が月30時間以内に収まるようになったと報告がありました。
>
> ところが、その翌月、企画部ではうつ病を理由に退職する者が2名発生し、会社の業務に大きな支障が発生しました。
>
> また、SNSに、当社がいわゆるブラック企業であるとの書込みがなされるようになってしまいました。
>
> 当社においては、何が問題だったのでしょうか。

⑴ **人事部が約3か月後に把握した企画部の従業員の残業時間が月30時間以内ということが事実であったかどうか（労働時間リスク）。**

例えば、残業時間の上限が設けられていて、実際は上限を超える残業が行われていないか、正確な残業時間を報告しづらい雰囲気が会社内に醸成されていないかなどといった点が問題になります。

企業は、数字で可視化できる労働時間を正確に把握・管理し、長時間労働のリスクを防止する必要があります。

実際、労災認定においては、残業時間が明確な基準とされており、労働基準監督署などの過労死認定や裁判所の判決においても、企業の残業の実態に踏み込んで労働時間を厳しく算定する事例が見受けられます。

3 ケース3 労働時間リスクと社内管理体制リスク等の複合

(2) **企画部において、業務効率が図られていたか（社内管理体制リスク）。**

企画部において、平均残業時間が突出して多いということは、業務方法等に何か問題があるというリスクがあり得ます。

(3) **企画部の従業員から残業代を請求されたり、うつ病を理由とする労災申請や安全配慮義務違反を理由とする損害賠償請求を受けるリスクがないか（健康・安全配慮リスク、メンタルヘルスリスク、名誉・信用毀損リスク）。**

実際の残業時間が月30時間よりも多く、長時間になっていれば、未払残業代の請求にとどまらず、安全配慮義務違反に基づく損害賠償を提起されるリスクが生じます。

(4) **会社のレピュテーション低下のリスクが生じないか（名誉・信用毀損リスク）。**

また、これらのことがオープンになると、会社のレピュテーションの低下のリスクが生じてしまいます。

ブラック企業であるとのSNSへの書込みは、企業にとっては、既に大きなダメージになってしまっています。

回答

貴社では、企画部の残業時間が大幅に改善されたものの、従業員が2名うつ病を理由に退職したというのですから、残業時間を目標値の数値にするため、残業時間が適正にカウントされていなかったり、業務が過密かつ過重になっているリスクがあります。

社長からの指示に対して、善処した旨の結果を出すことにだけこだわり、残業時間の上限を設けるなどの目先の対策に走っていないかということに注意する必要があります。

会社内で数値目標を達成するために実体が歪められることがあれば、コンプライアンスに反するだけではなく、例えば、サービス残業や過重な残業、さらに、これらを原因としてうつ病による自殺等のより重大な事案にもつながりかねないので、会社全体として、初めに数字有りきではなく、組織の業務効率の向上や従業員の適正配置等を検討すべきです。

④ ケース4
知的財産リスクと情報・営業秘密リスク等の複合

> 当社は、ライバル社のY社が画期的な新製品を発売したため、売上が減少していました。そこで、当社は、売上増加を目指して、Y社新製品を分析するとともに、Y社から転職してきたAのY社でのノウハウを用いて、Y社の製品よりも性能が良くて安価な新製品を開発しました。
> 特許権の侵害のほか、どのようなリスクがあるでしょうか。

(1) **事前にY社の特許の調査は行っているか（知的財産リスク）。**

企業の製品開発部門において、リバースエンジニアリング（他社の製品を分解してその仕組みを調べること）は、よく行われますが、他社の製品に特許権があると特許権侵害のリスクが生じてしまいます。

仮に、特許権侵害が認められると、権利者の製品と市場で競合している製品の場合は、逸失利益（侵害行為がなければ権利者が得られた利益）の損害賠償請求が認められ、高額の賠償額になる可能性があります。

したがって、早い段階で、Y社の特許の調査をすれば、製品を市場に出す前に設計変更をすることが可能になります。

たとえ、100％非侵害の設計変更ができなくても、明らかな侵害状態からグレーの状態にすることによって、交渉がしやすくなります。

社内に知的財産の担当者を置いたとしても、開発、マーケティングその他の事業部の従業員が知財リスクに関する問題意識を持っていなければ、その担当者に相談することさえできず、リスクが大きくなることに注意すべきです。

(2) **社員に対して前職の営業秘密を持ち込まないことの誓約書の提出はあったかどうか（社内ルールリスク）。**

前職の営業秘密を持ち込ませて利用することを、会社として黙認すること自体がもはや社会から許容されないという認識を持つべきです。

4 ケース4 知的財産リスクと情報・営業秘密リスク等の複合

回答

　貴社は、Y社の特許権の侵害のほか、営業秘密の侵害が発覚するリスクとそれによる損害賠償、さらにはレピュテーションのリスクを早い段階で十分に検討すべきです。

　売上の減少を挽回するといった逆境のときに、過度の売上至上主義に陥ってしまって、結果的により多くの損失を被ることにならないよう目先の利益にとらわれないように注意する必要があります。

5 ケース5
役職員の違法行為リスクと情報・営業秘密侵害リスク等の複合

　当社において、従業員Ｙは勤務時間中、業務用のパソコンを使用して、業務とは関係のない風俗サイトやオークションサイト、ゲームサイトなどを閲覧し、メールを送受信していました。しかも、Ｙは他の従業員に比べて、残業も多くしていることが判明しました。

　当社には、「許可なく職務以外の目的で会社の施設、物品等を使用しないこと」という就業規則があります。

　当社には、どのようなリスクがあるでしょうか。

　当社はできればＹを懲戒解雇したいと考えていますが、可能でしょうか。

⑴　**従業員が業務に関係のないサイトを利用することができる環境自体が問題ではないか（役職員の違法行為リスク）。**

　大きな会社では、フィルタリング（特定のサイトへのアクセスを制限するサービス）を行っているところもありますが、中小企業ではまだそれを行っていないところも多いようなので、ご質問のようなケースも起こり得るリスクと言えます。

　そもそも従業員が勤務中に業務と関係のない風俗サイト等を閲覧していること自体が異常で、従業員同士又は上司からの監視体制をとることはできなかったのかどうかが問題になります。

⑵　**パソコンのウイルス感染のリスクはないか（名誉・信用毀損リスク、情報・営業秘密リスク）。**

　貴社は、Ｙが風俗サイト等を閲覧したことにより、会社のパソコンのドメインから会社が特定されないか、パソコンがウイルスに感染していないかを調査する必要があります。特に、パソコンがウイルスに感染して、それが情報漏洩につながると大きなリスクとなります。

(3) **パソコンの履歴の閲覧ができるか（社内ルールリスク）。**

　貴社は、Yの業務用のパソコンの履歴を閲覧することになります。

　この場合、パソコンは会社の所有物であることから、貴社は、Yの同意がなくてもYのパソコンを取り上げて調査することはできると考えられます。しかし、トラブルを未然に防ぐため、「会社は業務上又は調査上必要があると認めるときは従業員のパソコンの履歴、メール受発信状況等を調査することができる」旨の社内規程を設けておくべきであると考えます。

(4) **残業代の返還（労働時間・賃金リスク）**

　ノーワークノーペイの原則から、業務に関係のない時間は労働時間ではないので、不就業時間を特定できれば一定の残業代の返還は可能と考えられます。

回答

　貴社がYを懲戒解雇するためには、Yの非違行為を証拠上明確にする必要があります。そのためには、Yが業務と関係のないサイトをどの程度閲覧していたか（職務専念義務違反と労働生産性の低下）、そしてそのサイトにアクセスすることがどれくらい会社にとってリスクがあるか（情報漏洩のリスク）を明らかにする必要があります。

　また、Yについての過去の同種の非違行為があれば、それに対する懲戒処分がきちんとなされていたかが問題になります。

　風俗サイト等のアクセスの時間がさほど長くなかったり、ウイルスの感染のリスクがないようであれば、解雇の相当性が否定されるリスクもあります。

●略　歴

小林　裕彦（こばやし　やすひこ）
弁護士（岡山弁護士会所属）

　昭和35（1960）年、大阪市生まれ。
　昭和59年一橋大学法学部卒業後、労働省（現厚生労働省）入省。
　平成元年司法試験に合格、平成4年に弁護士登録。平成17年岡山弁護士会副会長。
　平成23年から平成26年まで政府地方制度調査会委員（第30次、第31次）。
　平成23年から岡山大学経営協議会委員。
　岡山市北区弓之町に小林裕彦法律事務所（現在弁護士は9人）を構える。企業法務、行政法務、訴訟業務、事業承継、事業再生、M&A、経営法務リスクマネジメント、地方自治体包括外部監査などを主に取り扱う。

【事務所】〒700-0817
　　　　　岡山県岡山市北区弓之町2番15号　弓之町シティセンタービル6階
小林裕彦法律事務所

これで安心!!
中小企業のための"経営法務"リスクマネジメント

平成30年3月20日　第1刷発行

著　者　小林　裕彦
発　行　株式会社 ぎょうせい

〒136-8575　東京都江東区新木場1-18-11
電話　編集　03-6892-6508
　　　営業　03-6892-6666
フリーコール　0120-953-431
URL：https://gyosei.jp

〈検印省略〉

印刷　ぎょうせいデジタル㈱　　　　　©2018 Printed in Japan
※乱丁・落丁本はお取り替えいたします。

ISBN978-4-324-10461-3
(5108396-00-000)
〔略号：中小法務リスク〕

図解 電子税務 申告・納税の電子化実践法

豊森照信／著
B5判　定価（本体3,000円＋税）　送料350円

- スキャナ保存、電子署名、ルート証明書……。「便利になるのはわかるけど、仕組みや用語に慣れるのは一苦労……」本書は、こうした悩みに応えた、電子税務をビジュアルで読み解く1冊！！
- 偶数頁に解説・奇数頁に図や資料の見開き形式を採用。(1)電子税務のあらまし、(2)申告・納税、(3)帳簿・書類の3部構成により、その仕組みや実務上のフローをわかりやすく紹介！

※月刊税理 平成28年3月臨時増刊号「図解電子税務」に、最新の内容を追加し単行本化しました。

改正経営承継円滑化法対応
"守りから攻め"の事業承継対策Q&A

税理士法人タクトコンサルティング／編
A5判　定価（本体2,500円＋税）　送料300円

- 豊富な実務経験による精選52問に★の数で難易度表記をプラス
- 10のテーマ別インデックスにより、今必要な情報や、事業承継の悩みがすっきり解決へ！
- 平成28年4月施行の改正経営承継円滑化法の親族以外の事業承継にも対応。親族のみを対象とする事業承継税制ではカバーしきれない対策も解説。

記載例でわかる！ 法人税の税務調整と申告実務

木村一夫／著
B5判　定価（本体4,000円＋税）　送料350円

- 法人税の申告に関連する各種の申告実務の中で、判断に迷う項目を厳選し、図表や申告記入例等を示して相互関連的に作成ポイントをビジュアルに解説！
- 申告関連実務として、当初申告における申告調整から、過年度遡及、修正申告書の作成、仮装経理に基づく過大申告・更正の実務と、頻繁に起こりうる申告実務を全面的にカバー。

株式会社 ぎょうせい

フリーコール　TEL：0120-953-431　[平日9～17時]
　　　　　　FAX：0120-953-495　[24時間受付]
Web　http://shop.gyosei.jp　[オンライン販売]

〒136-8575　東京都江東区新木場1丁目18-11